中国式现代化背景下乡村旅游提质升级研究

牛翠珍◎著

武汉理工大学出版社
·武汉·

内容提要

本书是一本全面剖析乡村旅游发展路径与策略的权威著作。本书具体对乡村旅游概述、乡村旅游与乡村文化、乡村旅游与乡村产品、乡村旅游与资源开发、乡村旅游与形象建设、乡村旅游与市场营销、乡村旅游与经营管理、乡村旅游与生态环境保护等多方面内容进行了深入的论述，不仅覆盖了乡村旅游的理论基础，还深入探讨了其实践应用，旨在为读者呈现一个立体、多维的乡村旅游发展图景。通过阅读本书，读者能够深刻认识到乡村旅游在中国式现代化进程中的独特价值与重要作用，理解其作为乡村振兴重要抓手的战略意义，以及如何通过创新思路、提质增效来推动乡村旅游的可持续发展。

图书在版编目（CIP）数据

中国式现代化背景下乡村旅游提质升级研究 / 牛翠珍著. -- 武汉：武汉理工大学出版社，2024.9. -- ISBN 978-7-5629-7252-5

Ⅰ. F592.3

中国国家版本馆 CIP 数据核字第 2024GU1100 号

责任编辑：严　曾
责任校对：尹珊珊　　　排　版：任盼盼
出版发行：武汉理工大学出版社
社　　址：武汉市洪山区珞狮路 122 号
邮　　编：430070
网　　址：http://www.wutp.com.cn
经　　销：各地新华书店
印　　刷：北京亚吉飞数码科技有限公司
开　　本：710×1000　1/16
印　　张：14.5
字　　数：230 千字
版　　次：2025 年 3 月第 1 版
印　　次：2025 年 3 月第 1 次印刷
定　　价：92.00 元

凡购本书，如有缺页、倒页、脱页等印装质量问题，请向出版社发行部调换。
本社购书热线电话：027-87391631　87664138　87523148

·版权所有，盗版必究·

前　言

　　中国式现代化这一命题不仅蕴含了对传统现代化理念的继承与发扬,更在其中注入了鲜明的中国特色与时代特征。它是对现代化进程的再思考、再定位,是在坚持中国特色社会主义制度的基础上对现代化内涵与路径的重新诠释和深化。它强调经济、政治、文化、社会、生态文明等多个领域的全面现代化,旨在构建一个富强、民主、文明、和谐、美丽的社会主义现代化强国。这一宏伟目标既是对中华民族伟大复兴的坚定追求,也是对人类文明新形态的积极探索。在这一进程中,乡村旅游正日益凸显其独特价值。它不仅是推动农村经济发展的新引擎,更是传承乡土文化、促进城乡融合发展的重要载体。通过乡村旅游,人们能够深入体验乡村的自然风光、人文景观和乡土风情,感受乡村的宁静与淳朴,从而增进对乡村文化的了解和认同。同时,乡村旅游也能够为农民提供新的就业和增收渠道,推动农村经济的多元化发展,助力乡村振兴。

　　中国式现代化为乡村旅游提供了广阔的发展空间和机遇。随着现代化进程的深入推进,人们对休闲旅游、体验乡村文化的需求日益增长,乡村旅游以其独特的魅力和价值正逐渐成为人们休闲度假的重要选择。同时,政府和社会各界也加大了对乡村旅游的扶持力度,推动了基础设施建设、服务品质提升和文化内涵挖掘等方面的进步。然而,乡村旅游在发展过程中也面临着诸多挑战和问题。如何进一步挖掘乡村文化的内涵和价值,提升乡村旅游的品质和吸引力;如何加强乡村旅游与其他产业的融合发展,形成产业协同发展的良好局面;如何保障乡村旅游的可持续发展,实现经济效益、社会效益和生态效益的有机统一等,这些都是需要深入思考和解决的问题。在这样的背景下,笔者撰写了本书。

本书共包括绪论、乡村旅游概述、乡村旅游与乡村文化、乡村旅游与乡村产品、乡村旅游与资源开发、乡村旅游与形象建设、乡村旅游与市场营销、乡村旅游与经营管理、乡村旅游与生态环境保护。阅读本书，可以更加清晰地认识到乡村旅游在中国式现代化进程中的重要地位和作用，以及如何通过提质升级推动乡村旅游的可持续发展。同时，本书也为乡村旅游从业者提供了实践指导，帮助他们更好地把握市场机遇，提升服务质量，实现经济效益和社会效益的双赢。

本书在撰写过程中参阅了许多有关乡村旅游方面的著作，在此表示诚挚的谢意。由于撰写时间仓促，作者水平有限，书中难免会有不当之处，恳请广大读者在使用中多提宝贵意见，以便于本书的修改与完善。

作 者

2024 年 4 月

目　录

第一章　绪　论 ┊ 1

　　第一节　中国式现代化 ┊ 1

　　第二节　中国式现代化与乡村旅游发展的互动关系 ┊ 4

　　第三节　乡村旅游发展的潜在功能 ┊ 7

　　第四节　乡村智慧旅游发展研究 ┊ 10

　　第五节　乡村旅游未来发展愿景 ┊ 14

第二章　乡村旅游概述 ┊ 17

　　第一节　乡村旅游的内涵 ┊ 17

　　第二节　乡村旅游的发展 ┊ 27

　　第三节　乡村旅游的转型与升级 ┊ 37

第三章　乡村旅游与乡村文化 ┊ 44

　　第一节　乡村文化的内涵 ┊ 44

　　第二节　乡村文化的传承 ┊ 49

　　第三节　乡村文化传承与旅游产业的融合发展 ┊ 69

第四章　乡村旅游与乡村产品 ┊ 73

　　第一节　乡村旅游产品的内涵 ┊ 73

　　第二节　乡村旅游产品开发的原则 ┊ 87

　　第三节　乡村旅游商品的开发 ┊ 91

第五章 乡村旅游与资源开发 / 100

第一节 乡村旅游资源的内涵 / 100

第二节 乡村旅游资源的调查与评价 / 104

第三节 乡村旅游资源的开发与保护 / 116

第六章 乡村旅游与形象建设 / 124

第一节 旅游形象与乡村旅游形象 / 124

第二节 乡村旅游形象的设计与评价 / 131

第三节 乡村旅游形象的传播与品牌建设 / 140

第七章 乡村旅游与市场营销 / 147

第一节 乡村旅游市场分析 / 147

第二节 乡村旅游市场的价格策略 / 158

第三节 乡村旅游市场的销售渠道策略 / 164

第四节 乡村旅游市场的促销策略 / 169

第八章 乡村旅游与经营管理 / 174

第一节 乡村旅游经营管理的内涵 / 174

第二节 乡村旅游经营管理的原则与策略 / 183

第三节 乡村旅游餐饮服务质量管理 / 187

第四节 乡村旅游交通与住宿服务质量的管理 / 193

第九章 乡村旅游与生态环境保护 / 202

第一节 乡村旅游生态环境的内涵 / 202

第二节 乡村旅游的可持续发展 / 208

第三节 乡村旅游生态环境保护的有效措施 / 214

参考文献 / 221

第一章

绪 论

随着中国式现代化的不断推进,乡村旅游作为连接城市与乡村的重要桥梁正日益成为推动乡村振兴和城乡融合发展的重要力量。在中国式现代化的背景下,乡村旅游不仅承载着促进经济发展的重任,更成为传承乡村文化、展示乡村魅力的重要窗口。

第一节 中国式现代化

中国式现代化不仅是中国共产党领导下的社会主义现代化实践,更是对全球现代化进程的一种深刻反思与创新。

中国式现代化是人口规模巨大的现代化。中国拥有世界上最为庞大的人口基数,这一特点决定了我国的现代化进程必然不同于其他国家。我国需要在保障和改善民生、促进社会公平正义等方面付出更多努力,确保亿万人民共享现代化成果。

中国式现代化是全体人民共同富裕的现代化。共同富裕是社会主义的本质要求,也是中国式现代化的重要目标。我国坚持发展为了人民、发展依靠人民、发展成果由人民共享,通过全面深化改革、扩大开放合作,不断提高人民生活水平,逐步实现全体人民共同富裕。

中国式现代化是物质文明和精神文明相协调的现代化。我国注重物质文明与精神文明的双轮驱动,既大力发展经济、提高人民物质生活水平,又加强思想道德建设、提升国民精神面貌,这种协调发展的模式使中国式现代化呈现出独特的魅力。

中国式现代化是人与自然和谐共生的现代化。我国坚持绿色发展理念,推动形成绿色生产方式和生活方式,努力实现人与自然的和谐共生。这不仅有利于保护生态环境、促进可持续发展,也为全球生态安全作出了积极贡献。

中国式现代化是走和平发展道路的现代化。我国坚持和平发展、合作共赢的外交政策,积极参与全球治理体系改革和建设,推动构建人类命运共同体。这种和平发展的现代化道路既符合中国自身利益,也符合世界人民的共同愿望。

在中华人民共和国成立,特别是改革开放以来长期探索和实践基础之上,中国共产党在党的十八大以来,通过理论和实践上的创新突破,成功推进和拓展了中国式现代化。在这一过程中,我国始终坚持党的领导、人民当家作主、依法治国有机统一,不断完善和发展中国特色社会主义制度,为现代化进程提供了坚强保障。中国共产党的中心任务就是团结带领全国各族人民全面建成社会主义现代化强国、实现第二个百年奋斗目标,以中国式现代化全面推进中华民族伟大复兴。这是一个宏伟的蓝图,也是一个艰巨的任务。

关于中国式现代化的本质要求,主要包括以下九个方面。

第一,坚持中国共产党领导是中国式现代化的根本政治保证。党的领导是中国特色社会主义最本质的特征,是中国式现代化最鲜明的特色。只有坚持党的领导,才能确保中国式现代化始终沿着正确方向前进,才能确保中国式现代化不断取得新的胜利。

第二,坚持中国特色社会主义是中国式现代化的必由之路。中国特色社会主义道路是中国共产党领导人民在长期实践中开辟出来的,是实现中华民族伟大复兴的唯一正确道路。只有坚定不移地走中国特色社会主义道路,才能推动中国式现代化不断向前发展。

第三,实现高质量发展是中国式现代化的经济支撑。高质量发展是全面建设社会主义现代化国家的首要任务,是实现中国式现代化的关键所在。我国要坚持以经济建设为中心,推动经济实现质的有效提升和量的合理增长,为全面建设社会主义现代化国家提供坚实的物质基础。

第四,发展全过程人民民主是中国式现代化的政治优势。全过程人民民主是社会主义民主政治的本质属性,是实现人民当家作主的重要途径。我国要健全人民当家作主制度体系,扩大人民有序政治参与,保证人民依法实行民主选举、民主协商、民主决策、民主管理、民主监督,确保人民当家作主落实到国家政治生活和社会生活之中。

第五,丰富人民精神世界是中国式现代化的文化基础。精神的力量是无穷的,是推动中国式现代化不断前进的重要动力。我国要繁荣发展文化事业和文化产业,提高国家文化软实力,增强人民精神力量,为全面建设社会主义现代化国家提供强大的精神支撑。

第六,实现全体人民共同富裕是中国式现代化的奋斗目标。共同富裕是社会主义的本质要求,是中国式现代化的重要特征。我国要坚持在发展中保障和改善民生,把推动高质量发展放在首位,通过全体人民共同奋斗、经济社会协调发展,逐步缩小城乡、区域发展差距,促进人的全面发展,使全体人民朝着共同富裕目标扎实迈进。

第七,促进人与自然和谐共生是中国式现代化的生态要求。人与自然是生命共同体,人类要尊重自然、顺应自然、保护自然,构建人与自然和谐共生的地球家园。我国要加快推动绿色发展方式和生活方式形成,推动生态文明建设实现新进步,为全球生态安全作出新贡献。

第八,推动构建人类命运共同体是中国式现代化的国际视野和责任担当。中国式现代化不仅是中国自身的发展进步,也是对人类文明新形态的积极探索和贡献。我国要秉持共商共建共享的全球治理观,积极参与全球治理体系改革和建设,推动构建开放型世界经济,推动构建人类命运共同体。

第九,创造人类文明新形态是中国式现代化的历史使命。中国式现代化是在继承中华优秀传统文化、吸收借鉴世界优秀文明成果的基础上形成的,具有鲜明的中国特色和时代特征。我国要在推进中国式现代化的过程中不断创造人类文明新形态,为人类文明进步作出新的、更大贡献。

这九个方面的本质要求相互关联、相互促进,是中国共产党在新的历史条件下对现代化进程的全面思考和科学部署。它不仅彰显了中国特色、中国风格、中国气派,也为世界现代化进程提供了全新的中国方案。

总之，中国式现代化是一条具有中国特色的现代化道路，它体现了中国共产党的智慧和勇气，也展示了中国人民的奋斗和追求。在未来的征程中，我国要继续沿着这条道路前进，不断创造新的辉煌，为实现中华民族伟大复兴的中国梦而努力奋斗。

第二节　中国式现代化与乡村旅游发展的互动关系

中国式现代化以其独特的内涵和路径，为乡村旅游发展提供了丰富的土壤和动力。在推动全面建设社会主义现代化国家的进程中，乡村旅游作为一种新兴产业，不仅丰富了人民的精神文化生活，还促进了乡村经济的繁荣和可持续发展。

一、中国式现代化为乡村旅游提供了强大的市场支撑

在国民经济持续健康发展和居民收入稳步提升的大背景下，人民群众对于美好生活的追求愈发强烈，对于旅游休闲的需求也呈现出井喷式增长的趋势。特别是在当前城市生活节奏日益加快、工作压力不断增大的背景下，城市居民对于远离喧嚣、回归自然、体验乡村宁静生活的渴望愈发强烈。他们希望通过乡村旅游来放松心情、舒缓压力，感受乡村的清新空气、优美景色和淳朴民风。这种强烈的消费意愿和需求，为乡村旅游提供了巨大的市场空间和发展机遇，为乡村旅游产业的快速发展提供了强大的市场支撑。同时，中国式现代化也为乡村旅游市场的拓展提供了有力保障。在现代化进程中，国家对于乡村旅游产业的支持力度不断加大，出台了一系列优惠政策和扶持措施，为乡村旅游的发展提供了良好的政策环境。此外，随着交通、通信等基础设施的不断完善，乡村旅游的可进入性和便利性也得到了显著提升，进一步促进了乡村旅游市场的繁荣和发展。

二、中国式现代化对乡村旅游产业的升级和转型起到了重要的推动作用

在现代化进程的推动下,乡村地区的角色发生了深刻的变化,它们不再仅仅是传统农业生产的基地,而是逐渐演变成了集观光、休闲、度假、体验等多种功能于一体的综合性旅游目的地。这种变化对乡村旅游产业提出了新的挑战和更高的要求,推动其不断升级和转型。为了满足游客日益多样化的需求,乡村旅游产业在产品开发上进行了大胆的创新。从单一的农家乐、观光采摘,到如今的民宿体验、农耕文化体验、乡村手工艺体验等,产品形式不断丰富,内容也愈发具有深度和广度。同时,在服务提升方面,乡村旅游产业也下足了功夫。通过培训和教育,提升从业人员的服务意识和专业技能,为游客提供更加周到、细致的服务。在品牌建设方面,乡村旅游产业也取得了显著的进步。一些具有地方特色和文化底蕴的乡村旅游项目,通过精心打造和宣传推广,逐渐形成了具有一定知名度和影响力的品牌,吸引了更多的游客前来体验。此外,中国式现代化带来的信息技术、交通网络等基础设施的完善,为乡村旅游提供了更加便捷的条件和更加广阔的发展空间。游客可以通过互联网、手机 App 等渠道方便地获取乡村旅游信息,规划行程,预订服务。同时,完善的交通网络也使乡村地区变得更加容易到达,为游客提供了更加便捷的出行体验。

三、中国式现代化促进了乡村旅游与乡村文化的深度融合

这种融合不仅有助于乡村旅游产业的内涵式发展,更对乡村文化的传承与创新起到了积极的推动作用。在现代化进程中,乡村文化得到了前所未有的重视和传承。随着国家对乡村振兴战略的深入实施,乡村地区的文化资源得到了更加充分的挖掘和整理。传统民俗、手工艺、地方戏曲等乡村文化元素在现代化的大背景下焕发出新的生机与活力,成为乡村旅游的关键吸引点。乡村旅游作为展示乡村文化的重要窗口,通过深入挖掘和展示乡村的历史文化、民俗风情、自然景观等资源,为游客呈现了一幅幅生动的乡村画卷。游客在游览过程中不仅能够欣赏到美丽的自然风光,更能够体验到浓郁的乡村文化氛围,感受到乡村文化的独特魅力和价值。这种融合不仅丰富了乡村旅游的内涵和形式,也提升了乡村旅游的文化品位和吸引力。通过将乡村文化元素融入旅游产品和服务中,乡村旅游产业实现了从单一的观光旅游向文化体验旅游的转型升级。游客在乡村旅游中的参与感和体验感得到了显著增强,对乡村文化的认知和理解也更加深刻。同时,乡村旅游与乡村文化的深度融合也推动了乡村文化的传承与创新。通过旅游开发,一些濒临失传的传统技艺和民俗活动得到了重新挖掘和传承,焕发出新的生机。乡村旅游也为乡村文化的创新提供了动力和平台,推动了乡村文化与现代文化的融合与交流。

四、中国式现代化强调的人与自然的和谐共生是乡村旅游重要的指导原则

在现代化进程中,我们深刻认识到生态环境是乡村旅游发展的生命线,因此更加注重生态环境的保护和修复工作。为了推动绿色发展、循环发展、低碳发展,国家出台了一系列环保政策和措施,鼓励乡村旅游产业走绿色发展的道路。在乡村旅游开发过程中,我们坚持生态优先、保护优先的原则,合理规划旅游线路和活动区域,避免对生态环境造成破坏。同时,加强环境监测和治理,确保乡村旅游活动对环境的负面影响最小化。这种注重生态环保的理念为乡村旅游提供了更加健康、可持续的发展环境。游客在乡村旅游过程中不仅能够欣赏到美丽的自然风光,更能够感受到人与自然和谐共生的美好愿景。同时,乡村旅游也通过生态旅游、绿色旅游等方式引导游客树立环保意识、参与环保行动,为乡村生态环境的改善贡献力量。通过这些努力,乡村旅游不仅为游客提供了更加健康、舒适的旅游环境,也为乡村生态环境的改善和保护作出了积极贡献。在未来,中国式现代化将继续推动乡村旅游与生态环保的深度融合,为乡村旅游产业的可持续发展注入新的动力和活力。

综上所述,中国式现代化与乡村旅游发展之间存在着相互促进、共同发展的互动关系。未来随着国家现代化进程的深入推进和乡村旅游产业的不断发展壮大,这种互动关系将更加紧密、更加深入。

第三节 乡村旅游发展的潜在功能

随着城市化进程的加速和现代人对精神文化生活需求的提升,乡村旅游作为一种新兴的旅游形式逐渐成为人们追求自然、休闲和体验农村生活的重要方式。乡村旅游不仅为城市居民提供了回归自然、体验乡村生活的机会,同时也为乡村地区的经济发展和社会进步带来了新的活力。概括来说,乡村旅游发展具有一定的潜在功能,主要包括以下几个方面。

一、促进乡村经济发展

乡村旅游的兴起无疑为当地经济发展注入了强大的活力。随着游客数量的逐年增长,乡村旅游已成为推动乡村经济繁荣的重要引擎。

第一,旅游业的繁荣直接带动了乡村地区餐饮、住宿等服务业的快速发展。游客的到来使乡村餐馆、民宿等场所生意兴隆,为乡村居民提供了丰富的就业机会。许多原本从事传统农业的村民,如今转型成为餐厅服务员、民宿经营者,他们的收入也随之大幅提升。

第二,乡村旅游的发展还促进了交通运输业的兴旺。为了满足游客的出行需求,乡村地区的交通网络不断完善,道路更加宽敞平坦,交通工具也更加多样化。这不仅方便了游客的出行,也为乡村居民提供更加便捷的交通条件,进一步促进了乡村与城市的交流融合。

第三,乡村旅游还带动了手工艺品、特色农产品等乡村特色产业的发展。游客在游览过程中往往会对当地的特色手工艺品和农产品产生浓厚兴趣,纷纷购买带回家中。这不仅为乡村居民增加了收入来源,也为乡村特色产业的传承与发展注入了新的活力。

二、保护和传承文化遗产

许多乡村地区蕴藏着丰富的历史文化、传统习俗和手工艺品,这些宝贵的文化遗产是乡村独特魅力的体现。随着乡村旅游的兴起,这些文化遗产得以被更广泛的人群所了解和欣赏。游客们通过参观乡村的历史建筑、体验传统的农耕文化、欣赏精美的手工艺品,深入感受到了乡村文化的独特魅力。这不仅提升了乡村文化的知名度和影响力,也为乡村文化的传承与保护注入了新的活力。

乡村旅游的发展激发了村民保护传统文化的自豪感和责任感。村民们意识到,他们的传统文化和习俗是吸引游客的重要因素,是他们赖以生存的宝贵财富。因此,他们更加积极地参与到文化遗产的保护与传承中来,努力将这些宝贵的文化遗产传承下去,让更多的人了解和欣赏。

乡村旅游的发展还为乡村文化的创新与发展提供了平台。通过与外界的交流与互动,乡村文化得以与现代文化相融合,焕发出新的生机与活力。村民们也在旅游活动中不断学习和吸收新的文化元素,使乡村文化更加丰富多样。

三、改善乡村社会结构

第一,乡村旅游的兴起为乡村地区提供了丰富的就业机会。许多年轻人看到乡村旅游的潜力,选择留在乡村从事旅游相关工作,如导游、民宿经营、手工艺品制作等。这不仅减少了乡村地区的人口外流,使乡村社会更加稳定,同时也为乡村注入了新的活力和创造力。

第二,乡村旅游的发展促进了城乡之间的人才和信息交流。随着游客的涌入,乡村地区与城市的联系更加紧密,城乡之间的界限逐渐模糊。许多城市人才因为对乡村旅游的热爱和追求,选择到乡村创业或工作,为乡村带来了新的思维和观念。同时,乡村地区也通过旅游业向外界展示了自己的文化和特色,吸引了更多的关注和投资。

第三,乡村旅游的发展还促进了乡村社会内部的和谐与团结。在旅游业的发展过程中,村民们共同参与、共同受益,形成了更加紧密的社会关系。他们共同维护乡村的环境和文化,共同推动乡村旅游业的发展,形成了更加团结和谐的社会氛围。

四、促进环境保护

乡村旅游以其独特的魅力吸引着越来越多的游客前来探访。在这股旅游热潮的背后,自然环境的美丽与宁静成为乡村旅游不可或缺的重要元素。正是这种对自然环境的珍视与追求,促使当地政府和居民更加注重环境保护,共同呵护着乡村的绿水青山。

为了吸引和满足游客对优美环境的需求,许多乡村开始积极行动起来,实施了一系列环境保护措施。垃圾分类成为乡村日常生活的一部分,村民们学会了正确分类投放垃圾,减少了对环境的污染。同时,污水处理也得到了有效的治理,乡村的河流水质得到了明显的改善,恢复了往日的清澈与生机。

此外,绿化美化工作也在乡村中如火如荼地展开。道路两旁绿树成荫,花坛里鲜花盛开,乡村的每一个角落都充满了生机与活力。这些措施不仅美化了乡村的环境,也为游客提供了一个舒适、宜人的旅游环境。

通过这些努力,乡村的生态环境得到了显著的改善。空气更加清新,水质更加优良,景色更加美丽。游客们在享受乡村旅游的过程中也感受到了当地政府和居民对环境保护的重视与努力。

五、促进乡村创新与创业

乡村旅游如同一股清新的风,为乡村地区带来了前所未有的发展机遇。它不仅为游客提供了一个放松身心、亲近自然的理想去处,更为当地居民提供了创新与创业的广阔舞台。

一些有远见卓识的乡村居民敏锐地捕捉到了乡村旅游市场的潜力,他们开始积极开发乡村旅游产品和服务。农家乐便是其中的一种典型代表。这些家庭式的旅馆以其独特的乡村风情和温馨的家庭氛围,吸引了大量游客前来体验。游客在这里可以品尝到地道的农家菜,感受到乡村生活的宁静与惬意。特色民宿也是乡村旅游的一大亮点。这些民宿往往位于风景优美的乡村地区,设计独特,充满艺术气息。它们不仅为游客提供了舒适的住宿环境,更成为展示乡村文化的重要窗口。游客在这里可以深入了解乡村的历史与文化,感受乡村的独特魅力。

除了农家乐和特色民宿，乡村体验活动也是乡村旅游的一大特色。这些活动包括农耕体验、手工艺品制作、乡村文化演出等，让游客能够亲身参与到乡村生活中来，感受到乡村的活力与魅力。这些活动不仅丰富了旅游市场，也为当地居民提供了更多的就业机会和收入来源。

通过开发乡村旅游产品和服务，有远见的乡村居民不仅实现了个人价值和经济效益的双重提升，更为乡村地区的经济发展注入了新的活力。他们的创业精神和创新思维为乡村旅游的发展提供了源源不断的动力。

总之，乡村旅游的发展具有多重潜在功能，不仅能够推动乡村经济的发展，促进文化遗产的保护与传承，改善乡村社会结构和环境，还能激发乡村居民的创新精神和创业热情。为了充分发挥乡村旅游的潜在功能，需要政府、企业和社会各界的共同努力，制定合理的规划和政策，引导和支持乡村旅游的可持续发展。

第四节　乡村智慧旅游发展研究

随着信息技术的飞速发展，智慧旅游作为旅游业的新兴模式正逐渐改变着传统旅游业的格局。乡村智慧旅游作为智慧旅游的重要组成部分，其研究与发展对于推动乡村旅游产业的转型升级、提升乡村旅游服务质量和游客体验具有重要意义。

一、乡村智慧旅游的概念

乡村智慧旅游是指借助现代信息技术手段，将智能化、信息化、网络化等先进技术应用于乡村旅游产业，实现旅游资源的优化配置、旅游服务的智能化提升以及旅游管理的精细化运作。它涵盖了乡村旅游的各个方面，包括旅游信息的获取与发布、旅游产品的开发与推广、旅游服务的提供与管理等。

二、乡村智慧旅游的发展现状

乡村智慧旅游作为一种融合了先进信息技术和传统乡村旅游资源的新型旅游模式,正在逐步展现出其独特的魅力和广阔的发展潜力。其发展现状主要体现在以下几个方面。

(一)乡村智慧旅游的发展得到了政府的大力支持

政府通过出台相关政策、投入资金等方式,推动乡村智慧旅游的建设和发展。例如,加强乡村基础设施建设、提升乡村旅游服务质量、推广乡村智慧旅游品牌等,都为乡村智慧旅游的发展提供了有力保障。

(二)乡村智慧旅游市场规模在不断扩大

随着信息技术的快速发展和普及,乡村智慧旅游逐渐成为乡村旅游发展的重要方向。越来越多的乡村地区开始利用互联网、大数据、人工智能等现代科技手段,提升乡村旅游的智慧化水平,吸引更多游客前来体验。

(三)乡村智慧旅游产品与服务日益丰富

除了传统的农家乐、观光游览等乡村旅游产品外,乡村智慧旅游还推出了特色民宿、农田露营、乡村文化体验等新型旅游产品,满足了游客多样化、个性化的需求。同时,乡村智慧旅游服务也更加便捷和高效,如提供在线预订、智能导游、电子支付等服务,让游客的旅行更加轻松愉快。

三、乡村智慧旅游存在的问题与挑战

乡村智慧旅游在近年来得到了快速的发展,然而在实际发展过程中也面临着一系列的问题和挑战。

(一)乡村地区的基础设施建设相对滞后,特别是信息化基础设施

许多乡村地区尚未实现全面网络覆盖,网络速度和质量也不尽如人意,这极大地限制了乡村智慧旅游的发展。此外,乡村地区的交通、住宿等配套设施也不完善,难以满足游客的需求。

(二)乡村智慧旅游的专业人才匮乏

智慧旅游需要具备一定的信息技术和旅游专业知识的人才来支撑,但目前乡村地区缺乏这样的人才。导致乡村智慧旅游在产品开发、运营管理、营销推广等方面存在不足,难以形成有效的竞争优势。

(三)乡村智慧旅游的产品和服务同质化严重

目前,很多乡村地区的旅游产品都集中在农家乐、观光游览等传统项目上,缺乏创新和特色。导致游客的体验感不足,难以形成持久的吸引力。同时,乡村智慧旅游的服务也缺乏个性化,难以满足游客的多样化需求。

(四)乡村智慧旅游面临着资金和技术方面的挑战

由于乡村地区的经济发展相对滞后,缺乏足够的资金支持,导致乡村智慧旅游在基础设施建设、产品开发等方面的投入不足。同时,乡村地区在技术应用方面也存在一定的困难,如何有效地将现代科技手段应用于乡村旅游中,提高乡村旅游的智慧化水平是一个亟需解决的问题。

(五)乡村智慧旅游面临着市场竞争的挑战

随着乡村旅游市场的不断扩大,竞争也日益激烈,不仅体现在乡村旅游目的地的数量上,更体现在产品内容、服务质量以及市场推广等多个方面。面对如此激烈的竞争环境,乡村智慧旅游如何能够脱颖而出,吸引更多的游客,成为一个亟待解决的重要问题。

四、乡村智慧旅游的发展策略

乡村智慧旅游的发展策略是一个综合性的系统工程,涉及多个方面的因素。下面将详细论述这些策略,以便更好地推动乡村智慧旅游的健康发展。

(一)强化基础设施建设

强化基础设施建设是乡村智慧旅游发展的基石,包括提升乡村地区的网络覆盖率和质量,确保游客能够随时随地享受高速、稳定的网络服务。同时,加强交通设施的建设,改善乡村交通状况,提高游客的出行便利性。此外,还要提升住宿、餐饮等配套设施的档次和服务水平,为游客提供舒适、安全的旅游环境。

(二)推动产品创新

推动产品创新是乡村智慧旅游发展的关键。乡村地区应深入挖掘自身的文化、生态等资源,开发具有独特性和吸引力的旅游产品。例如,结合当地的农业特色,开展农事体验、农产品采摘等农业旅游项目;利用乡村的自然风光,开发徒步、骑行等户外运动旅游产品;引入现代科技手段,如虚拟现实、增强现实等,为游客提供更加丰富、有趣的旅游体验。

(三)提升服务质量

提升服务质量是乡村智慧旅游发展的重要保障。乡村智慧旅游应树立以游客为中心的服务理念,提供个性化、专业化的服务。通过大数据分析游客的行为和需求,为游客提供精准的旅游推荐和行程规划。加强服务人员的培训和管理,提高他们的专业素养和服务意识,确保游客在乡村地区能够享受到高品质的服务。

（四）加强市场营销

加强市场营销是乡村智慧旅游发展的重要手段。乡村地区应利用多种渠道进行市场推广，提高知名度和影响力。例如，通过与旅游平台、旅行社等合作，扩大销售渠道；利用社交媒体、短视频等新媒体手段进行宣传推广；举办特色节庆活动、推出优惠政策等吸引游客；注重品牌形象的塑造和维护，打造具有独特性和辨识度的乡村智慧旅游品牌。

（五）促进产业融合

促进产业融合是乡村智慧旅游发展的重要途径。乡村智慧旅游可以与农业、文化、教育等产业进行深度融合，创造出更多的价值。例如，开展农旅结合的项目，让游客在体验农业文化的同时享受旅游的乐趣；与教育机构合作开展研学旅游项目，让学生在旅游中学习知识、增长见识。通过产业融合，可以丰富乡村智慧旅游的内涵和外延，提升其综合效益。

（六）注重可持续发展

注重可持续发展是乡村智慧旅游发展的根本要求。乡村智慧旅游的发展应坚持生态优先、绿色发展的原则，注重环境保护和生态平衡。在开发旅游产品的过程中应充分考虑当地环境的承载能力，避免过度开发和破坏环境。同时，加强游客的环保教育，引导游客文明旅游、绿色消费。通过可持续发展，实现乡村智慧旅游的长期稳定发展。

第五节　乡村旅游未来发展愿景

乡村旅游作为新时代旅游业的重要组成部分，其未来发展愿景不仅关乎乡村地区的经济繁荣,更关乎城乡之间的文化交流与融合。在科技、社会、文化等多重因素的推动下,乡村旅游的未来将展现出更为丰富、多元和可持续的发展态势。

一、乡村旅游将实现产品与服务的多元化和个性化

随着旅游市场的日益细分和游客需求的多样化,乡村旅游产品将不再局限于传统的农家乐、观光游等模式,而是向文化体验、生态休闲、健康养生等多个方向拓展。通过深入挖掘乡村地区的自然和文化资源,开发出更具特色和吸引力的旅游产品,满足游客对于独特体验的追求。同时,乡村旅游服务也将更加注重个性化和专业化,为游客提供定制化、精细化的服务,提升游客的满意度和忠诚度。

二、乡村旅游将实现智慧化的发展

借助大数据、云计算、物联网等现代信息技术,乡村旅游将实现智慧化管理和服务。通过构建乡村旅游智慧平台,实现旅游信息的实时更新、旅游资源的优化配置和旅游服务的智能化提供。游客可以通过手机App、智能导览系统等工具获取旅游信息、规划行程、享受服务,实现旅游体验的便捷化和智能化。同时,智慧化的发展也将提升乡村旅游的管理效率和服务质量,为乡村旅游的可持续发展提供有力支撑。

三、乡村旅游将更加注重可持续发展

在快速发展的同时,乡村旅游必须注重生态环境的保护和文化的传承。通过采用绿色、低碳、环保的发展方式,推动乡村旅游与生态环境的和谐共生。在产品开发、服务提供等各个环节,都注重环保理念的贯彻和落实,减少对环境的负面影响。同时,乡村旅游还将注重挖掘和保护乡村文化,传承和弘扬乡村优秀传统文化,使乡村旅游成为展示乡村文化魅力的重要窗口。

四、乡村旅游将促进城乡融合和乡村振兴

随着城市化进程的加速和人们对乡村生活的向往,乡村旅游成为连接城市与乡村的重要桥梁。通过乡村旅游的发展,可以促进城乡之间的文化交流与融合,推动城乡资源的共享与互补。同时,乡村旅游的发展也将带动乡村地区的经济发展、社会进步和文化繁荣,为乡村振兴注入新的活力和动力。通过乡村旅游的推动,乡村地区的产业结构将得到优化升级,农民的收入水平将得到提升,乡村社会的整体面貌将得到改善。

综上所述,乡村旅游的未来发展愿景是多元化、智慧化、可持续化和城乡融合化。通过不断创新和发展,乡村旅游将成为连接城市与乡村的重要纽带,为游客提供更加丰富多彩、智慧便捷、可持续发展的旅游体验。同时,乡村旅游也将为乡村地区的经济、社会和文化发展贡献重要力量,推动城乡之间的交流与融合,实现共同繁荣与发展。

第二章

乡村旅游概述

作为近年来旅游业的热点和亮点,乡村旅游以其独特的魅力吸引着越来越多的游客。它不仅为游客提供了一种全新的旅游体验,同时为乡村地区的经济、社会和文化发展注入了新的活力。

第一节 乡村旅游的内涵

一、乡村旅游的概念

乡村旅游是指人们离开熟悉的城市环境,前往乡村地区,以休闲、观光、体验和学习为目的的旅游活动。这种形式的旅游不仅包括欣赏乡村的自然风光和野生动植物,还涵盖了参与乡村地区的传统生活方式、了解当地文化和手工艺、体验农业生产等多种活动。乡村旅游强调的是一种回归自然、亲近土地、体验乡土生活的休闲方式,它反映了人们对自然美、乡土文化的向往和追求。

乡村旅游旨在促进乡村地区的经济发展,改善农民生活水平,同时保护乡村环境,传承农村文化,实现城乡互动和可持续发展。它是一种绿色旅游形式，与大众化、商业化的城市旅游相比，更加注重个性化体验和环境保护。

二、乡村旅游的特点

作为旅游业的分支，乡村旅游具有以下特点。

（一）贴近自然

乡村景观作为人类长期适应自然环境并通过不断的改造与创新所塑造出的和谐生态环境，展现了人类与自然和谐共生的智慧和努力。这种景观不仅保存了大自然的原始面貌，同时也融入了浓郁的乡土文化和人文气息，成为一种独特的文化遗产。乡村旅游的魅力在于它能够让人们体验到这种"古老、原始、真实、纯朴"的乡土特色，提供了一种远离都市喧嚣、回归自然本真的旅行方式。

（二）资源丰富

乡村地区蕴藏着丰富多样的资源，等待着人们去探索和体验。这些资源不仅涵盖了独具魅力的自然与人文风景，比如多样的乡村景致、独特的村落建筑风貌、传统的农耕文化活动等，还包括了丰富的农业和文化资产，如具有地方特色的农业活动、多姿多彩的乡村节庆习俗、富有地方特色的文化艺术表现、各式各样的传统农具展示，以及充满生活气息的农产品加工和手工艺展示等。通过亲身体验和观察，游客能够深刻感受到乡村地区自然美景与人文风情的独特魅力。

（三）对象明确

乡村旅游的受众群体十分清晰，其核心目标市场聚焦于城市居民。对于那些长期置身于工业社会喧嚣与忙碌中的城市人来说，他们往往被都市的狭小空间所束缚，内心深处对于舒适、开阔的大自然怀有无限的向往与渴望。乡村旅游作为一种回归自然、放松身心的旅游方式，恰好迎合了这些大都市居民的需求与口味。

（四）地域差异

乡村旅游的魅力在于其丰富多彩的地域特色和文化差异。它既有南北地域的迥异，又涵盖了山地与平原的多样风貌，更体现了汉族与少数民族文化的交融共生。我国农业拥有长达五千年的悠久历史，在这漫长的岁月里，各地的地理环境、生产方式等因素的差异，使农作文化和传统习俗呈现出千姿百态的面貌。

（五）季节周期

乡村旅游紧密依托于农业生产，后者是在人类有意识的干预和调控下进行的生物再生产活动，这一过程受自然条件，如水、土壤、光照和温度等因素的影响，因而表现出鲜明的季节性和周期性特征。基于这种背景，乡村旅游活动也展现出相似的季节循环模式。在春季和秋季，当气候条件最为宜人时，乡村旅游达到高峰，期间举办各种节庆活动，如三月的桃花观赏、五月的茶叶采摘体验、八月的葡萄节等。相反，在寒冬时节，乡村旅游活动则相对冷清。

（六）形式多样

乡村旅游是将现代旅游与传统农业结合的创新探索，提供给游客的不仅仅是观光体验，还涵盖了娱乐、民俗和休闲等多种活动。在这种旅游模式下，游客有机会深入参与农事体验、钓鱼、划船、喂养动物、果蔬采摘以及农产品加工等，不仅让游客深刻感受到农民生活的乐趣和当地的文化风情，还能学习到农业相关的知识。通过自己的劳动，游客最终还能带走亲手制作或采摘的产品，这种模式成功地将观光、参与和购物三者完美结合。

（七）风险较低

推动乡村旅游的发展具有成本低、回报快、盈利性强且风险小的显著优势，这主要得益于乡村旅游基于现有的农业生产条件和资源进行轻度改造与优化管理,而无需大规模破坏或重构现有生产格局。通过实现其功能的多样化和生态化,乡村旅游能够有效地迎合游客的各种需求。此外,这种旅游模式不仅能够带来传统意义上的旅游收入,还能结合农业本身产生的经济效益,为投资者提供一个额外的收入来源。

三、乡村旅游的功能

乡村旅游具有显著的功能,概括来说主要包括以下几方面。

(一)经济功能

乡村旅游最主要的功能便是经济功能,这一点不仅体现在促进绿色农业的发展上,还表现在直接销售农产品、增加农村就业机会和提高农民收益等多个方面。

第一,乡村旅游的发展有力地推动了绿色农业的进步。随着游客对环保、健康、有机等概念的日益关注,乡村地区开始更加注重农业生产的绿色化、生态化,不仅提升了农产品的品质和附加值,还吸引了更多游客前来体验、购买,形成了良性循环。

第二,乡村旅游为农产品提供了直接的销售渠道。传统的农产品销售往往依赖于中间商或批发市场,而乡村旅游让农民有机会直接与消费者对接,减少了中间环节,提高了销售效率。游客在乡村旅游过程中可以亲自品尝、挑选农产品,甚至参与到农产品的生产过程中,这种互动式的销售方式不仅增加了农产品的销售量,还提升了其品牌影响力。

第三,乡村旅游还为农村地区创造了大量的就业机会。随着乡村旅游的兴起,越来越多的游客涌入乡村,带动了餐饮、住宿、交通等相关产业的发展。这些产业的发展为当地农民提供了更多的就业机会,缓解了农村就业压力,同时提高了农民的收入水平。

第四,乡村旅游的发展有效地提高了农民的收益。通过参与乡村旅游,农民不仅可以销售农产品,还可以提供民宿、餐饮等服务,获取多元化的收入来源。此外,乡村旅游的发展还带动了乡村基础设施的改善,提升了乡村的整体形象,进一步吸引了游客和投资者,为农民带来了更多的发展机遇和收益。

（二）游憩功能

乡村旅游以其独特的魅力，为游客提供了一个绿色休闲活动的理想空间。在这里，游客可以远离城市的喧嚣，深入乡村，开展一系列观光、休闲、度假和旅游活动，尽情享受乡野风光及大自然的乐趣，这正是乡村旅游所蕴含的游憩功能的体现。

（三）社会功能

通过推进乡村旅游，乡村地区有望成为区域内备受关注的亮点，不仅促进了城市居民与农民之间的互动交流，扩大了农民的社会交际圈，而且还有助于向乡村地区引入社会保障、医疗保险等现代福利制度。这样的发展有利于提高农民的生活质量，促使他们逐渐融入更广泛的社区生活，从而有效缩减城乡之间的发展差距。

（四）文化功能

乡村旅游的蓬勃发展离不开其独特的乡土文化特色。正是这些深厚的文化底蕴吸引了众多的城镇居民前来探寻与体验。通过发展乡村旅游，不仅能够让乡村文化得到更好的延续和传承，更能在激烈的市场竞争中创造出独具一格的农村文化，进一步吸引游客的目光。

（五）环保功能

一个干净整洁的生活环境以及健康文明的人文环境，无疑是乡村旅游吸引游客的重要基石。对于游客而言，一个环境优美的乡村不仅能让他们放松身心，更能让他们深切感受到乡村生活的美好与宁静。

为了吸引城市游客，乡村旅游必须注重环境卫生的改善，主要包括定期清扫乡村道路，确保无垃圾、无杂物；整治乡村排水系统，防止污水横流；加强垃圾分类和处理，确保环境整洁有序。同时，乡村的公共设施如厕所、休息亭等也应保持干净卫生，为游客提供舒适的休闲环境。

除了生活环境，人文环境的提升同样重要。乡村应倡导健康文明的生活方式，尊重当地的风俗习惯，传承优秀的乡村文化。同时，加强对村民的教育和培训,提高他们的文明素养和服务意识,让游客在乡村感受到宾至如归的温暖。

此外,保护自然资源环境、维护自然生态平衡也是乡村旅游的重要任务。乡村应合理规划旅游活动区域,避免对自然环境造成破坏;加强生态保护宣传,提高游客和村民的环保意识;积极推广绿色旅游理念,倡导低碳、环保的旅游方式。

(六)教育功能

乡村旅游无疑为城市居民搭建了一座通往农业领域的桥梁。通过参与乡村旅游,城市居民得以更直观地认识农业,深入了解农业生产的各个环节,并亲身体验农村生活的独特魅力。在这一过程中,城市居民不仅能够增长农业知识,更能够深刻体会到农业对于社会经济发展的重要性。与此同时,乡村旅游也为农民带来了宝贵的学习机会。城镇游客往往具备更为文明的语言和举止,对卫生和环境的要求也相对较高。在与游客的互动中,农民不仅可以学习到这些文明习惯,还可以接触到原本对他们而言较为陌生的卫生、医疗、金融、法律等方面的知识。这种知识的传递有助于农民逐渐摒弃一些传统陋习和落后观念,提升自身的文化素养和综合素质。更为重要的是,乡村旅游的开展有助于推动乡村整体物质文明和精神文明水平的提升。随着农民素质的提高,乡村社会的整体风貌也会得到显著改善,乡村文化也会更加丰富多彩,为乡村的可持续发展注入新的活力,推动乡村经济、社会、文化的全面进步。

(七)医疗功能

乡村旅游的医疗功能体现在其能够提供一个宁静、放松的环境。乡村的自然风光、清新的空气、宁静的氛围,都能让游客暂时远离城市的喧嚣和繁忙,使心灵得到宁静和放松。在乡村,游客可以漫步在田野间,感受大自然的怀抱;可以聆听鸟儿的歌唱,享受大自然的和谐;可以与乡亲们交流,体验乡村的淳朴与真挚,让游客的心灵得到深度放松,从而缓解紧张情绪,减轻压力。

此外,乡村旅游的医疗功能还体现在其能够促进游客的身心健康。在乡村,游客可以参与各种农事活动,如耕种、收割、养殖等,这些活动不仅能让游客体验到劳动的乐趣,还能让他们了解农业生产的艰辛和不易。通过与农民的交流和互动,游客可以更加深入地了解乡村生活和文化,感受到乡村人民的淳朴和善良,让游客的心灵得到滋养,促进他们的身心健康。

四、乡村旅游的优劣势

(一)乡村旅游的优势

乡村旅游的优势主要是其乡村性和真实性。

1. 乡村性

乡村旅游的持久竞争优势往往源自那些难以模仿的存量资源,这些资源正是经过长期历史沉淀而形成的乡村性资源。这些资源包括乡村独特的生活方式、迷人的乡村景观以及丰富多彩的乡村文化活动等,它们共同构成了乡村旅游的核心吸引力。这种"乡村性"并非简单的标签,而是乡村众多特征的融合与体现。

第一,从地域上看,乡村旅游发生在城市之外,其聚落人口规模相对较小,这种小规模性为游客提供了一种远离喧嚣、回归自然的感觉。

第二,乡村的民居等建筑往往保留着原生态的乡村风貌,展现出独特的地方特色。这些建筑不仅是居住空间,更是乡村文化的载体,让游客能够深刻感受到乡村的韵味。

第三,耕种、收获等农事活动是乡村旅游中的重要组成部分,它们展示了乡村生活的动态过程,让游客有机会亲身参与、体验乡村的劳作乐趣。

第四,乡村还保留着浓厚的家庭、血缘观念以及人与人之间紧密的关系,这种淳朴的乡村情感是城市生活中所难以体验的,也为乡村旅游增添了独特的魅力。

第五,乡村中的道德观念和传统力量占有重要地位,它们维系着乡村社会的和谐稳定,也为乡村旅游提供了丰富的文化内涵。

因此,乡村旅游强调城乡之间的差异,让游客在农家品尝美食、在农家体验生活,注重游客的参与感和体验感。这种独特的乡村性为乡村旅游的发展提供无可比拟的优势,使其在激烈的市场竞争中脱颖而出。

2. 真实性

在旅游领域,真实性体验无疑是游客所追求的核心内容。随着商业的繁荣和现代化步伐的加快,游客对于旅游"真实性"的渴望达到了前所未有的高度。他们不再满足于表面的、形式化的旅游体验,而是渴望深入到目的地文化的内核,去感知那份原汁原味的真实。

游客在旅游过程中对"真实性"的感知,往往与他们的消费欲望紧密相连。当游客能够真切地感受到旅游目的地所呈现出的真实文化、历史和生活状态,他们的满意度和认同感便会大幅提升,进而产生更强的消费意愿。这种真实性的追求不仅体现在对旅游产品的选择上,更体现在对整个旅游过程的期待和体验中。

正因为如此,"真实性"已成为旅游资源开发中的一大卖点。旅游目的地和开发者纷纷挖掘和呈现当地独特的文化、历史和风俗,以满足游客对真实性的追求。通过还原历史场景、呈现当地生活状态、提供参与式体验等方式,让游客能够身临其境地感受到目的地的真实魅力。

然而,值得注意的是,在追求真实性的过程中也需要尊重和保护目的地的文化和环境。避免过度商业化和人为干预,确保游客能够在一个真实、自然的环境中体验当地的文化和生活。同时,加强游客教育和引导,提高他们的文化敏感性和环保意识,共同维护旅游目的地的可持续发展。

(二)乡村旅游的劣势

乡村旅游的劣势主要体现在以下几个方面。

1. 产品同质化

目前,乡村旅游主要依托"农家乐"模式进行发展。然而,由于同一地区在地理环境、人文环境、历史传承等方面存在相似性,农家乐之间出现了近距离、低水平的重复建设现象,使游客在体验过程中感到明显同质化,缺乏新鲜感与差异性,多数游客反映"去过一次就不再有第二次的冲动""多家农家乐之间差异不大,无非是换个地方吃饭、打牌",游玩内容多为"钓鱼、打牌、品尝农家菜",缺乏多样性和吸引力。

模式的单一性和雷同性严重制约了乡村旅游的健康发展。由于过分依赖农业资源,而缺乏深入挖掘和展示地域特色文化,乡村旅游逐渐陷入了恶性竞争的境地,仿佛众多游客都在挤一座独木桥。这在一定程度上不仅影响了游客的满意度和忠诚度,也阻碍了乡村旅游的可持续发展。

2. 文化低俗化

乡村文化具有深厚的文化底蕴和长远的历史传承,这种文化既充满活力又具有极高的吸引力。然而,在乡村旅游的发展过程中,为了满足城市某些游客对低俗文化的需求,有些乡村不惜牺牲自己独有的文化特色。这种做法导致乡村文化被歪曲,出现了既不传统又不现代、既不属于城市也失去乡村特色的情况,使乡村失去了其文化的核心与灵魂,逐渐形成了一种迎合城市人口味的庸俗文化。众所周知,一旦乡村放弃了自己特有的、饱含特色的农耕文化基础去迎合都市文化,它所依赖的文化资源就会消失,乡村对城市游客的吸引力也就随之减弱。

3. 村庄城镇化

在乡村旅游的开发过程中,乡村社区往往倾向于刻意模仿城市的风格与标准,无论是道路建设、建筑风格还是生活设施,都倾向于照搬城市的模式。这种做法导致乡村原有的独特意象大大减弱,丧失了其固有的魅力。乡村意象包括乡村的景观意象和文化意象,是一种无形的却极为宝贵的旅游资源,它不仅是表达和维护乡村旅游主题的重要载体,更是乡村旅游活动得以开展的重要背景。一旦乡村意象被削弱,乡村旅游便失去了其独特的魅力和功能,变得平淡无奇。

乡村社区之所以会走向城镇化,主要有两方面的原因。首先,在乡村旅游发展的初期,地方政府缺乏有效的引导和监管,未能充分重视乡村文明的独特价值,导致乡村社区在发展过程中迷失了方向。其次,部分村民由于缺乏对乡村文化的自信和对游客心理需求的深入了解,常常以城市的生活方式作为标杆,盲目追求城市的风格和设施。他们建造大规模的娱乐休闲设施,这些设施与市区的娱乐中心相差无几,却完全失去了乡村原有的特色和韵味,使乡村旅游的农家风情荡然无存。

4. 环境沙漠化

环境沙漠化主要表现在两个方面。

（1）自然环境的破坏

随着游客数量的激增,村庄居民为了满足经营扩张和日常生活的需求,不断侵占原本绿草如茵的土地。公路、停车场和经营场地不断向农田侵入,侵占了大量的农业用地。同时,家禽养殖活动也大规模地向林地、山地扩展,给自然环境带来了沉重的压力。更为严重的是,城市生活垃圾开始大量涌入农村,这些垃圾不仅堆积如山,而且严重污染了农村的水质。那些曾经清澈见底、可以直接淘米洗衣的水池,如今已经变成了令人作呕的臭水沟,给当地居民的生活带来了极大的困扰。

（2）人文环境的紧张

乡村的人文环境原本充满着宁静与和谐,这里没有大城市的复杂纷争,村庄居民间的关系相对简单,彼此熟悉且和睦相处。然而,随着乡村旅游的蓬勃发展,外来客流量持续攀升,商业化浪潮对村庄居民产生了潜移默化的影响。为了吸引游客、谋取利益,一些不良现象逐渐浮现,如拉客、宰客等问题频发,不仅损害了游客的权益,也破坏了乡村原有的宁静与和谐。同时,邻里之间的矛盾也日益增多,原本和睦的氛围被紧张与隔阂所取代,乡村人文环境面临着前所未有的挑战。

5. 经营问题化

经营"农家乐"的农民,大多数选择了"个体户模式"作为他们的主要经营方式。在乡村旅游发展的初期阶段,这种模式的确展现出了其独特的优势。它的灵活性、低风险和较低的入门门槛,让许多农民能够迅速投入并参与到乡村旅游的大潮中。这种模式在初期起到了积极的带头和示范作用,推动了乡村旅游的快速发展。

然而,随着乡村旅游的深入发展,个体户模式的弊端和问题也逐渐暴露出来。一方面,由于缺乏有效的法规制度进行约束,一些农民在经营过程中出现了"公地悲剧"的现象。他们为了扩大自己的经营面积,不顾一切地搭建违章建筑,破坏了乡村原有的风貌。同时,他们还无节制地向公共空间排放污水、废弃物与废气,严重污染了乡村的环境。更有甚者,一些农民为了追求短期的经济利益,对部分珍贵的古建筑进行改造、扩建,这些行为严重破坏了乡村的文化资源,使乡村旅游遭遇了极大的瓶颈。另一方面,个体户模式往往缺乏地区的总体发展战略指导,农民们各自为政,独立经营,缺乏统一的规划和协调。他们往往盲目跟从市场,缺乏预见力和创新能力,导致旅游产品单一、雷同、缺乏特色,不仅无法满足游客的多样化需求,也使乡村旅游市场缺乏竞争力。同时,由于各自为政,重复建设现象严重,缺乏凝聚力和整合力,使整个乡村旅游市场难以形成合力,最终只能是失去市场。

针对个体户模式存在的这些弊端,另一种值得关注的经营模式——"旅游开发经营权出让模式"逐渐受到关注。在这种模式下,外部开发者通过竞标等方式获得旅游开发经营权,全面负责旅游开发相关的项目,包括景点建设、景区环境治理等。当地政府及其他各级政府部门主要承担行政事务的处理,不直接介入经营者的开发管理活动。这种模式虽然能够带来相对可观的收益,但也存在不少问题。

首先,旅游资源的产权在这一模式下往往不够明晰。由于开发者和当地政府之间的权责关系不明确,容易引发各类产权纠纷,这不仅会影响开发进度,还可能给当地的社会稳定带来隐患。其次,由于政府部门不直接参与经营管理,旅游景区管理政策的落实难度加大,这可能导致政策执行不到位,影响旅游景区的整体运营效果。此外,旅游经营的"飞地化"现象也日益凸显。在这种模式下,开发者往往更注重自身的经济利益,而忽略与当地社区的合作与共赢,导致旅游收益难以惠及当地居民,也缺乏稳定性,无疑对乡村旅游的健康发展构成了不小的威胁。

第二节 乡村旅游的发展

一、乡村旅游发展的基本原则

概括来说,乡村旅游发展的基本原则主要包括以下几个方面。

(一)把乡村旅游作为社会主义新农村建设的重要组成部分

乡村旅游以其独特的产业魅力和教育功能在社会主义新农村建设的伟大征程中发挥着举足轻重的作用。这种作用不仅体现在对农村经济的拉动,更体现在对乡村文化、生态以及社会结构的全面提升。为此,各级党委和政府都给予了乡村旅游发展高度的重视,将其视为新农村建设的核心组成部分,列为重点工作加以扶持。

各级党委和政府深知,要推动乡村旅游的健康发展,必须首先进行统筹规划。他们深入调研,了解乡村的资源禀赋、文化特色和市场需求,制定出符合当地实际的乡村旅游发展规划。同时,他们还完善机制,加强协调,确保各部门之间形成合力,共同推动乡村旅游的发展。在依法管理方面,各级党委和政府也下足了功夫。他们加强对乡村旅游市场的监管,打击违法违规行为,保护游客的合法权益。同时,他们还积极引导乡村旅游从业者守法经营,提高服务质量,为游客提供安全、舒适、愉快的旅游环境。除此之外,各级党委和政府还积极动员和组织更多的社会力量参与乡村旅游的发展。他们鼓励企业、社会组织和个人投资乡村旅游项目,提供技术支持和人才培养,为乡村旅游的发展注入新的活力。他们还加强与周边地区的合作与交流,共同打造乡村旅游品牌,提升整体竞争力。

这一系列举措的实施不仅为乡村旅游的发展提供了有力保障,也消除了其发展过程中的制约因素。乡村旅游在党委和政府的扶持下实现了快速且健康的发展,不仅提升了乡村旅游的整体品质,也为社会主义新农村建设注入了新的活力与动力。

可以说,乡村旅游已经成为社会主义新农村建设的重要引擎。它带动了农村经济的繁荣,促进了农民收入的增加,也提升了乡村的文化内涵和生态环境。未来,随着各级党委和政府对乡村旅游发展的进一步重视和支持,相信乡村旅游将会在社会主义新农村建设中发挥更加重要的作用,为乡村的全面振兴贡献更大的力量。

(二)保证广大农民得到实惠

乡村旅游的核心意义在于为广大农民谋求福祉,确保他们切实享受到发展的红利。

第一,应努力提升农民的收入水平,确保他们参与乡村旅游活动能够获得合理的劳动报酬,并保障他们在资源参股和资金入股中的合法权益不受侵害。

第二,应当为农民提供更多的就业机会,让他们在不离乡背井的情况下,通过参与乡村旅游实现有效就业,改善生活质量。

第三,必须关注农民的长远利益。在乡村旅游的发展过程中,应加强对农民的文化知识和劳动技能的培训,以提升他们的综合素质,培养出适应新时代需求的新型农民。

第四,应积极引导农民的业余文化生活,丰富他们的精神生活,提升他们的生活境界,进一步提高农民的精神文明水平。

(三)因地而宜、因时而宜

在推进乡村旅游的发展过程中,必须紧密结合各地的实际情况,因地制宜、因时制宜,确保每一步都走得稳健而有力。对于那些资源丰饶、客源稳定、资金充沛的地区,应优先推进乡村旅游的快速发展,以充分发挥其得天独厚的优势,为当地经济注入新的活力。

在这些地区,丰富的自然景观、深厚的文化底蕴和稳定的客源基础为乡村旅游的发展提供了得天独厚的条件。应充分利用这些优势,加大投入力度,完善基础设施,提升服务质量,打造一批具有地方特色的乡村旅游品牌。通过举办各类节庆活动、推广乡村旅游线路、加强与旅行社的合作等方式,吸引更多游客前来观光旅游,促进当地经济的繁荣发展。

然而,对于地处偏远、资源相对匮乏的地区,则需保持更为审慎的态度。这些地区往往面临着资金短缺、交通不便、客源不稳等多重困难,盲目推进乡村旅游开发可能导致资源浪费、环境破坏和经济效益不佳等问题。因此,在这些地区发展乡村旅游时,必须深入调研,充分了解当地的资源状况、市场需求和发展潜力,确保在合适的时机、以合适的方式推动乡村旅游的发展。

具体而言,可以从以下几个方面入手:一是加强规划引领,制定科学合理的乡村旅游发展规划,明确发展目标、重点任务和保障措施;二是加大政策扶持力度,通过财政补贴、税收优惠等措施,吸引更多社会资本投入乡村旅游开发;三是加强基础设施建设,改善交通条件、提升接待能力,为游客提供更加便捷、舒适的旅游环境;四是加强宣传推介,利用各种媒体渠道和营销手段,提升乡村旅游的知名度和影响力。

（四）加强分类指导

在推动乡村旅游持续健康发展的进程中，需从规划指导、信息服务、宣传促销、人才培训等多个层面协同发力，形成合力。针对乡村旅游的市场定位、产品开发及特色凸显等关键环节，应实施分类指导策略，确保各项措施精准到位。

对于"农家乐"这一深受游客喜爱的乡村旅游形式，应倡导健康积极的旅游文化，强调经营特色化和服务规范化。通过打造独具匠心的农家体验，提供温馨周到的服务，吸引更多游客前来体验乡村风情，进一步提升服务品质。

对于具有旅游开发潜力的小城镇，应结合城镇改造工作，精心打造独特风貌，提升旅游型小城镇的吸引力。在改造过程中，既要注重保护历史文化遗产，又要兼顾生态环境的改善，实现人与自然的和谐共生。

对于依托各类风景资源的乡村旅游项目，应明确发展定位，保护乡村生态环境，延伸乡村旅游产业链。通过探索多元化的组织开发模式，实现资源的优化配置和高效利用，为乡村旅游的可持续发展注入强大动力。

对于民俗民族特色村寨，应激发本地居民对本民族文化传统和生活方式的认同感和自豪感。通过邀请多学科专家共同研究、开发和监测，深入挖掘原生态古村落、民族村寨和民俗风情的文化内涵与特色。同时，加强文物遗迹和古老建筑的保护工作，确保文化传承的连续性和完整性。

二、乡村旅游发展的工作重点

乡村旅游发展的工作重点主要包括以下几个方面。

（一）建立健全乡村旅游服务体系

为了促进乡村旅游的健康发展，各级党委政府需要积极协调相关部门，共同建立健全的乡村旅游服务体系。这一体系旨在提供专业的规划和项目开发指导，确保乡村旅游项目具有独特性和创新性，避免产品出现雷同化现象。

在规划方面,政府应组织专家团队对乡村旅游资源进行深入调研,结合当地特色和市场需求,制定科学合理的规划方案。同时,还要加强项目开发的指导,确保项目符合乡村旅游的发展方向和市场需求,实现可持续发展。为了提升乡村旅游的品质和水平,政府还应制定基本的设施标准和服务标准,包括改善乡村旅游的卫生条件、提升接待设施的质量和数量、提高服务水平等方面。通过制定这些标准,可以规范乡村旅游的发展,提升游客的满意度和忠诚度。

此外,政府还应加强对乡村旅游的监督管理,包括建立健全的管理制度和监督机制,对乡村旅游的经营者进行定期检查和评估,确保其遵守相关规定和标准。同时,还要加强对游客的引导和保护,维护游客的合法权益,促进乡村旅游的健康有序发展。

通过这一系列措施的实施,可以建立健全的乡村旅游服务体系,为乡村旅游提供有力保障,推动乡村旅游的快速发展,提升其在旅游市场中的竞争力,为当地经济发展注入新的活力。

(二)大力开拓乡村旅游市场

旅游部门应积极参与乡村旅游产品的设计与规划,通过深入了解当地资源特色和市场需求,为乡村旅游项目提供有针对性的指导,不仅可以确保产品符合市场趋势,还能有效避免产品同质化,提升乡村旅游的竞争力。

旅游部门还应致力于培育乡村旅游精品。通过挖掘乡村文化、自然风光和民俗风情等独特元素,打造具有地方特色的旅游项目,为游客提供丰富多样的旅游体验。注重提升乡村旅游的品质和服务水平,确保游客能够享受到高质量的旅游服务。

在提升乡村旅游形象方面,旅游部门应加大宣传力度,通过各种渠道向游客展示乡村旅游的魅力,可以通过制作宣传册、拍摄宣传片、举办推介会等方式让更多的人了解并爱上乡村旅游。此外,还可以与媒体合作,开展公益性宣传活动,提升乡村旅游的知名度和美誉度。

为了大力开发乡村旅游市场,旅游部门应积极开展市场调研,了解游客需求和消费习惯,为乡村旅游项目提供精准的市场定位。

在拓宽乡村旅游销售渠道方面,旅游部门应充分利用现代营销手段,开展专业的市场销售和网络促销,可以通过建立线上平台、开展直播带货等方式,将乡村旅游产品推向更广阔的市场。此外,还可以与旅行社、酒店等旅游企业合作,共同推广乡村旅游产品,实现资源共享和互利共赢。

(三)大力培养乡村旅游人才

各级旅游部门在推动乡村旅游发展的过程中,人才培养是至关重要的一环。为了打造一支高素质、专业化的乡村旅游人才队伍,旅游部门需要采取一系列切实有效的措施。

第一,各级旅游部门应积极争取必要的财力支持,确保乡村旅游人才培养工作的顺利开展。通过设立专项基金或与其他部门合作,为乡村旅游人才培养提供稳定的资金保障。

第二,旅游部门应设立培训中心和培训机构,为乡村旅游从业者提供专业的培训服务。这些机构可以根据从业者的不同需求,制订分级分类的培训计划,确保培训内容的针对性和实用性。在培训过程中,乡镇一级党委领导应成为重点培养对象。通过组织他们参加专业学习、考察交流等活动,提升他们的领导能力和管理水平,使他们成为乡村旅游发展的优秀带头人。这些领导人员将在乡村旅游发展中发挥重要作用,引领当地群众积极参与,推动乡村旅游产业的健康发展。

第三,旅游部门还应加强与高校、研究机构等单位的合作,引进先进的旅游理念和管理经验,为乡村旅游从业者提供更多的学习机会和资源。同时,还可以鼓励从业者自主学习,提升自身素质和能力,为乡村旅游的发展贡献更多力量。

三、乡村旅游的发展模式

乡村旅游主要有以下几种发展模式。

(一)休闲度假旅游模式

休闲度假旅游模式是一种融合了自然风光、清新气候、绿色生态以及特色设施的综合型旅游体验方式。它主要依托那些拥有舒适宜人气候、自然优美的乡野风景、环保生态的绿色空间以及独特的地热温泉等自然资源,为游客提供一处远离城市喧嚣、回归自然的理想度假场所。

在这种模式下,各类休闲娱乐设施的建设成为关键。这些设施不仅满足了游客的休闲需求,而且提升了旅游目的地的吸引力。其中,休闲度假村以其完备的设施、优质的服务成为游客的首选。在这里,游客可以尽情享受阳光、沙滩、海水带来的乐趣,也可以参与各种水上活动,度过一个轻松愉快的假期。

乡村酒店是另一种受欢迎的休闲度假方式。这些酒店通常位于风景如画的乡村地区,建筑风格独特,充满乡村风情。游客在这里可以体验乡村生活的宁静与惬意,品尝当地美食,感受乡村文化的魅力。

休闲农庄也是休闲度假旅游模式中的重要组成部分。农庄通常集农业观光、休闲娱乐、度假住宿于一体,游客可以在这里亲手采摘农产品,体验农耕文化,享受田园生活的乐趣。

(二)民俗风情旅游模式

民俗风情旅游模式是一种以农村深厚的民俗风情为基石,开展丰富多彩旅游活动的发展模式。它承载着古村落、新文化村落和新经济村落等不同阶段农村整体人文生态系统的物化与意化的认知和体验功能,让游客在旅游的过程中能够深入了解农村的文化底蕴和历史传统。这种模式通过深入挖掘和展示农村地区的民俗风情,为游客提供了一次难忘的旅游体验。民俗风情旅游模式主要包括农耕文化游、民俗文化游和乡土文化游等类型。

农耕文化游带领游客走进农田,亲身体验农耕生活的艰辛与乐趣,感受农民的智慧和勤劳。游客可以参与农事活动,了解农作物的种植和收割过程,感受农耕文化的魅力。

民俗文化游聚焦于农村地区的传统节日、习俗和手工艺等方面。游客可以观赏到各种民间表演,如舞龙舞狮、戏曲演出等,感受农村地区的独特文化氛围。同时,游客还可以学习制作传统手工艺品,如剪纸、泥塑等,亲手体验传统文化的魅力。

乡土文化游是以农村地区的乡土文化为主题,展示农村地区的自然风光、建筑风格和生活方式等。游客可以漫步在乡村小道上,欣赏田园风光,感受乡村的宁静与美好。同时,游客还可以品尝到地道的农家菜,体验农村生活的真实与质朴。

(三)田园农业旅游模式

田园农业旅游模式是一种以农村田园景观和农业生产活动为核心吸引力的旅游方式。它通过展现乡村的田园风光、丰富的农业资源和独特的农业生产活动,开发出农乡游、水乡游、渔乡游、果乡游、花乡游等多种具有不同特色的主题旅游活动,以满足游客体验农业、回归自然的心理诉求。田园农业旅游模式主要包括以下几种。

在田园农业旅游模式中,园林观光游是一种受欢迎的类型。游客可以漫步在精心设计的园林中欣赏到各种美丽的植物和景观,感受大自然的魅力。同时,他们还可以了解园林的构造和设计理念,增长知识和见识。

田园农业游更加注重对农业生产活动的展示和体验。游客可以参观农田、果园、养殖场等农业生产场所,亲眼目睹农民辛勤劳动的场景,了解农产品的生长和加工过程。他们还可以亲手采摘水果、蔬菜等农产品,体验农业生产的乐趣。

农业科技游是将现代农业科技与传统农业相结合的一种旅游方式。游客可以参观农业科技园区,了解现代农业科技的最新成果和应用情况。他们可以看到智能化、机械化的农业生产设备,感受到科技对农业生产的推动作用。

务农体验游让游客有机会亲身参与农业生产活动,体验农民的生活和工作。他们可以参与农作物的种植、收割、加工等过程,了解农业生产的艰辛和不易,这种体验让游客更加珍惜食物,尊重农民的劳动成果。

(四)农家乐旅游模式

农家乐旅游模式是一种依托农民自家庭院、自产农产品以及周边田园风光和自然景点,为游客提供吃、住、玩、游、娱、购等全方位旅游体验的活动形式。它以低廉的价格和亲切的服务,吸引了大批游客前来体验乡村生活的乐趣。农家乐旅游模式主要包括以下几种。

在农家乐旅游模式中,农业观光农家乐是一种深受游客喜爱的类型。游客可以在这里欣赏到美丽的田园风光,参观农田、果园等农业生产场所,了解农产品的生长和加工过程。同时,他们还可以亲手采摘农产品,品尝到新鲜的农家味道,感受到农业生产的魅力。

食宿接待农家乐可以为游客提供舒适的住宿和美味的农家饭菜。农民们利用自家的房屋和庭院,为游客打造了一个温馨、舒适的住宿环境。农家饭菜以其独特的口味和健康的食材赢得了游客的赞誉。游客在这里可以享受到家一般的温暖和舒适。

休闲娱乐农家乐为游客提供了丰富的娱乐活动。游客在这里可以参与各种农事活动,如捕鱼、放牛、采茶等,体验农村生活的乐趣。同时,还可以进行户外烧烤、篝火晚会等集体活动,增进彼此之间的友谊和感情。

民俗文化农家乐注重展示当地的民俗文化和传统艺术。游客在这里可以欣赏到各种民间表演、手工艺制作等,感受到农村地区的独特文化氛围。这种旅游方式不仅让游客了解了当地的传统文化,也促进了文化的传承和发展。

农事参与农家乐让游客更加深入地参与到农业生产中。游客可以在农民的指导下,亲手种植农作物、养殖家禽家畜等,了解农业生产的艰辛和不易。这种体验让游客更加珍惜食物,尊重农民的劳动成果。

(五)村落乡镇旅游模式

村落乡镇旅游模式是一种深受游客喜爱的旅游方式,它以古村镇宅院建筑和新农村格局为独特的旅游吸引物,让游客在民居庭院、乡土建筑、村庄绿化、街道格局以及工农企业中,感受乡村的韵味与魅力。村落乡镇旅游模式主要包括以下几种类型。

民族村寨游。游客可以深入各个民族村寨,欣赏到不同民族特色的建筑风格,体验丰富多样的民族文化和风俗。在民族村寨中,游客可以品尝到地道的民族美食,观赏到独特的民族歌舞表演,感受到浓厚的民族氛围。

古镇建筑游。古镇上的古建筑、古街道、古巷弄都散发着浓厚的历史气息,游客可以漫步在古镇的街头巷尾,欣赏到古建筑的精美雕刻和独特布局,感受到古代人们的智慧和匠心。

新村风貌游。游客可以参观到新农村的民居、道路、绿化等基础设施建设,感受到农村生活的改善和提升。在新农村中,游客还可以体验到现代化的农业生产和农村生活方式,感受到新农村的活力和潜力。

古民居和古宅院游。这些古民居和古宅院保存完好,展示了古代人们的居住方式和生活习俗。游客在这里可以感受到古代人们的智慧和艺术,领略到古代建筑的美学和价值。

(六)科普及教育旅游模式

科普及教育旅游模式是一种独特的旅游方式,它充分利用农业科技生态园、农业观光园、农业博览园或博物馆、农业产品展览馆等场所,为游客提供一个了解农业历史、增长农业知识、学习农业技术的平台。

农业科技生态园通过展示现代农业技术、高效农业管理模式和生态友好的农业生产方式,让游客亲身感受到农业科技的魅力。游客可以参观智能温室、水肥一体化系统、无土栽培等先进设施,了解现代农业的发展趋势和未来方向。

农业观光园是一个集观光、休闲、娱乐为一体的场所,游客可以在这里欣赏到美丽的田园风光,体验农事活动,感受乡村生活的宁静与美好。同时,观光园还通过举办农业知识讲座、农业技术培训班等活动,为游客提供一个学习和交流的平台,使他们能够更深入地了解农业知识。

农业博览园或博物馆是展示农业历史和文化的重要场所,这些场馆通过丰富的展品和生动的展示方式,向游客展示了农业发展的历程、农业文化的内涵以及农业科技的进步。游客在这里可以领略到农业文明的博大精深,感受到农业对于人类社会的巨大贡献。

农业产品展览馆是一个展示和推广农业产品的平台,游客在这里可以品尝到各种美味的农产品,了解到农产品的生产过程和营养价值。同时,展览馆还通过举办农产品展销会等活动,为农民和游客搭建了一个交流合作的桥梁,促进了农产品的流通和销售。

第三节　乡村旅游的转型与升级

一、乡村旅游转型与升级的需求分析

乡村旅游的转型与升级不仅是其内在发展的必然需求，也是旅游市场日益增长的消费需求的反映，更是新农村建设的紧迫任务。在这一过程中，政府的支持与引导起到了至关重要的作用，为乡村旅游的蜕变提供了坚实的后盾与保障。

要实现乡村旅游的转型与升级，就必须在产品创新、组织优化、经营模式转变、资源配置升级以及宏观调控等多个维度进行深刻的变革。产品创新方面，需要深度挖掘乡村文化内涵，打造具有地方特色的旅游产品，以满足游客日益多样化的需求。组织优化方面，应建立更为高效的管理体系，推动乡村旅游产业的规范化、标准化发展。经营模式转变方面，应积极探索适应市场需求的新型经营模式，如乡村旅游合作社、乡村旅游综合体等，以提升产业的整体竞争力。资源配置升级是关键一环，通过整合乡村资源，优化资源配置，提高资源利用效率，实现乡村旅游的可持续发展。宏观调控方面，政府应加大政策扶持力度，加强规划引导，为乡村旅游的转型与升级创造良好的外部环境。

经过一系列转型与升级的努力，乡村旅游的产品和服务将更加贴近游客的实际需求，形成具有地方特色的产业链，进而形成产业集群效应，吸引更多的资金和人才流向乡村，这将有力推动乡村经济的蓬勃发展，改善乡村环境，促进社会和谐，逐步改变农村贫穷落后的面貌，最终，乡村旅游的转型与升级将助力实现城乡统筹发展，为新农村建设贡献重要力量。下面将对乡村旅游转型与升级的需求进行分析。

（一）乡村旅游自身发展需要

近年来，我国旅游业发展迅速，旅游者的需求也在不断发生变化。

从传统的观光游到现代的度假休闲游,人们的旅游方式和目的逐渐变得多样化。同时,随着带薪休假制度的深入实施,越来越多的人有了更多的休闲时间,他们开始寻求更加轻松、自由的旅游方式。在这样的背景下,乡村旅游以其独特的魅力和优势逐渐成为一种备受追捧的旅游业态。

越来越多的游客选择以乡村为旅游目的地,体验乡村的风土人情、自然风光和特色文化。乡村旅游的兴起不仅吸引了大量游客,为乡村带来了源源不断的人流和商机,还极大地促进了农村地区的发展。通过乡村旅游,农民们有了更多的增收渠道,乡村经济得到了显著提升。同时,乡村旅游也带动了乡村基础设施建设、文化保护和传承等方面的改善,产生了巨大的经济效益和社会效益。

随着乡村旅游的快速发展,一些问题也逐渐暴露出来。首先,环境问题日益突出。一些乡村地区在开发旅游过程中,忽视了对环境的保护,导致生态破坏、污染严重。其次,食品卫生问题也备受关注。一些乡村旅游点的餐饮卫生条件不达标,给游客的健康带来了隐患。此外,经营主体散、小、弱、差的问题也制约了乡村旅游的发展。许多乡村旅游点缺乏统一的管理和规划,产品单一雷同,组织化程度较低,难以形成品牌效应和规模效应。同时,缺乏监管与支持也是乡村旅游发展面临的一大难题。政府在乡村旅游发展中的引导和支持作用还有待加强,监管体系也需要进一步完善。因此,乡村旅游转型升级成为其进一步发展的客观要求。只有通过转型升级,乡村旅游才能解决当前存在的问题,实现可持续发展。

(二)可持续发展的需要

可持续发展理念并非一个空洞的口号,而是我们认识世界、改造世界的具体行动指南。这一理念强调的是和谐、可持续、综合和有机关联的世界观和方法论,旨在构建一个更加和谐、更加持久、更加均衡的世界。在乡村旅游的实践中,这一理念具有特别重要的指导意义。

乡村旅游作为连接乡村与城市的重要桥梁,需要实现与乡村发展的良性互动。在我国大力推进生态文明建设和新农村建设的背景下,乡村旅游更应该秉持可持续发展的生态理念,确保旅游发展与生态保护相得益彰。这意味着,我们不仅要关注旅游带来的经济效益,更要注重其对乡村环境、文化和社会的长远影响。

基于可持续发展的生态理念，乡村旅游可以深度挖掘乡村的自然资源和文化资源。这些资源是乡村的宝贵财富，也是乡村旅游发展的基石。通过科学合理的规划和利用，可以将乡村的自然美景和文化魅力转化为旅游吸引力，为游客提供丰富多样的旅游体验。

乡村旅游的转型与升级离不开产业链的延伸以及专业化、规范化的推进。要打破传统乡村旅游的局限性，通过引入新技术、新模式，推动乡村旅游向更高层次、更宽领域发展。此举不仅可以提升乡村旅游的品质和效益，还可以为乡村带来更多的就业机会和收入来源。

通过乡村旅游的转型与升级，可以实现目的地经济、社会、环境的协调发展。乡村旅游的发展不仅可以带动乡村经济的增长，还可以促进乡村社会的和谐稳定，改善乡村环境的质量。同时，乡村旅游还可以转变消费模式和增长方式，推动乡村经济的绿色发展和可持续发展。

二、基于可持续发展的乡村旅游转型与升级

（一）生产方式和消费方式生态化

生产方式和消费方式生态化需要做到以下几个方面。

1. 充分利用当地资源，保护环境

乡村地区深受游客喜爱，主要得益于其得天独厚的生态环境和与城市截然不同的田园风光。在广袤的田野、翠绿的树林和清澈的溪流之间，乡村展现了一种纯朴而宁静的美，使游客能够在忙碌的生活中找到片刻的宁静和放松。在国外，乡村旅游早已成为一种成熟的旅游方式，将优美的自然环境与独特的乡土文化相结合，为游客提供了一系列难忘的体验。游客可以在乡村中漫步，欣赏四季变换的风景，体验传统的农耕文化，品尝地道的农家美食，与当地居民交流互动，感受到乡村生活的真实与美好。因此，在推进乡村旅游发展的过程中，应充分汲取国外的成功经验，结合我国的实际情况，探索出一条适合自己的发展道路。要充分利用乡村的本地资源，展现其独特的魅力。乡村的自然风光、田园景观、农业生产等都是宝贵的旅游资源，应得到充分的保护和利用。

同时,乡村的乡土文化、民俗风情等也是吸引游客的重要因素,可以通过举办各种文化活动、民俗表演等方式,让游客更加深入地了解和体验乡村文化。

在旅游产品开发方面,应紧密结合当地农业发展和新农村建设的实际情况,可以开发以农业观光、农事体验、生态休闲等为主题的旅游产品,让游客在欣赏乡村美景的同时参与到农业生产中来,体验农耕文化的魅力。同时,还可以结合当地的特色产业和文化资源,打造独具特色的旅游项目,吸引更多游客前来观光旅游。

在公共设施建设方面,既要考虑到乡村社区的需求,也要兼顾游客的便利,可以建设一些具有乡村特色的住宿设施、餐饮场所和旅游购物设施等,为游客提供舒适便捷的旅游环境。同时,还应注重采用生态技术,降低旅游活动对环境的影响,推动旅游业与当地循环经济的深度融合。例如,可以采用太阳能、风能等清洁能源,减少能源消耗和环境污染;在餐饮方面,可以推广本地食材和有机食品,减少食物浪费和环境污染。

2. 管理游客行为,促进消费生态化

在乡村旅游的蓬勃发展进程中,环境保护与乡土特色的保持显得尤为重要,这离不开对游客行为的科学引导与有效管理。

对于那些生态较为脆弱的区域,应采取更为谨慎的态度,推行小众旅游模式。这种模式旨在限制游客数量,减少对脆弱生态环境的干扰和破坏,确保这些区域的自然风貌和生态平衡得以维系。在其他乡村旅游地区,同样需要严格控制游客量,确保其在旅游容量的合理范围内。通过科学评估旅游容量,可以为游客提供舒适的旅游体验,同时避免对当地环境造成过大的压力。

此外,约束游客行为也是至关重要的。游客在乡村地区旅游时应尊重本地的禁忌习俗,与社区居民交往过程中要遵守一定的行为准则。还需对游客的活动范围进行限制,并时刻提醒他们不要对动植物及土壤、水源等造成破坏。对于游客的不正当行为,需要及时进行管理,确保其行为符合乡村地区的环保和乡土特色保护要求。

为了进一步促进乡村旅游的可持续发展,还应鼓励游客更多地选用本地服务和商品,不仅有助于推动当地经济的发展,还可以减少对当地珍稀动植物资源的消费,保护这些珍贵的自然资源。

(二)旅游产品与服务的转型升级

在乡村旅游的发展征途上,多元化、高档次的旅游产品的打造显得尤为关键。这不仅仅是乡村旅游整体转型升级的核心要素,更是吸引游客、延长其停留时间、刺激消费水平的金钥匙。目前,我国乡村旅游产品面临形式单一、内容空洞、缺乏特色等困境,使游客的旅行体验显得单调,消费动力明显不足。

然而,当我们放眼全球,尤其是欧美国家,乡村旅游早已升华为一种更高层次的旅游体验,这无疑为我们提供了宝贵的借鉴和启示。因此,乡村旅游必须走生态旅游与文化旅游深度融合的发展之路,既要精心呵护乡村的自然生态,又要深入挖掘和传承民族文化的丰富底蕴。

基于这样的认识,各地区应结合自身资源优势和市场需求,开发出更多元化、高品质的旅游产品。除了传统的农家乐、观赏、采摘等初级产品,更应大力发展休闲度假、生态旅游、体育旅游等高端旅游产品,以满足游客日益多样化的需求。同时,餐饮、住宿、交通、娱乐等配套产品也应注重生态化、多样化,并凸显乡村特色,为游客提供全方位、高品质的乡村旅游体验。当然,产品升级的同时,服务升级同样重要。乡村地区的环境卫生、餐饮住宿设施的安全卫生状况一直是制约乡村旅游发展的瓶颈,因此,需要社区、政府和相关科研机构的紧密合作,共同提升乡村旅游的服务水平。

具体而言,要加大对硬件设施的投入和改造,提升乡村旅游的接待能力和舒适度。同时,加强经营和人员服务素质的提升更是刻不容缓。通过系统的培训和教育,培养接待业户正确的服务意识和理念,提升他们在经营服务、食品卫生安全、接待礼仪、餐饮和客房服务、乡土文化讲解等方面的能力和素质。

此外,为了适应日益多样化的游客需求和复杂多变的旅游市场,还应加强服务技巧的培训,如互联网应用、外语沟通以及突发事件处理等能力。同时,完善投诉监管机制,对业户的服务态度和行为进行严格监管,确保游客能够享受到优质、专业的乡村旅游服务。

(三)加强利益相关者间的合作,提升乡村旅游品牌

1. 保证社区主导,建立专业合作组织

乡村社区作为乡村旅游发展的核心利益相关者,其参与乡村旅游业的可持续发展和建设和谐乡村显得尤为重要。在乡村旅游的发展过程中必须高度警惕并防止"飞地化"现象的出现,即防止乡村社区在旅游开发中边缘化,确保乡村社区能够真正从旅游发展中获益。

为了推动乡村旅游的健康发展,需要基于家庭联产承包责任制,依照国家法规政策进行土地承包权的合理流转。通过集中大片土地,可以大力发展现代农业和乡村旅游,进而提升旅游产品的档次和品质。同时,建立相应的农业专业合作组织和旅游业合作组织,将乡村社区的各方力量凝聚起来,形成合力。

乡村旅游专业合作组织在旅游发展中扮演着举足轻重的角色。它们可以集中资金,共同开发具有吸引力的旅游资源和旅游商品,形成特色鲜明的旅游产品体系。在合作组织内部,业户之间可以根据自身的意愿和条件进行分工合作,有的专注于经营餐饮、住宿、交通等旅游产品,有的则专注于种植、养殖、农产品和工艺品加工等配套产品。这种分工合作的方式不仅可以保证业户能够获得更多的经济利益,还有助于推动乡村旅游向产业化、专业化的方向发展。

2. 构建利益相关者关系网,共同提升乡村旅游品牌

乡村旅游的发展是一个涉及多方利益相关者的复杂过程,这些利益相关者包括当地社区、地方政府、乡村旅游投资企业以及游客。在推进乡村旅游的过程中,各方必须深化合作,建立起紧密的联系网络,以实现利益关系的和谐与协调,这样的合作对于乡村旅游的健康发展至关重要。

在维护农民根本利益的前提下,适度引进外部企业或培育本地企业参与乡村旅游的投资与经营是一个明智的选择,不仅能够为乡村旅游注入新的活力,加速其发展步伐,还能通过引入先进的管理理念和经营模式提升乡村旅游的整体质量。同时,政府在此过程中扮演着至关重要的角色。它不仅要为企业和社区提供必要的服务,如政策指导、资金支持等,还要作为协调者,平衡各方利益主体的关系,确保乡村旅游的可持

续发展。

在实践中,已经涌现出多种合作模式。以贵州天龙堡的"政府+社区+旅行社+企业"四位一体模式为例,该模式通过政府引导、社区参与、旅行社推广和企业投资的方式,实现了资源的优化配置和利益的共享。这种模式不仅促进了当地经济的发展,还提升了乡村旅游的品牌形象。此外,"企业+专业合作社+农户"模式也凸显了企业与农户之间的紧密合作,通过企业带动农户发展乡村旅游,实现了产业的融合发展。

要实现乡村旅游的转型与升级,仅仅依靠现有的合作模式是不够的,还需要构建更加完善的利益相关者的分工合作体系。在这一体系中,政府需要从区域乃至跨行政区域的视角出发,进行统一规划与均衡布局,确保乡村旅游的协调发展。企业应根据自身的优势和特点,投资大型景区、游乐设施、农场、车船公司等资金和技术要求较高的项目,为乡村旅游提供有力支撑。社区依托这些项目,发展配套的餐饮、住宿、种植、养殖、休闲等服务业,满足游客的多样化需求。同时,政府还应加强基础设施和公共设施的建设,提升乡村旅游的软硬件水平。通过改善交通、通信等基础设施,提高乡村旅游的可进入性和便利性;通过建设游客中心、停车场、卫生间等公共设施,提升游客的旅游体验。在此基础上,政府还需加大对外宣传力度,通过设计统一的目的地形象,利用媒体、网络等渠道进行推广,提升乡村旅游的知名度和影响力。

第三章

乡村旅游与乡村文化

　　乡村文化作为乡村的灵魂和根基,在乡村旅游的发展中发挥着不可替代的作用。乡村文化为乡村旅游提供了源源不断的创意和灵感。通过挖掘和展示乡村文化,乡村旅游能够打造出独具特色的旅游产品和服务,吸引更多游客前来体验。

第一节　乡村文化的内涵

一、乡村文化的概念

　　乡村文化是源于乡村生活的一种特殊文化形态,它与城市文化有着明显的区别。它指的是农村一定区域内以农民为主体,体现农村精神信仰、交往方式等内容,具有独特个性的传统文化形态。这种文化包含风俗、礼仪、饮食、建筑、服饰等多个方面,构成了地方独具魅力的人文风景,是人们的乡土情感、亲和力和自豪感的凭借与纽带。

二、乡村文化的功能

（一）经济功能

文化作为经济的内核，其繁荣与发展对经济的推动作用不容忽视。在我国广袤的乡村地区，单纯依赖传统农业很难实现经济的迅速腾飞。因此，必须转变思路，勇于创新，根据各地的实际情况，深入挖掘并充分利用乡村文化资源。这样一来，不仅能够实现产业结构的优化调整，打破单一农业发展的局限性，还能为乡村经济的快速发展注入新的活力。当然，也不能忽视农业在乡村发展中的基础地位。与此同时，丰富产业结构，实现多元化发展，已经成为乡村进步的必然趋势。乡村应当依托其丰富的文化资源，大力发展文化旅游产业，吸引更多的游客前来观光旅游，从而带动相关产业的发展，推动乡村经济迈向更高水平。

文化作为社会构成的重要一环，在社会上层建筑中占据一席之地，尽管在漫长的历史长河中，人们往往强调其精神层面的价值，但不可忽视的是，文化同样蕴含着深厚的经济属性，它与经济紧密相连、不可分割。尤其在现代社会，文化与经济已经实现了深度的融合，文化甚至已经演变成为新兴的朝阳产业，展现出巨大的发展潜力。

乡村文化作为文化的重要组成部分，自然具备经济属性和功能。每个乡村都拥有自身独特的文化内涵和特色，这些宝贵的文化资源应当得到充分的挖掘和利用。通过积极发展文化旅游产业，不仅可以为乡村经济注入新的活力，还能使其成为推动乡村经济增长的新引擎。

（二）社会功能

乡村文化的社会功能主要体现在规范维护功能和丰富大众社会生活的功能两方面。

1. 规范维护功能

乡村，一个建立在深厚地缘与血缘关系基础之上的社会体系，其独特的社会结构孕育出了一种特有的文化形态。这种深植于乡村的地缘与血缘纽带，不仅塑造了乡村社会独特的运行模式，更在历史的长河中逐渐凝聚成一种约定俗成的社会规范,成为乡村文化的重要组成部分,形成了一道独特的乡村社会风景。

对于乡村的居民而言,这些规范性内容不仅仅是文化的体现,更是他们日常生活的行为准则。这些规范,无论是对于人际关系的处理,还是对于日常行为的约束,都深深影响着每一个乡村人的生活,为乡村社会的稳定和谐提供了坚实的保障。

尽管在现代化社会中,国家强调依法治国,法律成为每个人必须遵守的底线与准则,但在乡村的道德层面,乡村文化中的规范性内容依然发挥着不可替代的作用。它们如同春风化雨,潜移默化地影响着乡村人的思维方式和行为模式,使乡村社会在法律的框架内依然保持着其独特的道德风貌。

2. 丰富大众社会生活的功能

乡村文化之所以具有丰富大众社会生活的功能,其核心力量在于其丰富多彩的民俗事项。这些民俗事项大多深深扎根于农业之中,因为乡村长久以来都是农业文明的摇篮。在古代,科技尚未发达,农业生产往往受到天气条件的极大影响。即便前人凭借丰富的生产经验和智慧,建造了水利工程来应对一些自然灾害,但天气仍然是决定农业生产成功与否的关键因素。因此,在特定的时期,村民们会举办各种民俗活动,寄托着对风调雨顺、五谷丰登的美好愿望。例如,藏族的"望果节"就是一个生动的例子。在这个节日里,"望"意味着庄稼,"果"则是转圈的意思。村民们会围绕庄稼地转圈,通过这一仪式表达他们对丰收的热切期盼。

随着时代的进步,农业生产逐渐迈入了机械化和信息化的新时代。如今,农场生产对天气的依赖已经大大降低,但这并没有削弱民俗事项的意义。相反,这些活动已经从最初的祈求丰收,逐渐转变为一种生活娱乐方式,为农民的生活增添了无尽的乐趣和色彩。这些民俗事项不仅传承了乡村的传统文化,更为农民提供了丰富多彩的精神文化生活,使乡村社会变得更加充满活力和魅力。

(三)文化功能

随着我国经济的蓬勃发展,一些城市的建设日新月异,如北京、上海等国际化大都市,其繁荣程度与发达国家的城市相比亦毫不逊色。然而,在这光鲜亮丽的城市背后,那些承载着中华悠久历史和沧桑变化的乡村,却逐渐淡出了人们的视线。我们必须清醒地认识到,乡村是我国社会的重要组成部分,乡村文化是乡村发展多年的积淀,为了助力乡村文化的振兴,应当积极挖掘和利用这些优秀的文化资源。通过传承和发扬乡村文化的精髓,不仅可以提升乡村居民的文化素养,还能吸引更多的游客前来体验乡村风情,从而推动乡村经济的发展。同时,乡村文化的振兴也有助于增强乡村社会的凝聚力和向心力,为乡村的可持续发展提供强大的精神支撑。

三、乡村文化的特征

乡村文化作为在乡村地区孕育和成长的文化形态,相较于其他文化形式展现出独特的属性。这些独特之处主要体现在地域性、稳定性、民间性三个方面。

(一)地域性

我国疆域辽阔,不同地域间自然条件与人文环境千差万别,这种多样性在乡村文化的形成与发展过程中留下了深刻的印记。乡村文化作为地域文化的具体体现,深受其所在地域环境的影响,使各地的乡村文化独具特色,打上了鲜明的地域烙印。

我国作为一个多民族融合的国家,民族间的差异也为乡村文化增添了丰富的色彩。不同的民族语言、文化传统、价值观念和历史背景,共同构成了我国乡村文化多元而独特的地域性特征。这种地域性不仅体现在乡村居民的生活方式、风俗习惯上,更体现在他们的精神信仰、价值观念等多个层面。

因此,我国乡村文化呈现出一种"十里不同风,百里不同俗"的鲜明特点。这种地域性的乡村文化不仅丰富了我国文化的内涵,也为乡村社会的发展提供了强大的精神支撑和文化动力。在推进乡村振兴战略的过程中,应充分认识和尊重乡村文化的地域性特征,深入挖掘和利用各地的文化资源,推动乡村文化的繁荣发展,为乡村社会的全面进步提供有力的文化保障。

(二)稳定性

乡村文化一旦在特定的地域内扎根,便展现出其独特的稳定性,不易轻易改变。这种稳定性的特点是由多种因素共同作用的结果。

首先,乡村文化的地域性特点为其提供了天然的保护屏障。每个地域的乡村文化都独具特色,这种独特性使不同地域之间的乡村文化能够免受彼此影响,保持其原有的风貌。

其次,乡村的自给自足特性,在经济和文化层面都表现出一定的封闭性。尽管这种封闭性是相对的,而非绝对,但它确实导致了乡村发展的相对迟缓。这种迟缓性使乡村文化的变革也呈现出一种稳定性,不易受到外界冲击而迅速变化。

最后,在乡村那漫长而丰富的历史发展脉络中,农民与土地之间逐渐培养出了一种难以割舍的情感纽带。这份深厚的土地情结宛如一条坚韧的纽带,将农民与他们脚下的土地紧密相连。在这片土地上,农民们辛勤劳作,耕耘播种,收获着生活的希望与喜悦。他们与土地的关系早已超越了简单的生存需求,上升为一种精神寄托和文化认同。正因为有了这种深厚的土地情结和文化眷恋感,乡村文化在历史的长河中得以流传下来,并保持着其独特的稳定性特征。乡村文化的稳定性既体现在其传统习俗的延续上,也体现在其价值观的传承上。这种稳定性使乡村文化在面对现代文明的冲击时能够保持其独特的魅力与活力,为乡村的可持续发展提供坚实的文化支撑。

(三)民间性

在乡村文化发展的长河中,其生长的土壤——乡村,赋予了它独特的乡土色彩,并孕育出了鲜明的民间性特征。这种民间性不仅体现在乡村生活的方方面面,更在深层次上塑造了乡村社会的文化形态。

以民间信仰为例,它作为乡村文化的重要组成部分,具有鲜明的民间性特质。其中,祖先祭拜是一种尤为典型的信仰形式。在乡村社会中,家族观念根深蒂固,祖先祭拜成为连接过去与现在、沟通生者与逝者的重要桥梁。通过对祖先的祭拜,村民们表达了对祖先的敬仰与怀念,同时也期望祖先的灵魂能够得以安息,并祈求家族得到祖先的庇护和保佑。

在现代社会中,随着科学技术的迅猛发展和人们思想观念的日益开放,一些带有封建迷信性质的民间信仰逐渐被消解。但值得注意的是,有些民间信仰因其所蕴含的价值性和深厚的文化底蕴而得以延续下来。这些信仰不仅满足了乡村居民的精神需求,也成为乡村文化传承和发展的重要载体。

第二节 乡村文化的传承

一、乡村文化传承的要素

概括来说,乡村文化传承的要素主要包括以下几个方面。

(一)传统乡村山水文化

1. 传统乡村山水文化的形成

我国地域辽阔,山川河流纵横交错,为山水文化的孕育和生长提供了得天独厚的条件。在秦始皇封禅之前,山水在人们心中仅仅是自然界的一部分,并未赋予太多的特殊意义。然而,自秦始皇在泰山举行封禅大典之后,山逐渐被赋予了神圣的色彩。早期,这种神圣化主要体现在祭祀活动中,人们向山祈求丰收、平安等福祉。

山水作为独立的观赏对象,在魏晋时期开始显现出其独特的地位。在魏晋时期,社会风气崇尚老庄思想,追求返璞归真、顺应天道的生活哲学。文人们普遍认为,山水正是老庄思想的生动体现,它们以静默的方式传递着自然的智慧和宇宙的奥秘。因此,隐居山水间,与大自然融为一体,成为文人们的理想追求。

在魏晋时期，文人们不再过分追求名利，而是将更多的精力投入到对名山胜水的欣赏和赞美中。他们游历山水，感受大自然的鬼斧神工，用诗歌和绘画表达内心的感悟。从此，山水诗、山水画开始崭露头角，成为中国传统文化中不可或缺的一部分。

当然，传统乡村的山水文化并不仅仅局限于自然风貌的本身，更体现在人们如何巧妙地利用和改造自然。以丘陵山坡上的梯田为例，这些层层叠叠的梯田犹如阶梯般沿着山坡蜿蜒而下，正是人们对自然利用和改造的杰出智慧的体现。在人们的传统观念中，平原地区往往是农业耕作的理想之地。然而，生活在丘陵地带的人们却并未被这一观念所束缚。他们凭借自己的聪明才智和辛勤劳动，将原本看似不适宜耕种的丘陵地带，化为了一片片充满生机的农田。这些梯田不仅展现了人们对自然的敬畏与顺应，更体现了他们对生活的热爱与追求。尤其是在水雾缭绕的季节，这些梯田更是显得如梦如幻。云雾缭绕之下，梯田仿佛与天相接，宛如天梯一般，既壮观又美丽。这些梯田不仅为乡村带来了丰收的喜悦，更成为传统乡村山水文化中不可或缺的人文景观。

2. 传统乡村山水文化的构成要素

（1）自然景观

自然景观无疑是传统乡村山水文化不可或缺的构成要素。在传统乡村中，山水、田野、林木等自然景观与人们的日常生活紧密相连，共同构筑起一幅幅美丽的乡村画卷。

这些自然景观不仅是乡村居民生活的背景，更是他们情感的寄托和文化的象征。青山绿水间，村民们劳作、休息，感受着大自然的恩赐和滋养。他们敬畏自然、顺应自然，与山水和谐共生，形成了独特的乡村山水文化。例如，蜿蜒曲折的河流、碧波荡漾的湖泊，为乡村增添了灵动与生机；层峦叠嶂的山峰、苍翠欲滴的林木，为乡村披上了神秘与秀美的外衣。这些自然景观不仅具有审美价值，更是乡村文化的重要组成部分，传承着乡村的历史、习俗和传统。

（2）人文景观

人文景观作为传统乡村山水文化的构成要素，扮演着至关重要的角色。它们不仅是乡村居民智慧的结晶，也是乡村历史、文化和习俗的生动体现。

在传统乡村中，人文景观丰富多样，如古老的庙宇、古朴的民居、精致的桥梁等,这些都是乡村居民在长期的生产生活中创造出来的。这些建筑和设施不仅满足了乡村居民的生活需求,也体现了他们对美好生活的追求和对自然的敬畏。

同时,人文景观还承载着丰富的文化内涵。比如,古老的庙宇是乡村居民祈求平安、丰收的场所,它们见证了乡村信仰和民俗活动的演变;古朴的民居则展现了乡村居民的居住习惯和建筑风格,反映了乡村社会的历史变迁。

此外,人文景观还与自然景观相互融合,共同构成了传统乡村山水文化的独特魅力。比如,古老的桥梁横跨溪流之上,连接着两岸的乡村,成为乡村山水中的一道亮丽风景线;而精致的亭台则点缀在山水之间,供乡村居民休憩、观景,增添了乡村的宁静与雅致。

(二)传统乡村聚落文化

1. 传统乡村聚落的类型

我国的传统乡村聚落众多,这些聚落不仅蕴含着丰富的历史文化底蕴,而且展示了传统的乡村民俗。根据我国目前保存下来的传统乡村聚落,它们主要可以分为六个类别。

(1)规模宏大的北方古村落

北方地区的地形相对平坦,人口密度相对较低,使村落规模普遍较大,分布相对稀疏。一般而言,北方的村落户数少则数十家,多则可达数百家。房屋间距离较远,整个村落的地理分布显得较为宽松。当然,也存在一些特例,如东北地区,那里的村落房屋布局较为紧凑,是因为这些地区气候寒冷,且地形中分布有山丘,与平原地区的平整开阔有所不同,但村落的整体规模依然较大。在北方的村落中,山西大院以其独特的建筑风格和深厚的文化底蕴成为北方院落建筑群的典型代表。这些大院布局严谨、主从分明,每一处都透露着严谨与秩序。值得一提的是,大院中还点缀着精美的石雕和木雕,既有北方的粗犷,又不失细腻的艺术感。它们不仅是北方人民居住生活的场所,更是我国北方地区古代村落文化保存最为完整的瑰宝。

（2）淳朴无华的西北古村落

我国西北地区的古村落，虽无南方山水之依托，少了那份温婉柔情，却以其简朴的装饰和质朴的风格，展现出别样的淳朴敦厚。在这里，一些村落的居民甚至以窑洞为家，与大地紧密相连，尽显西北特色。这些古村落的建筑多采用平顶设计，屋身低矮而稳重，不仅展现了西北地区居民豪爽的性格，更透出一种含蓄之美，不张扬、不浮华。这些淳朴无华的村落静静矗立在西北大地上，历经沧桑，却依旧保持着那份原始的韵味。它们如同历史的见证者，默默诉说着西北地区悠久的历史和深厚的文化底蕴。每当风吹过，仿佛都能听到那遥远的岁月中，村民们欢声笑语、辛勤劳作的场景。这些古村落不仅是西北地区的宝贵财富，更是中华民族文化的重要组成部分。它们以其独特的魅力吸引着越来越多的人前来探访，感受那份淳朴与宁静。

（3）古朴典雅的徽派古村落

徽派古村落主要集中在安徽与江西两地，其建筑风格独具特色，典雅大方，自然古朴，宛如一幅幅生动的田园牧歌画卷，透露出一种超凡脱俗的意蕴。

在安徽省，黟县的西递和宏村便是徽派古村落的杰出代表。西递建于北宋，宏村则始建于南宋，二者都拥有着近千年的悠久历史。在这两处古村落中，村落的选址、布局以及建筑形态，无不以周易风水理论为指南，深刻体现了中国传统哲学中"天人合一"的思想，彰显出对大自然的敬畏与向往。

明、清时期的民居建筑群，典雅而庄重，它们与周围的自然环境和谐相融，共同构建了一个既科学又充满情趣的生活空间。这些古村落不仅是中国传统建筑的瑰宝，更是人与自然和谐共生的典范，它们凝聚着深厚的历史文化底蕴，是中国传统古村落的精髓所在。

（4）小巧精致的江南古村落

江南，这片被誉为"水乡"的土地，自然与水有着千丝万缕的联系。其古村落更是与水紧密相连，形成了别具一格的小桥流水风情。深受江南文化的熏陶，这里的村落布局讲究至极，道路、河流、祠堂、房屋等元素和谐相融，每一处细节都力求完美，充分展现了江南的灵秀之气。

乌镇，便是江南水乡的一个璀璨明珠。它坐落于浙江省桐乡市北端，至今仍保留着晚清和民国时期水乡古镇的风貌。乌镇河网密布，街道与桥梁相互连接，水镇相融，仿佛一幅流动的江南水乡画卷。漫步其中，仿佛能听到潺潺流水、轻轻船橹的声音,感受到那份独特的江南水乡韵味与情致。

(5) 个性鲜明的岭南古村落

岭南古村落主要集中在广东、福建地区,深受客家人文化的熏陶,独具特色。客家人作为汉族的一个重要分支,其历史可追溯至秦朝末年。自那时起,北方的汉族人多次南迁,最终定居于粤、闽、赣三地交界之处,经过千年的融合与演变,形成了现今独特的客家人群体。

以客家人为主的村落,在规划布局上既注重实用性,又追求美观与风格。它们充分展现了岭南地区的特色,与周围的自然环境和谐共生。其中,福建土楼便是这些村落中的一大亮点。这些土楼以土为主要材料,墙体坚固厚重,建筑形态多样,有圆形、半圆形、方形、四角形、五角形、交椅形、簸箕形等多种形状,每一种都独具特色,充分展示了客家人的智慧和艺术才华。

漫步在这些村落中,仿佛能穿越时光,感受到客家人千百年来的历史与文化积淀。这些村落不仅是客家人生活的家园,更是他们文化的传承与展示,它们以独特的魅力,为我们呈现了一幅幅生动而丰富的岭南风情画卷。

(6) 另类浪漫的西南古村落

巴蜀地区的古村落与自然环境和谐共生,它们或依山傍水,或依丘陵而建,展现出各具特色的风貌。这里深厚的文化底蕴和多元的民族特色为古村落注入了别样的浪漫与奔放气息,使西南地区的古村落独具魅力。以苗族的吊脚楼群为例,它们散落在苍翠的山林之中,或聚集成寨,或形成村落,与周围的自然环境融为一体。这些吊脚楼群依山而建,错落有致,仿佛是大自然的点缀,给人一种"山深人不觉,全村同在画中居"的诗意感受。

2. 传统乡村聚落的文化内涵

(1) "天人合一" 的理念

"天人合一"是我国传统古村落最为显著的文化精髓,它深深地烙印在村落的整体规划与建筑装饰之中。以江南水乡的古老村落为例,其布局精巧地依循河网,形成水镇交融的和谐景象,这正是对"天人合一"理念的生动诠释。在装饰细节上,无论是细腻的石雕还是精美的木雕,其图案多取材于自然,如花之绚烂、山之巍峨、水之灵动、鸟之自由,无不展现出人与自然的和谐共生。因此,在领略与传承乡村聚落文化时,不仅要领略其深厚的历史底蕴,更要深刻体会其背后蕴含的"天人合一"哲学思想。这对于当今环境问题日益严重的社会而言,无疑具有极其重要的启示意义,提醒我们追求与自然和谐共处的生活方式。

(2)山水田园的意境

传统村落因地制宜,或傍山依水而建,或坐落于广袤的平原,又或在黄土高原上扎根。不论其地理位置如何,田园风光始终是村落不可或缺的一部分。因此,传统村落或展现出山水间的宁静深远,或散发着田园的宁静祥和,亦或二者完美融合,共同营造出一幅幅如诗如画的意境。

在当下这个快节奏的社会里,人们的心灵常因繁杂琐事而变得浮躁不安。传统村落的山水田园意境仿佛是一剂心灵的良药,能够带给人宁静与美的享受。漫步于村落间,聆听潺潺流水,呼吸着清新的空气,人们能够在这种自然与和谐的环境中,得到精神上的洗礼与升华,使内心重归平静与安宁。

近年来,乡村旅游之所以受到越来越多人的青睐,很大程度上正是因为传统村落所保留的那份山水田园意境。在城市的喧嚣与忙碌中,人们渴望找到一片能够放松身心、回归自然的地方。传统村落正好满足了这一需求,它让人们有机会在忙碌的生活中暂时停下脚步,享受那份难得的宁静与美好。

(3)强烈的民俗乡情

在儒家文化这一传统文化主流的熏陶下,传统村落凝聚了深厚的邻里、家族、家庭观念,这些观念在村落生活中不断扩展和深化,最终汇聚成浓烈的民俗乡情。这种民俗乡情在乡村的演进过程中,已经悄无声息地渗透到每个村民的心底,成为传统村落文化中不可或缺的一部分。

具体而言,传统村落的民俗乡情主要体现在以下三个方面。

一是体现在邻里间的和睦相处与互帮互助。在传统村落中,邻居之间不仅在日常生活中相互关照,而且在重要时刻也会携手共度难关,这种深厚的邻里情谊构成了村落生活的温暖底色。

二是体现在家族文化的传承与弘扬。传统村落中的家族观念根深蒂固,家族成员之间保持着紧密的联系和互动,通过祭祀、节庆等活动传承着家族的历史和文化。

三是体现在家庭观念的强化与践行。在传统村落中,家庭是社会的基本单位,家庭成员之间注重亲情、孝道和尊老爱幼等传统美德的践行,这种家庭观念的强化不仅促进了家庭的和谐,也为村落的安定和发展提供了坚实的基础。

(三)传统乡村建筑文化

1. 传统乡村建筑的要素

传统乡村建筑除了居民居住的民居之外,还包括以下几种类型。

(1)传统民居

民居作为乡村传统建筑的精髓,无疑是展现乡村建筑特色的最佳载体。在我国广袤的土地上,各地的民居因历史传统、人文环境和生活习俗的迥异,在建筑布局、结构形态及装饰风格上均呈现出鲜明的特色。

在民居的建造过程中,不同民族的匠人巧妙地融入了他们本民族乃至个人的信仰,以现实或象征的手法,让建筑成为信仰的载体。例如,汉族民居中常可见到蝙蝠、鹤、竹、梅、回纹等图案,这些图案不仅美观,更寄托了汉族人民对和谐、长寿、高洁和吉祥的美好愿景。云南的白族民居则偏爱大象、莲花等图案,这些元素象征着力量、纯洁和神圣,深刻反映了白族的文化内涵和精神追求。

正是这种信仰与艺术的完美融合,使不同地区、不同民族的民居各具特色,犹如一幅幅绚丽多彩的画卷,生动地展现着中华民族多元而丰富的文化风貌。

(2)牌坊

牌坊作为传统乡村的标志性建筑,承载了丰富的历史与文化内涵。在封建时代,它常常被用以表彰那些功勋卓著、科举得意、德政显著以及忠孝节义之人,成为封建社会的一种独特荣誉象征。此外,一些道观寺庙也选择以牌坊作为山门,它们庄严而神圣,为宗教场所增添了一份庄重与肃穆。

同时,牌坊还承担着标明地名的重要功能,为行旅之人提供方向指引,也是乡村文化地理的重要标志。在祠堂的附属建筑中,牌坊同样占据着一席之地,它不仅是家族荣誉的象征,更是昭示家族先人高尚美德和丰功伟绩的载体。人们通过牌坊能够缅怀先人,传承家族文化,同时也兼具了祭祖的功能。

牌坊以其独特的建筑风格和深厚的文化内涵成为传统乡村中不可或缺的一部分。它见证了乡村历史的变迁，也承载了人们对于美德与荣誉的追求。在今天，牌坊依然以其独特的魅力吸引着人们去探寻和感受那份古老而深厚的乡村文化。

（3）祠堂

祠堂作为祭祀祖先的圣地，亦被称为家庙，它承载着家族的历史与信仰。除了举行庄严的祭祀仪式，祠堂还是家族成员举办婚、丧、寿、喜等人生大事的重要场所。在关键时刻，它更是族人商议族务、共商大计的集结地。

在传统社会中，祠堂几乎遍布每个村落，往往是村落中最为引人注目、装饰华丽的建筑。尤其在岭南地区的古村落中，这种现象尤为明显。尽管民居建筑多注重实用性，但祠堂的装饰却显得尤为精致和讲究，凸显了其在家族中的重要地位。

祠堂的建筑布局通常严谨而讲究，大门、享堂、寝堂和厢房构成了其基本的空间结构。一些规模宏大的祠堂还会设有戏台、仪门、钟鼓楼和庭院，为族人提供了更为丰富的活动空间。更有一些祠堂设有私塾，为族中子弟提供了接受教育的机会，传承家族的文化与智慧。

享堂作为祠堂的正厅，其建筑之考究、规模之大、装饰之华丽，均为祠堂之最。寝堂是安放祖宗牌位的地方，内设有神龛，族人在此表达对祖先的敬意与怀念。

值得一提的是，尽管祠堂追求华丽与庄重，但绝非一味地追求富丽堂皇。相反，它巧妙融合了富丽堂皇与庄重淡雅的元素，这种恰到好处的装饰风格既彰显了家族的尊贵与荣耀，又体现了对祖先的敬畏与尊重。

（4）寺庙

在传统乡村中，寺庙是不可或缺的文化符号，它们虽不似大型寺庙、道观那般宏伟壮观，却以其小巧精致的特点融入到了乡村的日常生活之中。这些寺庙供奉的可能是土地公、龙王等乡土神明，或是其他宗教信仰的图腾，它们承载着村民们的信仰与希望。然而，随着时代的变迁，许多乡村寺庙在现代化进程中逐渐被拆除。在看待这些寺庙时，应当去除其中的封建迷信成分，关注其背后所蕴含的村民对美好生活的向往和追求。

寺庙不仅是村民精神寄托的场所,更是乡村社会交往和文化传承的重要载体。在寺庙的活动中,村民们能够聚集在一起,交流感情,共同参与各种仪式和庆典,这些活动不仅增强了乡村的凝聚力,也传承了乡村的文化传统。

2. 传统乡村建筑的文化价值

(1) 传统乡村建筑具有展现文化多样性的价值

乡村传统建筑,作为地域、政治、文化、宗教和生产力等诸多因素交织作用的产物,其每一个细节都深刻体现了这些因素的变迁。每一座建筑都仿佛是一本历史长卷,透过其坚固的墙体和细腻的装饰,能够窥见建造时当地的政治风云、文化底蕴和经济脉络。因此,乡村建筑无疑成为展现不同地域、不同历史时期文化特色的重要媒介。

在我国乡村漫长的发展过程中,由于交通系统的相对落后和村民深厚的乡土情结,乡村与外部世界的交流相对较少。这种相对封闭的环境促使不同地域之间形成了各具特色的文化风貌。地形地貌的千差万别、建筑材料的因地制宜、建筑技艺的独到之处,这些因素共同造就了乡村传统建筑的丰富多样。它们或古朴典雅,或雄浑壮丽,或精致细腻,每一种风格都蕴含着浓厚的地域与民族特色。

保护和继承乡村的传统建筑,不仅是对物质文化遗产的珍视,更是对文化多样性的尊重与传承。这些建筑不仅是历史的见证,更是文化的载体,它们承载着乡村的记忆与情感,是乡村精神文化的重要组成部分。因此,应当努力保护和修复这些宝贵的文化遗产,让它们在新的时代里继续熠熠生辉,为乡村的文化繁荣和发展贡献力量。

(2) 传统乡村建筑具有记录历史的价值

传统乡村建筑作为乡村文化之精髓,其诞生与成长深受政治、文化、经济等多重因素的影响,这些因素以具体或象征性的形式巧妙地融入建筑之中,使其成为时代的印记与文化的载体。

深入剖析和研究这些传统乡村建筑,我们不仅能够窥见当时的政治制度与思想风貌,更能领略到当时的文化底蕴和生产力水平。它们如同静默的历史见证者,诉说着过往的辉煌与沧桑。

正因如此,建筑物被誉为"历史之镜"。它们以实体形态,向我们展示了数十、数百甚至数千年前的生活场景与文化脉络。透过这面镜子,我们能够穿越时空,感受那些遥远年代的风土人情与文化魅力。

（3）传统乡村建筑具有教育、审美价值

乡村传统建筑不仅是乡村中的实体存在,更在教育与审美上承载着深厚的价值。在教育价值层面,这些建筑如同一部部生动的历史长卷,蕴含了丰富的文化信息。它们既是农耕文化的生动体现,也是我国优秀传统文化的传承载体。通过深入解读乡村传统建筑中的农耕文化元素,我们可以窥见古人积极的生活态度,感受他们辛勤、淳朴的品质。这种深入人心的教育价值,对于当代人来说无疑具有极大的启示意义。

同时,乡村传统建筑在审美价值上也堪称一绝。它们的建筑风格独特,装饰细腻,每一处都蕴含着匠人的心血与智慧。置身于这些建筑之中,不仅能够欣赏到它们外在的美,更能感受到它们所传达出的文化韵味与情感共鸣。这是一种独特的审美享受,更是一种深刻的审美体验。

（4）传统乡村建筑具有"精神家园"的情感价值

乡村是我们每个人的根脉所系,是孕育文明的摇篮。因农业的繁荣,我们告别了渔猎的漂泊,拥有了稳定的居所,得以安居乐业,进而催生了更为璀璨的文明之光。即便在现代社会,科技日新月异,我们亦不能忘却这份"根"的情怀,否则科技的"绿叶"也将因失去滋养而凋零。

乡村传统建筑作为乡村文化的璀璨瑰宝,相较于其他事物更能够经受住时间的考验。它们宛如历史的"化石",历经沧桑仍屹立不倒,既是当下的见证者,又是过去的记录者。漫步于这些传统建筑之间,庭院深深、房屋古朴、树木葱茏,仿佛时光在此刻凝聚,让我们穿越数十、数百,甚至数千年的岁月,窥见古人辛勤劳作的背影,感受那份对生活的热爱与执着。

同时,这些建筑也让我们更加深刻地认识到自己的价值与责任。在那一刻,我们明白了自己的身份,知晓了自己的来处,更坚定了前行的方向。乡村传统建筑不仅是一砖一瓦的堆砌,更是我们文化传承与精神寄托的所在。让我们珍视这些宝贵的文化遗产,传承乡村的文明与智慧,共同书写更加美好的未来。

（四）传统乡村民俗文化

1.传统乡村民俗文化的构成要素

传统乡村民俗文化，这一丰富多彩的文化现象，在不同地域与民族间展现出了千差万别的风貌。若从表现形态的角度审视，大致可以将其划分为物质民俗、精神民俗以及社会民俗这三类。

（1）物质民俗

物质民俗作为传统乡村民俗文化中的基石，以其直观性和基础性为乡村生活赋予了浓厚的文化底蕴。在丰富多彩的乡村文化中，服饰民俗、饮食民俗、居住民俗以及生产民俗等共同构成了这一层面的内容。

①服饰民俗

服饰民俗是乡村居民身份认同与文化传承的重要载体。不同地域、不同民族的乡村居民，其服饰风格各异，或鲜艳夺目，或朴素大方，都蕴含着深厚的文化内涵。服饰不仅反映了乡村居民的生活状态，更在无形中传递着乡村的历史与文化。

②饮食民俗

饮食民俗是乡村生活中不可或缺的一部分。乡村居民以当地的食材为基础，创造出各具特色的美食。这些美食不仅满足了人们的口腹之欲，更在烹饪技艺、食材选择、餐桌礼仪等方面体现了乡村文化的独特魅力。

③居住民俗

居住民俗展现了乡村居民的生活环境与居住习惯。从房屋的布局、结构到装饰风格都体现了乡村居民的智慧与审美。同时，乡村的居住环境也与自然环境紧密相连，形成了人与自然和谐共生的美丽画卷。

④生产民俗

生产民俗是乡村经济发展的直接体现。乡村居民在长期的生产实践中，形成了丰富的生产经验和技能。这些经验和技能不仅提高了生产效率，更为乡村的经济发展注入了源源不断的动力。

（2）精神民俗

相较于物质民俗的直观性，精神民俗并不那么显而易见，然而它在无形中深刻地影响着乡村的每一个人，并以一种相对稳定的姿态在乡村长时间的发展过程中传承了下来。精神民俗作为乡村文化的重要组成部分,其内涵丰富,形式多样,主要包括宗教、图腾信仰与禁忌习俗等方面。

①宗教习俗

宗教作为精神民俗的重要表现形式之一,在乡村生活中占据着举足轻重的地位。乡村居民往往通过参与宗教活动、遵守宗教教义等方式来表达对神灵的敬畏与信仰。宗教活动不仅丰富了乡村的文化生活,也为乡村居民提供了精神寄托和心灵慰藉。

②图腾信仰习俗

图腾信仰是乡村居民对自然与祖先崇拜的一种体现。乡村中的图腾往往与当地的自然环境、历史文化紧密相连,具有深厚的文化内涵。通过图腾信仰,乡村居民表达了对自然的敬畏与感恩,也传承了祖先的智慧与教诲。

③禁忌习俗

禁忌习俗是乡村生活中一种特殊的文化现象。这些禁忌或许源于对自然的敬畏、对祖先的尊重,或许源于对生活的经验总结。它们以口耳相传的方式在乡村中流传,规范着乡村居民的行为举止,维护着乡村的和谐与稳定。

(3)社会民俗

社会民俗作为一种在乡村社会活动中孕育而成的文化现象,既与精神民俗有着千丝万缕的联系,又在某些方面展现出其独特的魅力。它在一定程度上满足了乡村居民的精神需求,同时也以其固有的特征,丰富了乡村文化的内涵。

在传统乡村民俗文化中,节日民俗是社会民俗的重要组成部分。节日是乡村生活中的一道亮丽风景线,每一个节日都承载着深厚的历史底蕴和文化内涵。春节的喜庆、元宵的团圆、清明的缅怀、端午的纪念……这些节日不仅是乡村居民欢聚一堂的时刻,更是他们传承文化、弘扬精神的重要载体。节日期间,乡村居民会举行各种庆祝活动,如舞龙舞狮、放鞭炮、吃团圆饭等,这些活动不仅增添了节日的欢乐气氛,也加强了乡村居民之间的情感联系。

游艺民俗是社会民俗中的另一大亮点。乡村游艺活动形式多样,既有传统的戏曲、舞蹈、杂技表演,也有富有地方特色的民间游戏和竞技活动。这些游艺活动不仅展示了乡村居民的艺术才华和创造力,也为他们的生活增添了无尽的乐趣。在游艺活动中,乡村居民可以释放压力、放松身心,同时可以增进彼此之间的了解与友谊。

2. 传统乡村民俗文化的特征

（1）稳定性与变异性

传统乡村民俗文化的稳定性体现在两大核心方面。

首先，一旦民俗文化伴随着人们的生产生活稳固下来，它便会深深扎根于乡村的日常生活中，成为不可或缺的重要组成部分。只要乡村的生产生活方式保持不变，民俗文化也将维持其原有的形态，几乎不会发生变化。这种稳定性确保了民俗文化的传承与延续，让乡村居民在岁月的长河中依然能够体验到那份熟悉与亲切。

其次，民俗文化的稳定性还体现在其继承性上。由于有了继承这一重要环节，民俗文化的核心内容得以持续传承，从而维持相对的稳定。这种继承性不仅体现在一代又一代的乡村居民对民俗文化的传承与发扬，更体现在乡村社会对于传统文化的尊重与保护。

然而，这种稳定性并非绝对。随着时间的推进，乡村的生产生活方式也会发生或大或小的变化，这必然会对民俗文化产生一定的影响。此外，在民俗文化的拓展过程中，与其他文化的碰撞与交流也是不可避免的。这种碰撞与交流既可能带来民俗文化的创新与发展，也可能导致某些传统元素的流失与变异。

因此，乡村民俗文化在相对稳定的同时也在经历着微妙的变异。虽然这种变异相对较小，但它同样对乡村民俗文化的发展产生着深远的影响。这种变异既可能是对传统文化的丰富与补充，也可能是对原有文化的挑战与冲击。但无论如何，这种变异都是乡村民俗文化发展中不可或缺的一部分，它让乡村文化更加丰富多彩，更加充满活力。

（2）大众性与范式性

民俗并非源自个人的力量，而是源于群体共同作用的结晶，因此，传统乡村民俗本质上是一种大众文化，而不是单一的个体文化。这里所说的大众性并非单纯以数量作为衡量标准。即便某些乡村民俗文化的受众数量有限，只要它是某一地域范围内群体共同作用的产物，便同样具备大众性的特质。

正因为乡村民俗是某一地域范围内群体共同作用的产物，该群体内的每个成员都会自觉遵守共同约定的标准，这便是乡村民俗文化的范式性。这种范式性不仅体现在民俗活动的具体内容与程序上，还体现在其固有的时间周期性上。无论是节日庆典、婚丧嫁娶，还是其他各类民俗活动,都遵循着一定的规范和周期,这些规范和周期在乡村生活中代代相传,构成了乡村民俗文化的重要组成部分。

(3)传承性与拓展性

传统乡村民俗文化的传承性意味着它在时间的长河中保持着连续的脉络,而拓展性则揭示了它在空间范围内的广泛传播与影响。乡村民俗文化的形成并非一蹴而就,而是历经岁月的沉淀与积累,逐渐凝聚成独特的文化形态。一旦形成,它便展现出了强大的稳定性,得以在代际之间传递与延续,确保文化的连续性与完整性。

在空间维度上,乡村民俗文化虽然受到地域的限制,但其蔓延性不容忽视。随着时间的推进,乡村民俗文化的传播范围逐渐扩大,影响力也日益增强。在向外传播的过程中,它不可避免地与其他地区的民俗文化产生碰撞与交流。这种碰撞并非简单的冲突,而是在相互尊重与理解的基础上实现文化的相互影响与融合。这种融合不仅丰富了乡村民俗文化的内涵,也促进了文化的多元发展。

(五)传统乡村农耕文化

1. 农耕文化的特征

(1)乡土民间性

农耕文化深深扎根于乡村的沃土之中,与乡村、农民血脉相连,展现出了鲜明的民间特色。正因这种深厚的民间性,农耕文化在历史的长河中以一种稳健的姿态,历经风雨,代代相传。

回望古代,无论是文学作品还是艺术瑰宝,农耕文化的影子无处不在。尤其是以陶渊明为代表的田园诗派,他们的诗作多以田园生活为蓝本,笔触平实自然,字里行间流露出对农耕生活的深深热爱。这些诗作不仅展现了农耕文化的魅力,更传递了诗人对乡村生活的无限向往。

此外,农耕文化更是寄托了民间百姓最纯真、最质朴的愿望。这些愿望虽源于乡村,却带有浓厚的民间气息。它们积极向上,充满希望,如同明灯,照亮人们前行的道路,给人以无尽的力量。

(2)地域多样性

我国疆域辽阔,气候环境、地形地貌多样,这些差异并未成为农业发展的阻碍。相反,凭借智慧与勤劳,我们的祖先根据各地的气候特点和地形条件,因地制宜地种植了各类农作物,并形成了与之相适应的独特农业生产模式。

从南方的热带气候到北方的寒带气候,从东部的平原沃土到西部的高原山地,我国农作物的种类和农业生产的模式呈现出丰富多样的特点。例如,北方干旱少雨,人们便发展出了旱地耕种的模式;南方雨水充沛,形成了水田耕种的特色。这些不同的耕作方式不仅满足了农作物的不同需求,也展现了劳动人民的智慧与创造力。

此外,在长期的农业生产实践中,我们的祖先还创造了间作、混作、套作等复合化的种植方式。这些方式将多种作物搭配种植,不仅提高了农田生态系统的复杂性,也增强了其稳定性,更丰富了农作物的种类。这样的种植方式不仅有利于农业产量的提高,也有利于农业生态系统的平衡与可持续发展。因此,尽管我国各地的农耕文化存在差异,但每一种文化都独具特色,都凝结了劳动人民的智慧与汗水,都是我国农业文明宝库中的璀璨明珠。

（3）历史传承性

农耕文化,一种源远流长的古老文化,承载着我国数千年的农业发展历史。它不仅具有深厚的历史传承性,而且已经深深渗透到劳动人民的生产生活中,成为我们民族文化的重要组成部分。

在漫长的历史长河中,农耕文化以其独特的魅力和价值被后世代代相传,延续至今。这种传承不仅体现在农业生产技术和方式的延续上,更体现在农耕文化所蕴含的勤劳、智慧、团结等精神内核的传承上。只要农业存在,农耕文化便不会消失,它将继续在劳动人民的生活中发挥着不可替代的作用。在一些农村地区,人们仍然保持着传统的耕作方式和生活习惯,传承着农耕文化的精神内核。同时,随着人们对传统文化的重视和保护意识的提高,越来越多的农耕文化元素开始得到挖掘和传承,焕发出新的生机和活力。

2. 农耕文化的价值内涵

农耕文化的价值内涵可以概括为应时、取宜、守则、和谐八个字。

（1）应时

在农业生产中,自然节律的把握至关重要。农作物的生长周期与气候、节气、气象条件等因素紧密相连,因此耕种时机的选择显得尤为关键。这种根据自然规律来确定耕种时间的智慧,便是我们所说的

"应时"。

农作物的生长具有强烈的季节性特点,每一种作物都有其特定的生长周期和适宜的生长环境。如果不能准确把握这些自然规律,随意选择耕种时间,那么农作物的生长就可能受到阻碍,产量自然会受到影响。因此,在数千年的农业发展历史中,劳动人民始终遵循顺应天时的准则,精心选择耕种时间,以确保农作物的健康生长和高产。

"应时"这一准则看似简单,实则蕴含着劳动人民对自然规律的深刻理解和尊重。他们通过观察自然现象、总结实践经验,逐渐掌握了农作物的生长规律,并将其应用于农业生产中。这种顺应自然、尊重自然的态度不仅体现了劳动人民的智慧,也为农业生产的可持续发展奠定了坚实基础。

(2)取宜

"取宜"一词中的"宜",意味着适宜、适合。我国地域辽阔,地形地貌各异,这种多样性并未成为农业发展的绊脚石,反而在劳动人民的智慧与勤劳中成就了农耕文化地域的丰富性。他们通过不断的实践与探索,领悟了取宜的原则,根据当地的地域特色选择适宜的农作物,并创造出与之匹配的农事工具和生产模式。

在这个过程中,一些地方的劳动人民甚至对地形进行了改造,比如梯田的创造。这种改造并非对原有地形地貌的完全破坏,而是巧妙地利用了其特点,既保证了农业生产的顺利进行,又体现了取宜的原则,展现了劳动人民的智慧与创造力。

(3)守则

守则中的"则",即准则、规范,是人与自然在长期互动中形成的必须恪守的底线。这些准则虽无明文规定,却如一股无形的力量约束着人们的行为,它们都是实践经验的结晶,凝聚着古人的智慧与洞见。

早在先秦时期,我国便有了"以时禁发"的农耕准则。如《荀子·王制》中所述:"山林泽梁,以时禁发而不税。"意味着对于山林和水域的利用,需遵循时令,适时开放与封禁,不可过度索取。同样,《孟子·梁惠王上》也提到:"不违农时,谷不可胜食也;数罟不入洿池,鱼鳖不可胜食也;斧斤以时入山林,材木不可胜用也。"这些论述均体现了"用养结合"的深刻思想,即在利用自然资源的同时,也要注重养护,确保资源的可持续利用。这种"用养结合"的准则贯穿了我国两千多年的农业发展历史。它不仅是农耕文化的重要组成部分,更是我国农业能够实现可持续发展的重要保障。在这种准则的指导下,我们的祖先在农业生产中注重生态平衡,尊重自然规律,从而确保了农业的稳步发展。

（4）和谐

人、自然环境与农作物,这三者构成了农业的核心要素,农业生产便是这三者间精妙互动、相互影响的过程。自古以来,我们的先人对自然有着深刻的认知,因此他们格外重视人与自然以及农作物之间的紧密关系,尤其是人与自然的和谐共生。他们认为,人与自然并非处于对立的状态,相反,双方应当相互协调,共同发展。只有保持这种和谐的关系,我们才能得到自然的慷慨馈赠,实现农业的丰收。

二、乡村文化传承的总体路径

（一）增进乡村文化的认同

乡村文化认同是乡村文化传承的基石,它对于乡村社会的和谐稳定、乡村经济的发展以及乡村居民的精神生活都具有深远影响。在全球化、城市化的冲击下,乡村文化面临着前所未有的挑战,因此,增进乡村文化认同显得尤为重要。

首先,乡村文化认同是乡村居民对本土文化的归属感和自豪感的体现。这种认同感能够激发乡村居民保护和传承乡村文化的积极性,使他们在日常生活中自觉维护乡村文化的独特性和多样性。同时,乡村文化认同也是乡村社会凝聚力的源泉,它能够将乡村居民紧密地团结在一起,共同抵御外来文化的冲击,维护乡村社会的稳定。

其次,乡村文化认同有助于推动乡村经济的发展。乡村文化具有丰富的旅游资源和经济价值,通过挖掘和传承乡村文化,可以吸引游客前来观光旅游,带动乡村经济的发展。同时,乡村文化认同也能够激发乡村居民的创业热情,推动乡村产业的创新发展,为乡村经济的可持续发展注入新的活力。

最后,乡村文化认同对于提升乡村居民的精神生活品质具有重要意义。乡村文化承载着丰富的历史记忆和民俗传统,是乡村居民精神生活的重要组成部分。通过增进乡村文化认同,可以让乡村居民更加深入地了解和认识自己的文化根源,增强文化自信和自尊,提升精神生活的满足感和幸福感。

我们应该通过加强乡村文化教育、举办乡村文化活动、保护乡村文化遗产等多种方式,来增强乡村居民对本土文化的认同感和自豪感,推动乡村文化的传承与发展。

第一,乡村文化教育是乡村文化传承的基石,它能够让乡村居民更加深入地了解和认识自己的文化根源。可以通过在乡村学校中增设乡村文化课程,邀请文化专家和民间艺人进行授课,向学生传授乡村文化的历史、传统和价值观念。同时,也可以利用现代科技手段如互联网、移动应用等,为乡村居民提供便捷的学习途径,让他们能够随时随地学习和了解乡村文化。

第二,举办乡村文化活动是增进乡村文化认同的重要途径。通过举办各类文化活动,如乡村文艺演出、民俗文化展览、传统手工艺制作比赛等,可以吸引乡村居民积极参与,让他们在实践中感受乡村文化的魅力。这些活动不仅能够丰富乡村居民的精神文化生活,还能够增强他们对本土文化的自豪感和归属感。

第三,保护乡村文化遗产也是至关重要的。乡村文化遗产是乡村文化的物质载体,它记录了乡村历史的发展轨迹和乡村居民的智慧结晶。应当加强对乡村文化遗产的保护力度,通过制定相关法律法规和政策措施,确保乡村文化遗产得到妥善保存和传承。同时,也可以利用文化遗产资源开展文化旅游等产业,促进乡村经济的发展。

(二)发挥多方主体的作用

发挥多方主体的作用是乡村文化传承的重要路径,涉及政府、乡村社区、文化机构、学校、企业以及乡村居民等多个层面。这些主体在乡村文化传承中各自扮演着不可或缺的角色,他们的共同努力和协作是确保乡村文化得以延续和发扬的关键。

第一,政府在乡村文化传承中发挥着引导和支持的作用。政府可以通过制定相关政策,为乡村文化传承提供资金、人才等方面的支持,推动乡村文化资源的保护和开发。同时,政府还可以加强乡村文化基础设施建设,如文化活动中心、博物馆、图书馆等,为乡村居民提供学习和交流的平台。

第二,乡村社区是乡村文化传承的主体和基础。乡村社区可以组织各种文化活动,如传统节庆、民俗表演、手工艺制作等,让乡村居民在参与中感受乡村文化的魅力,增强文化自信心。同时,乡村社区还可以挖掘和整理乡村文化遗产,传承和弘扬乡村文化的独特价值。

第三,文化机构和学校也是乡村文化传承的重要力量。文化机构可以通过开展文化研究、举办文化展览、出版文化刊物等方式,推动乡村文化的传播和普及。学校可以通过开设乡村文化课程、组织文化实践活动等方式,培养学生的文化意识和文化素养,为乡村文化传承培养后备人才。

第四,企业也可以参与到乡村文化传承中来。例如,一些企业可以通过投资乡村文化产业,开发具有乡村文化特色的旅游产品,既推动乡村经济的发展,又促进乡村文化的传播和普及。

第五,乡村居民是乡村文化传承的直接参与者和受益者。他们应该积极传承和弘扬乡村文化,将其融入日常生活中,同时也要注重学习和吸收现代文明成果,实现乡村文化的创新与发展。

综上所述,发挥多方主体的作用是乡村文化传承的重要路径。只有政府、乡村社区、文化机构、学校、企业以及乡村居民等各方共同参与、齐心协力,才能确保乡村文化在现代化进程中得以延续和发展,为乡村社会的全面进步提供强大的精神动力和文化支撑。

(三)发展乡村特色文化产业

发展乡村特色文化产业是乡村文化传承的重要路径,这一观点深刻揭示了乡村文化与现代产业发展的紧密联系。乡村特色文化产业不仅有助于保护和传承乡村文化,还能推动乡村经济的可持续发展,提升乡村居民的生活水平。

首先,乡村特色文化产业以乡村文化为核心资源,通过创意设计和市场开发,将乡村文化的独特魅力转化为具有市场竞争力的文化产品。这些产品包括手工艺品、民间艺术、传统节庆活动等,它们承载着乡村文化的精髓,能够吸引游客和消费者的关注,进而促进乡村经济的发展。

其次,发展乡村特色文化产业有助于激发乡村居民的文化自信心和自豪感。通过参与文化产业的生产和销售,乡村居民能够更深入地了解和认识自己的文化根源,感受到乡村文化的价值和魅力。这种文化自信和自豪感的提升将增强乡村居民对文化传承的积极性和责任感,推动乡村文化的传承与发展。

最后,乡村特色文化产业还能够促进乡村社会的和谐稳定。文化产业的发展需要乡村社区内部的团结协作和资源共享,将增强乡村社区的凝聚力和向心力。同时,文化产业的发展也能够带动相关产业的发展,如旅游、餐饮、住宿等,为乡村居民提供更多的就业机会和收入来源,提高生活水平,减少社会矛盾。

(四)构建乡村文化生态

构建乡村文化生态是乡村文化传承的重要路径,它旨在通过维护乡村文化的多样性、促进文化间的交流与融合、保护乡村文化环境以及推动乡村文化创新等方式,实现乡村文化的全面、协调、可持续发展。

首先,构建乡村文化生态有利于维护乡村文化的多样性。乡村文化生态强调尊重并保护不同地域、不同民族、不同历史时期的乡村文化特色,鼓励各种文化形式在乡村中共同发展。这种多样性不仅丰富了乡村文化的内涵,也为乡村居民提供了多样化的文化选择,满足了他们多层次、多元化的文化需求。

其次,构建乡村文化生态能够促进文化间的交流与融合。在乡村文化生态中,各种文化元素和文化形式得以相互接触、相互借鉴、相互融合,从而形成了更加丰富多彩、更加具有包容性的乡村文化景观。这种文化交流与融合有助于打破文化隔阂,增进乡村居民之间的理解与团结,推动乡村社会的和谐稳定。

再次,构建乡村文化生态还有助于保护乡村文化环境。乡村文化环境是乡村文化生存和发展的基础,包括自然景观、人文景观、历史遗迹等。通过构建乡村文化生态,可以加强对这些文化环境的保护和管理,防止过度开发和破坏,确保乡村文化的可持续发展。

最后,构建乡村文化生态能够推动乡村文化创新。在乡村文化生态中,传统文化与现代文化、本土文化与外来文化得以相互碰撞、相互促进,从而产生新的文化形态和文化产品。这种文化创新不仅为乡村文化注入了新的活力,也为乡村经济发展提供了新的增长点。

第三节　乡村文化传承与旅游产业的融合发展

一、乡村文化推动乡村旅游产业发展

（一）乡村文化丰富了乡村旅游产业的内涵

如今，乡村旅游正逐渐升温，成为越来越多游客休闲度假的热门选择。这股热潮不仅让乡村焕发出新的生机与活力，更让乡村文化在更广阔的舞台上展现出其独特的魅力。作为乡村旅游不可或缺的重要文化资源，乡村文化以其深厚的底蕴和丰富的内涵极大地丰富了乡村旅游的内容，为游客呈现出一幅幅绚丽多彩的文化画卷。

从某种意义上来说，乡村旅游产业的蓬勃发展离不开乡村文化的滋养与支持。乡村之所以能对游客产生如此巨大的吸引力，一方面是因为其优美的自然生态环境为游客提供了远离喧嚣、回归自然的休闲放松场所；另一方面，是乡村文化所蕴含的精神内涵能够触动游客内心深处的情感，为他们带来心灵上的满足和启迪。

乡村的自然生态环境是现代都市所无法比拟的。清新的空气、秀美的山水、宁静的田园，这些元素共同构成了一幅美丽的乡村画卷，吸引着游客前来感受大自然的恩赐。然而，仅有这些自然环境的优势还不足以支撑乡村旅游产业的长期发展。在乡村文化的融入下，乡村旅游产业才焕发出了更加绚丽的光彩。

乡村文化以其独特的魅力为游客带来了差异化的文化体验。游客可以在乡村中亲身感受古老的民俗风情，参与传统的手工艺制作，品尝富有地方特色的美食佳肴。这些文化体验不仅让游客在享受自然风光的同时感受乡村文化的独特韵味，更让他们深入了解乡村的历史传承和文化底蕴。这种深入骨髓的文化体验让游客在乡村旅游的过程中获得

了更加丰富的精神享受,为乡村旅游产业的可持续发展注入了强大的动力。

同时,乡村文化也为乡村旅游产业提供了丰富的文化内涵和人文底蕴。通过挖掘和传承乡村文化,乡村旅游产业可以打造出更具特色和吸引力的旅游产品,满足游客对于文化体验的需求。这种以文化为核心的发展模式不仅有助于提升乡村旅游产业的竞争力,也有助于推动乡村文化的传承和发展。

(二)乡村文化满足了旅游者更高的文化追求

随着社会的持续进步和物质生活的日渐丰富,人们对于精神文化的渴求也在与日俱增。根据马斯洛的需求层次理论,当基本的生活需求如食物、住所和安全得到保障后,人们便开始追求更高层次的精神满足。这种追求不仅是对内心世界的充实,更是对人生意义与价值的探索,而精神文化需求无疑是这一追求中的关键组成部分。

在我国,随着社会主要矛盾的转变,人们对于美好生活的向往已成为时代的主旋律。这种对美好生活的向往不仅仅局限于物质层面的提升和享受,更体现在对精神文化的深度追求和渴望上。近年来,可以明显看到,书院、博物馆等文化场所日益火热,成为人们休闲时光的好去处。这些场所不仅为人们提供了学习和交流的平台,更成为人们满足精神文化需求的重要场所。

在众多的旅游类型中,乡村旅游以其深厚的文化底蕴和独特的文化魅力,逐渐成为旅游市场中的一股清流。乡村旅游不仅能让游客领略到美丽的自然风光,更能让他们在体验中感受到乡村文化的深厚底蕴和独特魅力。无论是古老的民居建筑、传统的农耕文化,还是淳朴的乡风民俗,都为游客提供了丰富的文化体验和精神享受。

因此,基于乡村文化开发的乡村旅游,不仅契合了当前旅游市场的需求,也预示着未来旅游发展的广阔前景。这种深度结合文化与旅游的发展模式不仅能够满足人们对于精神文化的需求,还能够推动乡村旅游产业的持续繁荣和发展。

二、旅游产业促进乡村文化传承

（一）旅游产业的发展为乡村文化传承提供了动力支持

乡村文化的传承与保护，其重要性不言而喻，而实现这一目标的关键，恰恰在于人。然而，我们必须正视一个现实：随着城市文化的日益渗透，那些愿意坚守并传承乡村文化的人愈发稀少。许多乡村文化在时代的洪流中逐渐淡出人们的视线，面临着失传的风险，这无疑是民族历史和文化多样性的巨大损失。在这样的背景下，乡村旅游的兴起为乡村文化带来了新的希望与生机。随着乡村旅游产业的蓬勃发展，那些一度被人们遗忘的乡村文化再次焕发出璀璨的光芒，吸引了越来越多的目光。人们开始关注并重视那些日渐衰落的乡村文化，更有人愿意投身其中，为它们的传承与保护贡献自己的力量。

作为乡村文化传承的主体，村民们在这场文化复兴中扮演着至关重要的角色。当他们看到乡村文化受到社会大众的关注和重视时，内心的自豪感与认同感油然而生。他们开始重新审视和珍视自己身边的文化，意识到乡村文化不仅是他们生活的根基，更是他们精神的寄托。这种转变让他们更加积极地参与到乡村文化的传承与保护中，努力让乡村文化在新的时代里焕发出新的活力。

同时，乡村旅游产业的发展也为乡村经济注入了新的活力。乡村文化作为乡村旅游的核心资源得到了充分的发掘和利用。游客在欣赏乡村风光的同时，也深入体验着乡村文化的魅力。这种文化体验不仅丰富了游客的精神世界，也为乡村带来了可观的经济效益。在经济效益的驱动下，村民对乡村文化传承的意识得到了极大的提升。他们开始自觉参与到乡村文化的发掘、保护与传承中，通过乡村文化实现经济增收，也从中体会到了传承乡村文化的价值和意义。

事实上，在乡村文化传承的过程中不能将文化与经济完全割裂开来。对于很多村民来说，经济效益是他们传承乡村文化的重要动力。乡村旅游产业的发展正是通过提升乡村文化的经济效益，激发了村民们自觉传承乡村文化的热情和积极性。这种文化与经济的良性互动不仅推动了乡村文化的传承与保护，也促进了乡村经济的繁荣与发展。

（二）旅游产业的发展促进了传统文化活动的恢复

在现代社会的快速发展中，乡村中的某些传统文化活动，因时代的变迁逐渐失去了原有的价值。例如，随着农业生产向机械化、信息化的转型，那些曾经承载着祈求丰收愿望的民俗活动逐渐失去了它们的实用意义，被搁置在记忆的角落，甚至面临被遗忘的命运。然而，这些传统文化活动作为乡村旅游产业中独特的旅游资源具有不可替代的价值。它们能够让游客深切感受到乡村传统文化的独特魅力，为游客提供一次难忘的旅游体验。因此，那些致力于发展旅游产业的乡村，开始重新审视并恢复这些传统文化活动。那些曾经传承了数百年、甚至数千年的文化景象，在沉寂了一段时间后，又重新焕发生机，向每一位游客讲述着这片土地深厚的历史与文化底蕴。以丽江纳西古乐为例，随着城市化进程的加速，这一具有深厚文化内涵的艺术瑰宝一度面临失传的危机。然而，随着丽江旅游产业的蓬勃发展，纳西古乐再次被赋予了新的生命。它不仅成为丽江旅游的一大亮点，更成为展示纳西族文化的重要窗口，吸引了无数游客前来聆听那古老而深沉的旋律，感受那份独特的文化魅力。

第四章

乡村旅游与乡村产品

  乡村产品作为乡村旅游的重要要素,承载着丰富的乡村文化和地域特色,是连接乡村与现代都市的重要桥梁。在乡村旅游日益兴起的今天,乡村产品以其独特的魅力和价值成为推动乡村经济发展的重要力量。

第一节　乡村旅游产品的内涵

一、乡村旅游产品的概念

  乡村旅游产品是指旅游者在乡村旅游过程中所能够购买或体验的一切有形的商品和无形的精神感受。它涵盖了乡村特色的一切自然和人文的元素,这些元素与城市有明显区别,能够让游客在乡村地域内感知和体验到独特的乡村风情。

二、乡村旅游产品的特点

  概括来说,乡村旅游产品的特点主要体现在以下几个方面。

（一）独特性

由于各民族、各地区乡村所承载的历史文化、风俗习惯、风景物产、传统工艺以及名人轶事等各具特色，使各地的乡村旅游产品都展现出了鲜明的独特性。每个乡村都是一本活生生的历史书，记录着不同的民族记忆与文化脉络，这些元素在乡村旅游产品中得到了生动的体现。游客在体验乡村旅游的过程中不仅能够欣赏到迷人的自然风光，更能深入感受到不同乡村独特的文化氛围，收获一次难忘的旅游经历。这种独特性不仅赋予了乡村旅游产品丰富的内涵，也为其在市场上赢得了广泛的认可与好评。

（二）实用性

乡村旅游产品中的各类旅游商品，如背包、水杯、伞等都展现出了其实用性特点，深受乡村游游客的喜爱。这些商品不仅设计精巧，而且注重实用功能，在游客的旅行过程中发挥重要作用。

（三）多样性

乡村旅游产品的多样性特征源于乡村旅游资源的丰富多元。这种多样性不仅为乡村的旅游活动注入了新的活力，满足了不同游客对乡村旅游的多样化需求，更在很大程度上增强了乡村旅游的魅力和生命力。每一种乡村旅游产品都如同乡村的一张名片，展示着其独特的文化魅力和自然风光，吸引着游客前来探索、体验。因此，乡村旅游产品的多样性不仅丰富了乡村旅游的内涵，也为其持续发展提供了源源不断的动力。

（四）纪念性

完成一次特别的乡村旅游后，人们往往怀揣着对那段美好时光的深深眷恋，渴望找到一种方式来永久地纪念这段特殊的经历。此时，乡村旅游商品便应运而生，它们作为乡村旅游产品的重要组成部分，不仅承载着乡村的深厚文化，更融入了独特的地方特色。这些商品，无论是精致的手工艺品、地道的风味特产，还是富有乡村风情的装饰品，都凝聚了乡村的智慧和情感。对于游客而言,它们不仅具有极高的纪念价值,让人每次看到都能回想起那段美好的乡村之旅,更是值得珍藏的纪念品,能够长久地留存这段美好的记忆。

(五)时代性

乡村旅游产品并非一成不变,而是会随着时代的进步和潮流的变迁进行适度的调整与创新。这种变革旨在更好地满足乡村游游客的多样化需求,持续保持其独特的吸引力。通过不断引入新的元素和创意,乡村旅游产品得以焕发新的活力,为游客带来更加丰富多彩的旅游体验。因此,乡村旅游产品的变革不仅是必要的,也是其持续发展的重要保障。

(六)生态性

乡村旅游产品独具生态性特色,这一特点在多个方面得到了鲜明体现。

第一,乡村旅游产品均源自乡村、根植于乡村,它们与乡村的生态环境紧密相连,是乡村自然风貌和文化特色的生动展现。这种源于乡村的特性使乡村旅游产品天然带有一种淳朴、自然的生态气息,为游客提供了亲近自然、感受乡村魅力的绝佳机会。

第二,乡村旅游产品的经营方式也充分体现了生态性特点。投资者采用向农村投资的方式,巧妙地将旅游业与农业相结合,创造出了独具特色的观光农业旅游产品。这种结合不仅为农业带来了新的发展机遇,也为旅游业注入了新的活力。通过这种巧妙的结合,乡村旅游产品得以在保护生态环境的同时实现经济效益和社会效益的双赢。

三、乡村旅游产品的类型

乡村旅游产品的类型极其丰富,根据其性质可以分为以下几种主要类型。

(一)生态观光型乡村旅游产品

生态观光型乡村旅游产品以其独特的魅力深受游客的喜爱。它巧妙地将乡村的田园风光、特色民居、传统的农业生产以及民俗博览园等元素融为一体,为游客呈现出一幅幅生动的乡村画卷。这种产品不仅将生态与民俗风情完美融合,更将旅游与休闲活动紧密结合,为游客提供了一个远离喧嚣、回归自然、寻找心灵慰藉的理想之地。为了保持生态观光型乡村旅游产品的持续吸引力,必须深入挖掘并展现当地乡村的独特魅力。在充分利用当地独特旅游资源的基础上,打造具有鲜明特色的产品,使游客能够深度体验乡村生活的美好。具体来说,生态观光型乡村旅游产品包括以下几种类型。

1. 观光花园

观光花园,一个以观花赏花与园艺习作为主要特色的旅游胜地,往往依托于广袤的花卉生产基地而建。这里不仅是游客欣赏绚烂花海、领略自然之美的绝佳之地,更是一个集观光、赏花、购花、园艺实践以及插花学习等多元化旅游活动于一体的综合性场所。游客可以漫步在花香四溢的花园中,感受大自然的魅力,同时可以亲手体验园艺的乐趣,学习插花的艺术,将美丽带回家。

2. 观光果园

观光果园,以水果旅游为灵魂,汇聚了一系列引人入胜的活动,如观果、摘果、品果等,吸引着络绎不绝的游客前来体验。果园内,苹果、梨、葡萄、柑橘、桃等果树品种交相辉映,花香弥漫,色彩斑斓,口感鲜美,为游客呈现出一个充满生机与活力的水果乐园。

为了满足游客的游玩需求,同时保障果园的正常生产秩序,果园可以规划专属的活动专线和活动区域。在这里,游客可以尽情享受采摘的乐趣,品尝到新鲜出炉、口感绝佳的水果,而无需担忧会对果园的日常作业造成任何干扰。这样的设计既保证了游客的游玩体验,又维护了果园的和谐与平衡,真正实现了旅游与农业的双赢。

3. 水乡农耕田园观光

水乡农耕田园观光,以水乡农耕的迷人景色为主题,巧妙利用密布的河流水网,精心打造出一幅幅优美动人的水乡画卷。在这里,游客可以欣赏到荷塘万顷的壮丽景象,感受鱼跃禽鸣的生机盎然。整个观光区仿佛将游客带入了一个梦幻般的水乡世界,让他们能够尽情领略和享受水乡独特的韵味与风情。

4. 科技观光游

科技观光游是一种将现代高科技手段与农业生产相结合的旅游形式。它通过建立小型的农、林、牧生产基地,不仅实现了农副产品的有效生产,更为游客提供了一个充满科技魅力的游览场所。在这些基地中,游客可以近距离观察到现代农业科技的应用,感受到科技对农业生产的巨大推动作用。例如,山东省寿光市的蔬菜高科技示范园就是科技观光游的一个典型代表。这里不仅展示了先进的蔬菜种植技术,还为游客提供了一个亲身体验、感受科技农业魅力的平台。

(二)休闲度假型乡村旅游产品

休闲度假型乡村旅游产品,以其独特的滞留性休闲度假特色,成为游客在乡村环境中长时间放松身心的首选。这类产品不仅注重为游客提供宁静、舒适、自然的度假环境,更致力于促进村庄或景区自然环境与当地居民、游客之间的和谐共生。具体来说,休闲度假型乡村旅游产品涵盖多种类型,每一种都独具特色。

1. 乡村度假村

乡村度假村通常位于风景优美的乡村地区,提供完备的住宿、餐饮和娱乐设施。游客可以在这里享受宁静的乡村生活,参与各种户外休闲活动,如徒步、骑行、垂钓等。

2. 农家乐

农家乐是乡村旅游的一种典型形式,以家庭为单位向游客提供住宿、餐饮和乡村体验等服务。游客可以在农家乐的庭院中感受乡村的宁静与和谐,参与农耕、采摘等农事活动,体验乡村生活的乐趣。

3. 休闲农庄

休闲农庄结合了农业生产和旅游休闲的功能,游客可以在这里参观农场、了解农业知识,同时可以参与各种休闲活动,如烧烤、野餐、露营等。

4. 特色民宿

特色民宿利用乡村地区的独特建筑和文化资源,为游客提供具有地方特色的住宿体验。这些民宿通常设计精美、风格独特,能够让游客在享受舒适住宿的同时,感受乡村的文化魅力。

5. 康体养生中心

康体养生中心注重游客的身心健康,提供瑜伽、太极、温泉等康体养生项目。游客可以在这里放松身心,享受健康的生活方式。

(三)体验型乡村旅游产品

体验型乡村旅游产品是一种深度融入乡村生活的旅游形式,它让游客在特定的乡村环境中,亲身参与并体验乡村生活和农业生产的全过程。游客可以与当地人一同劳作,共同体验耕种的辛劳与收获的喜悦;可以参与乡村的娱乐活动,感受那份纯朴与欢乐;更可以融入当地人的日常生活,了解他们的风俗习惯,品味那份独特的乡村风情。

在体验的过程中,游客不仅能够感受到乡村生活的宁静与美好,更能够在实践中学习到农业知识,了解乡村文化,丰富自己的精神世界。同时,这种与自然亲近、与乡村共融的体验,也能够让游客放松身心,舒缓压力,达到修养身心的目的。

值得一提的是,体验型乡村旅游产品对自然资源和基础设施的要求并不高。它更注重的是游客与乡村生活的深度互动和体验,因此,即使是最基本的吃饭设施和住宿设施,也能够满足游客的需求。这使体验型乡村旅游产品更加贴近乡村实际,更能够展现出乡村的真实面貌和魅力。

(四)民俗文化型乡村旅游产品

民俗文化型乡村旅游产品是一种以农村风土人情和民俗文化为核心吸引力的旅游产品,它深入挖掘并展现了农耕文化、乡土文化和民俗文化的独特魅力。这类产品的开发不仅有助于丰富乡村旅游的内涵,更能全面提升乡村旅游产品的文化品位,为游客带来更为深刻和独特的旅游体验。因此,在开发乡村旅游产品时应特别重视民俗文化型乡村旅游产品的打造,通过精心策划和设计,将农村的独特文化元素融入到旅游产品中,让游客在欣赏美景的同时,也能感受到浓厚的乡村文化氛围。一般来说,民俗文化型乡村旅游产品又具体包括以下几种类型。

1. 民俗文化村

我国广大乡村地区,各自承载着丰富而独特的民俗风情,无论是别具一格的服饰、饮食文化,还是独具韵味的节庆活动、礼仪传统、婚恋习俗,都充分展现了乡村生活的多彩多姿。此外,乡村地区的文学艺术同样璀璨夺目,歌舞表演、传统工艺等无不展现出乡村人民的智慧与才情。同时,乡村的园林建筑和文物古迹也是历史的见证,寺庙、教堂、陵墓等古迹更是承载着深厚的文化底蕴。这些丰富的乡村资源不仅具有极高的历史、文化价值,更是对城市居民极具吸引力的旅游资源,为人们提供了一个感受乡村韵味、体验乡村生活的好去处。

2. 村落民居

村落民居作为依托古民居、古宅开发的旅游产品,展现了我国多民族文化的独特魅力。在这片广袤的土地上,不同民族的民居住宅造型各异,风格独特。汉族的秦砖汉瓦、斗拱挑檐,以其古朴典雅的建筑形式,诉说着千年的历史沧桑;白族的走马转角楼以精巧别致的设计,展现着白族人民的智慧与匠心;满族的口袋房和曼子炕更是别具一格,既体现了满族人民的居住习惯,又蕴含着深厚的民族文化内涵。

这些独具风格的民居住宅,不仅建筑形式优美,更承载着深厚的历史文化内涵。它们不仅是历史的见证,更是文化的传承。因此,这些村落民居不仅具有极高的观赏价值,还有着重要的建筑研究价值。它们吸引着众多游客前来观赏、体验,感受那份独特的乡村韵味和文化魅力。

3. 遗产廊道

遗产廊道作为一条串联特色文化资源的线性景观,既可以是自然或历史演化而成的河流、峡谷、运河、道路与铁路线,也可以是专为连接多个遗产点而精心构建的线性通道。乡村,这片充满历史积淀与文化底蕴的土地,其丰富的自然景观与深厚的文化底蕴,若能得到妥善规划与利用,通过开辟遗产廊道,将能够更充分地展现当地景观的典型性与多样性。这一举措不仅能提升乡村的文化吸引力,更能有效促进当地乡村旅游的蓬勃发展,为乡村经济的多元化发展注入新的活力。

4. 农业文化区

农业文化区根据其展示形式的不同,可细分为室内与室外两大类型。室内农业文化区专注于手工艺的传承与发扬,可设立各种小型手工作坊,如编织、刺绣、制陶和酿酒等,这些作坊不仅为游客提供了近距离体验传统农业文化的机会,还成为传承和弘扬农耕文明的重要载体。室外农业文化区则更侧重于农业文化的直观展示,通过实物陈列的方式,动态地展现不同地区、不同历史时期的农业文化特色,使游客更直观地感受到农业文化的丰富多样与深厚底蕴。

5. 乡村博物馆

乡村博物馆作为集中展示传统乡村生活全貌的场所,其涵盖的丰富内容使它成为一种能够深刻体现乡村文化历史的旅游产品。对于游客而言,乡村博物馆不仅提供了了解乡村历史文化的窗口,更是一个充满魅力的旅游目的地,吸引着他们前来探寻乡村的深厚底蕴与独特魅力。

(五)节庆型乡村旅游产品

节庆型乡村旅游产品是以乡村传统的民俗节日庆典、丰富多样的民俗活动、独特的民俗文化以及特殊的物产资源为依托,精心打造的一种旅游体验。这类产品通常分为两大类型:一类是传统的民俗型节庆活动,它们承载着乡村的历史与文化,让游客能够深入体验乡村的传统风情;另一类是创新型节庆活动,它们结合现代元素,为传统节庆注入新的活力,为游客带来更加新颖、有趣的乡村体验。

1. 民俗型节庆活动

民俗型节庆活动是以乡村传统民俗为根基,精心策划的具有浓郁地方特色的乡村节庆活动。这些活动深深扎根于乡村的历史与文化中,为游客呈现出一幅幅生动的乡村风情画卷。例如,山东的千佛山山会,以其独特的宗教氛围和民间习俗吸引着众多游客;泰山东岳庙会汇聚了丰富的民间艺术和传统文化,让人流连忘返;胶东沿海地区的开渔节和荣成国际渔民节将渔村的丰收喜悦和渔民的热情展现得淋漓尽致。这些民俗型节庆活动不仅让游客能够亲身体验乡村的传统魅力,更成为传承和弘扬乡村文化的重要载体。

2. 创新型节庆活动

创新型节庆活动往往是在传统节庆资源相对较少的乡村地区举办,旨在依托当地的自然资源和深厚的乡村文化,创造性地开发出能够凸显当地特色与魅力的节庆活动。这些活动不仅丰富了乡村的文化内涵,更为游客提供了新颖、有趣的旅游体验,进一步推动了乡村旅游的繁荣发展。

(六)品尝购物型乡村旅游产品

品尝购物型乡村旅游产品主要涵盖两大类型:一类是深入体验乡村风味的品尝游;另一类是富有乡村特色的购物游。

1. 品尝游

乡村蕴藏着丰富的食品资源,将这些宝贵的食品资源与乡村独特的美食文化相融合,可以创造出各种形式的美食旅游活动。游客可以品味以绿色特色食品为主的果品,感受大自然的馈赠;也可以尝试特色风味小吃,领略乡村风味的独特魅力;健康保健食品让游客在享受美食的同时,也能关注身体健康;绿色生态食品展现了乡村生态环境的优越性;野菜品尝让游客亲近自然,感受野趣;特种禽畜菜肴与烧烤美食品尝,让味蕾尽情领略乡村美食的多样与精彩。这些美食旅游活动不仅丰富了游客的旅行体验,也进一步推广了乡村的美食文化。

2. 购物游

游客在乡村之旅的尾声,常常怀揣着对这片土地的美好回忆,渴望将这份独特的情感带回家中,或是与亲朋好友分享。纪念品与地道的乡村土特产无疑是传递这份情感的绝佳载体。因此,可以在旅游热点区域精心布置乡村旅游商品与土特产的销售摊点,甚至打造一个别具特色的乡村集市。在这里,游客不仅可以欣赏到琳琅满目的乡村特色商品,更能深入体验乡村文化的独特魅力。无论是手工制作的精美工艺品,还是口感绝佳的乡村特产,都能让游客流连忘返,找到心仪的纪念品。同时,也应注重提升购物环境的舒适度和便利性,确保游客在选购过程中能够享受到愉悦的体验。无论是摊点的布置还是商品的陈列,都力求展现出乡村的质朴与纯净。这样,游客在游玩之余轻松地逛一逛乡村集市,挑选自己喜欢的纪念品和特色土产,将乡村的美好记忆带回家中,与亲朋好友共同分享这份难忘的旅程。

(七)专门性乡村旅游产品

专门性乡村旅游产品,是基于对乡村的区位优势及市场条件的深入分析和理解而精心打造的旅游服务产品。这类产品往往专注于提供某一特定领域的旅游服务,以满足游客的特定需求。在大多数情况下,专门性乡村旅游产品会专注于提供单项的旅游服务,如专注于提供地道乡村美食的乡村餐饮,或是提供舒适宁静住宿环境的乡村旅馆等。

乡村餐饮以其独特的食材和烹饪方式,让游客能够品尝到最纯正的乡村风味,感受乡村生活的真实与美好。乡村旅馆则通常位于风景优美的乡村地区,为游客提供远离城市喧嚣的宁静住宿环境,让他们在享受大自然的同时能体验到乡村的宁静与和谐。

通过提供这些专门性的旅游服务,专门性乡村旅游产品不仅满足了游客的特定需求,也为乡村带来了更多的经济收益,促进了乡村的可持续发展。

(八)健身疗养型乡村旅游产品

随着游客对健康需求的日益增长,健身疗养型乡村旅游产品应运而生,成为一种备受欢迎的旅游选择。这类产品主要包括散步远足游、温泉旅游以及骑车登山游等类型。

1. 散步远足游

　　散步,这项轻松愉悦的活动,不仅可以锻炼体魄,更在无形中滋养着人们的心灵。在行走的每一步中,都能深深感受到生活的细腻与美好。乡村以其独特的自然景观和清新的空气,为散步远足游提供了无与伦比的环境。然而,令人惋惜的是,尽管乡村拥有如此得天独厚的条件,但专门设计散步远足游的乡村却并不多见。这使许多游客无法充分领略到乡村散步的无限魅力,无法在这片宁静的土地上留下自己的足迹,感受那份独特的宁静与喜悦。未来的乡村应更多地发掘并推广这一旅游方式。让游客能够在乡村的小路上悠然自得地散步,欣赏到那些平日里难以察觉的美景,感受到那份来自大自然的馈赠。让乡村散步成为更多人追求身心愉悦的方式,让更多的人在这片土地上留下美好的回忆。

2. 温泉旅游

　　温泉旅游并非泡温泉这般简单,它是一场与自然亲密接触的奇妙旅程。在导游的带领下,游客首先会沿着潺潺小溪,走过一段充满自然野趣的道路。随后,他们将抵达那设备简朴却一应俱全、具有显著医疗效果的温泉发源地。在这里,游客可以尽情享受纯天然的温泉浴,感受温泉水滑过肌肤的舒适与惬意。最后,还能品尝到那里特有的美味山果,让味蕾也沉浸在这场自然的盛宴中。

3. 骑车登山游

　　骑车登山游虽是一项充满挑战与艰辛的运动,却也是放松身心的绝佳选择。如今,自行车的爱好者众多,完全可以利用节假日,组织一支小团队,共同骑行穿越那些陡峭艰险的山路。然而,在享受这项运动带来的乐趣时,必须要高度重视安全问题,确保每一位骑行者的生命与健康得到最大程度的保障。只有这样,才能在挑战与放松中,真正体验到骑车登山游的独特魅力。

(九)教育学习型乡村旅游产品

教育学习型乡村旅游产品作为一种集娱乐与教育功能于一体的旅游产品,旨在让游客在轻松愉快的氛围中收获知识,提升自我。这类产品可进一步细分为以下几种类型,每种都以其独特的方式,让游客在乡村旅行中获得学习与成长。

1. 研修型乡村旅游产品

研修型乡村旅游产品是一种专注于先进农业、特色农业及农业文化深度体验与学习的旅游形式。它通过为游客提供对农村环境、农业技艺及文化的深入考察与研究机会,有效发挥乡村农业的教育功能。在实际操作中,这类产品可以通过农村留学、参观考察、教育培训等多种形式展开。例如,游客可以参与特色农业考察,亲身感受农业生产的魅力;或者选择农业文化考察,深入了解乡村文化的内涵;同时,花木栽培装饰培训、农业技术培训、工艺品制作培训以及农业知识学习等活动,也为游客提供了丰富的学习体验,让他们在轻松愉快的氛围中,获得知识与技能的提升。

2. 教育农园

教育农园这一独具特色的农业生产经营模式,将科学教育与农业生产紧密地结合在一起,赋予土地更深厚的内涵。在这片充满生机的土地上,每一株精心栽种的作物、每一头悉心饲养的动物,都承载着丰富的教育价值。那些先进的农具设备、创新的生产工艺和耕作技术,更是为这片土地增添了智慧的色彩。

不仅如此,教育农园更是一个激发人们对我国农业建设满怀热情与关注的平台。游客在这里不仅能够领略到农业生产的魅力,更能深刻认识到农业在国家发展中的重要性。他们会被这片土地上的生机与活力所感染,对我国的农业建设产生更强烈的关注和支持。

3. 寄宿农庄

寄宿农庄是一种独特的体验,它让城市居民在假期时有机会将子女送往农村的亲属家中寄宿。这一活动的核心在于让孩子亲身参与当地的农业作业和社会工作,旨在通过实践体验,培养他们朴实、正直、坚韧、健康的人格特质。在农庄的寄宿生活中,孩子不仅能够亲近大自然,感受乡村的宁静与纯朴,更能在劳动中学会坚韧不拔,在社会实践中学会正直善良。这样的体验无疑为孩子的成长注入了宝贵的力量。

(十)时尚运动型乡村旅游产品

时尚运动型乡村旅游产品以乡村的原始朴素为基石,巧妙地将乡村的韵味与前沿的时尚元素、探索精神相融合,打造出一种别具一格、充满新意的乡村旅游体验。乡村那未经雕琢的自然环境,为时尚运动型乡村旅游产品提供了得天独厚的条件,让游客在享受运动激情的同时,也能深深感受到乡村的宁静与美好。

目前,这类产品主要吸引了白领、自由职业者等年轻且富有创新精神的人群。他们渴望在忙碌的生活中找到一片宁静的天地,释放压力,挑战自我。因此,自驾车乡村旅游、漂流游、野外拓展和溯溪游等多种类型的时尚运动型乡村旅游产品应运而生,为这些追求新鲜刺激的游客提供了丰富多样的选择。

1. 自驾车乡村旅游

随着社会经济的繁荣发展和人民生活品质的持续提升,私家车已逐渐成为城市居民出行的重要工具。这一显著的变迁不仅为人们的日常出行带来了极大的便捷,更在无形中塑造着新的生活方式。如今,越来越多的城市有车一族热衷于自驾车乡村旅游,这种充满个性的旅游方式正成为他们追求自由、享受自然的理想选择。

自驾车乡村旅游以其独特的魅力吸引着越来越多的城市游客。他们驾驶着心爱的车辆,随心所欲地穿梭在乡村的田野与山丘之间,沿途欣赏着乡村的秀美风光,感受着大自然的神奇魅力。这种旅游方式不仅让他们能够亲近自然、放松身心,更能深入体验当地最纯朴的民风民俗,感受乡村生活的宁静与美好。

自驾车乡村旅游的兴起,不仅丰富了城市居民的旅游选择,更为乡村地区带来了新的发展机遇。它促进了城乡之间的交流与融合,推动了乡村经济的繁荣与发展。

2. 漂流游

漂流游作为一种极具特色的乡村体验,其对季节和地点的挑选可谓精心。它通常在夏日炎炎的时节,于乡村的宁静之中悄然展开。那时,阳光洒满大地,河水潺潺流淌,正是漂流的好时光。

漂流活动,犹如乡村中的两道风景线,各具特色。其一,追求的是那份刺激与冒险,选择那些水流湍急、河道蜿蜒的河段。尽管挑战重重,但每一次的惊险都恰到好处,让人在心跳加速的同时,感受到无比的兴奋与愉悦。其二,更加注重心灵的放松与美景的欣赏,偏爱那些水流平缓、景色宜人的河段。偶尔的急滩也只是为这趟旅程增添了几分刺激与趣味。

在漂流的过程中,游客仿佛融入了乡村原野的亲水气息之中。那清凉的河水拂过身体,带走了一身的疲惫与炎热,带来了无尽的惬意与舒适。他们在欢笑与嬉戏中感受着乡村的宁静与美好,收获着无尽的乐趣与回忆。

3. 野外拓展

野外拓展活动常常巧妙地借助险峻的自然环境,从情感、体能、智慧到社交等多个层面,为游客设置了一系列独特的挑战。这些挑战犹如生活中的试炼,考验着游客的意志、毅力和智慧。

当游客积极参与并努力克服这些挑战时,他们不仅锻炼了自己的意志力和情操,更在每一次的尝试与突破中,不断完善和提升自我。这样的体验不仅仅是一次简单的户外活动,更是一次深刻的自我探索与成长之旅。

在野外拓展活动中,游客会感受到身心的双重成长。他们会在挑战中学会坚持与勇敢,会在困难中磨练出坚韧与毅力。同时,这些活动也为他们提供了一个与他人合作、交流的平台,让他们在社交中提升自我,增强团队协作能力。

更重要的是,这样的体验让游客在面对生活中的困难时,能够更加坚定和自信。他们会把在野外拓展活动中所积累的经验和勇气,带到日常生活中,用更加积极、乐观的态度去面对生活中的挑战。

4. 溯溪游

溯溪游是一项充满探险精神的户外活动,它要求参与者克服地形上的各种障碍,从峡谷溪流的下游一路逆流而上。这项活动不仅结合了游泳、登山、攀岩、野外求生和露营等多种户外运动元素,更是一项综合性的挑战。乡村中的山水环境为溯溪游提供了得天独厚的条件,山峦叠嶂、溪流潺潺,构成了溯溪游活动的最佳背景。在这里,游客可以尽情享受溯溪游带来的刺激与乐趣,体验与大自然亲密接触的畅快淋漓。

第二节 乡村旅游产品开发的原则

在开发乡村旅游产品时,应遵循以下几个关键原则。

一、市场导向原则

乡村旅游的发展应当紧密围绕市场需求,将市场需求作为产品设计的核心导向。乡村旅游管理者必须深化市场调查,切实把握市场需求,确保产品设计与市场实际需求相契合,从而开发出具有市场竞争力的乡村旅游产品。任何忽视市场需求的产品设计都蕴藏着巨大的风险,若产品无法得到市场的认可,最终将导致资源浪费和财产损失。因此,我们必须以市场需求为指引,确保乡村旅游产品的设计与市场需求紧密相连,实现资源的有效配置和经济效益的最大化。

二、质量控制原则

质量作为旅游产品的核心要素,对于乡村旅游产品的成功至关重要。缺乏有效的质量控制机制,乡村旅游产品可能面临巨大的风险,甚至遭受毁灭性的打击。由于乡村旅游产品的提供者多为分散的农户,他们往往受到资源条件和服务水平的限制,导致乡村旅游产品质量参差不齐,有待提高。因此,在产品开发之初,就必须高度重视产品质量控制。通过建立健全的质量控制体系,确保乡村旅游产品从源头上符合高标准的质量要求。同时,加强对农户的培训与指导,提升他们的服务意识和专业技能,为乡村旅游的健康发展奠定坚实基础。只有这样,才能确保乡村旅游产品赢得市场的认可与好评,为乡村经济的繁荣作出积极贡献。

三、避免雷同原则

近年来,各地区纷纷投身于乡村旅游产品的开发,但在缺乏整体规划的指导下,盲目开发现象普遍存在,导致了乡村旅游景区普遍规模偏小、分布零散且产品缺乏鲜明特色。所以,乡村旅游景点虽多,但真正形成品牌的却寥寥无几,且发展模式趋同,到处是相似的古村落、古民居、古牌坊,这种景点雷同性容易使游客产生视觉疲劳。这不仅不利于塑造旅游精品的形象,还可能导致市场无序竞争,最终对乡村旅游的健康发展造成损害。

四、准确定位原则

经过深入的调查与详尽的研究,我们针对乡村旅游产品的开发提出了明确的定位要求,以确保整个开发过程有条不紊地进行。即便是规模较小的旅游产品,在开发之初也应进行全方位、多角度的定位分析,从而避免盲目开发带来的风险,并精准把握产品开发的方向。乡村旅游产品的开发定位主要涵盖以下几个方面。

第一,区址定位。需要明确产品(项目)所处的地理位置,界定其涵盖的区域范围,明确开发的具体面积以及周边的边界。这些空间布局的确定,为项目后续的建设奠定了坚实的基础。

第二,客源市场定位。要深入分析,并准确识别项目的主要客源市场,明确目标客群及其消费水平。有助于更有针对性地制定市场推广策略,为产品设计提供更为精准的指导。

第三,景观特色定位。要突出产品(项目)的核心景观特色,明确其资源属性、品质等级以及独特的卖点。不仅能够提升产品的吸引力,还能使其在激烈的市场竞争中脱颖而出。

第四,重点项目定位。要筛选出项目中的关键子项目,并对这些子项目进行概念性的策划。确保它们在主题、风格和内容上形成统一和协调,共同构成产品的核心竞争力。

第五,产品功能定位。要明确产品的主要功能类型,如乡村度假休闲、乡村观光体验、乡村民俗文化或乡村综合型等。有助于更好地满足不同游客的需求,提升游客的满意度。

第六,开发时序定位。需要对整个开发过程进行规划,明确每个阶段的工作目标、项目时序和实施计划。确保项目能够按照既定的计划有序推进,避免出现延误或混乱的情况。

五、地方特色原则

文化是旅游的精髓所在,而乡村中那份充满生机与和谐的生态文化更是乡村旅游产品的灵魂所在。然而,在乡村旅游产品的开发过程中商业化是不可避免的趋势。在这种趋势下,许多原本独特的"乡村特色"往往会在旅游热潮的冲刷下迅速消失,乡村文化的异化现象愈发严重。

当投资者满怀热忱地开发乡村旅游产品,以满足城市居民对文化的追求时,他们必须深刻认识到,这不仅仅是对经济利益的追求,更是对城市人对"乡土特色"的珍视与理解的体现。遗憾的是,许多乡村旅游产品为了追求短期的经济效益,舍弃了原本的地方特色,转而模仿或杜撰一些品质不高、格调不雅、牵强附会的内容。这种做法虽然可能在短期内取得一定的效果,但缺乏长久的生命力。

因此,在开发乡村旅游产品时必须坚持文化为本的原则,深入挖掘和传承乡村文化中的精髓和特色,避免舍本逐末的做法。

六、可持续发展原则

在开发乡村旅游产品这一关键任务中,必须坚决摒弃那种以牺牲当地宝贵资源为代价的短视行为。这种行为无异于饮鸩止渴,虽然可能在短期内带来一定的经济效益,但长远来看会对当地的生态环境和旅游资源造成不可逆转的损害。因此,必须时刻牢记可持续发展的核心理念,并将其贯穿于乡村旅游产品开发的始终。

为了实现这一目标,必须高度重视旅游资源的开发与生态环境的协调并进。这意味着在开发过程中,必须充分考虑到当地生态环境的承载能力,避免过度开发和掠取性开发。任何形式的过度开发都会破坏当地的生态平衡,进而影响到乡村旅游的可持续发展。因此,必须坚决杜绝任何形式的掠取性开发,确保开发活动在生态可承受的范围内进行。

为了实现乡村旅游资源的可持续发展,必须对资源类型有清晰的认识,并对当地的旅游资源进行全面而准确的评估。包括对自然景观、人文历史、民俗文化等各个方面进行深入的了解和分析。只有在深入了解和评估的基础上才能设计出更符合当地实际情况、更能充分展现当地资源价值和核心竞争力的乡村旅游产品。

这样的产品开发过程不仅能有效保护当地的生态环境,确保资源的可持续利用,同时也能为乡村旅游的长远发展奠定坚实的基础。通过打造具有地方特色的乡村旅游产品,可以吸引更多的游客前来体验,进而推动当地经济的发展和社会的进步。因此,必须始终坚持以可持续发展的理念为指导,推动乡村旅游产品的健康、有序开发。

七、干净舒适原则

乡村旅游的主要客源市场集中在都市人群,他们普遍适应了清洁、卫生的生活环境。然而,相较于都市,大部分乡村在环境质量和卫生标准方面存在明显差距。因此,在开发乡村旅游产品时,既要保持产品核心内容的"乡土味",又要注重提升产品的形式内容。具体来说,就是在村落的清洁卫生环境、厕所设施、食宿接待以及餐饮设施等方面,必须严格按照卫生标准进行改善和提升,以确保至少达到都市旅游者能够接受的水平。这样一来,我们既能保留乡村的特色魅力,又能满足都市游客对卫生环境的基本需求,为他们提供更为舒适、满意的乡村旅游体验。

八、科学营销原则

旅游市场营销在推广和销售旅游产品方面起着至关重要的作用,它是确保产品成功进入市场并被广大消费者接受的关键环节。对于乡村旅游产品而言,科学的旅游营销管理与协调更是扩大销售额、提高知名度的必要手段。

第一,在产品开发设计阶段,制定有针对性的营销战略至关重要。

这意味着要对目标市场进行深入调研,了解消费者的需求和偏好,从而设计出符合市场需求的乡村旅游产品。同时,产品的定位、定价、推广等策略也需要与营销战略相协调,以确保产品在市场上的竞争力。

第二,旅游整体形象的宣传促销是提升乡村旅游产品知名度的有效途径。通过各种媒体渠道,如电视、广播、网络等,对旅游目的地进行全面、生动的宣传,展示其独特的自然风光、丰富的文化底蕴和优质的旅游服务,可以吸引更多潜在游客的关注和兴趣。

第三,旅游品牌建设也是提升乡村旅游产品竞争力的重要手段。一个成功的旅游品牌不仅要有独特的标识和口号,更要有丰富的文化内涵和高质量的旅游体验。通过加强品牌建设,可以提升乡村旅游产品的附加值,增强消费者对产品的认同感和忠诚度。

需要注意的是,在实施旅游市场营销策略时,还需要注重管理与协调,包括对市场动态的持续关注、对营销策略的及时调整、对营销团队的培训和激励等方面。通过科学的管理与协调,可以确保营销策略的有效实施,实现旅游产品的推广和销售目标。

第三节 乡村旅游商品的开发

乡村旅游商品是乡村旅游产业链中的重要一环,它们通常伴随着乡村旅游活动而产生,为游客提供了具有乡村特色的购物体验。这些商品不仅具有实用价值,还承载着丰富的乡村文化和地域特色,是游客回忆旅行、了解乡村文化的重要载体。

一、乡村旅游商品开发的原则

(一)体现乡土特色

在开发旅游商品时,必须深入挖掘并展现商品所共有的特性,这些特性包括其纪念性、便携性、艺术性和地方性。这些特性不仅使旅游商品成为游客留念回忆的重要载体,还能满足游客在旅行途中的携带需求,同时以其独特的艺术魅力和地域特色吸引游客的眼球。

对于乡村旅游商品而言,在体现上述共有特性的基础上,更要着力展现乡村的独特魅力,包括乡村的环境、文化传统、风俗习惯以及生产生活等相关特征。乡村旅游商品应当呈现出原生态的乡村环境,凸显浓郁的乡土气息,彰显鲜明的民族性和地方性特色。在生产工艺上,乡村旅游商品应注重传承传统的生产工艺技术,强调手工制作的独特价值。这样的商品不仅能让游客感受到乡村的淳朴和真实,还能让他们深入体验到乡村文化的魅力。

此外,乡村旅游商品还应充分体现绿色、环保、天然、传统和原生的主体特性。既是对乡村自然环境的尊重和保护,也是对游客健康需求的积极响应。通过开发这样的乡村旅游商品,不仅能够满足游客的购物需求,还能推动乡村旅游业的可持续发展。

(二)以市场为导向

市场导向是旅游商品开发的核心原则,所以必须紧密围绕游客的消费偏好,不断创新和研发新型的旅游商品与纪念品。唯有如此,才能精准满足游客的多样化需求,契合他们的审美观和价值观,从而为他们打造一次愉快且难忘的旅游体验。鉴于当前游客市场的偏好日益多元化且变化迅速,旅游商品的开发机构必须时刻保持对市场的敏锐洞察,不断更新对市场的认知,并紧密追踪最新市场动态,以确保旅游商品的开发始终与市场需求保持同步。由于乡村旅游者的需求具有多层次性,因此,乡村旅游商品的开发也应呈现出多样化的特点,以满足不同类型、不同层次的游客需求。在坚持市场导向的同时,还应充分发挥主导产品在乡村旅游商品开发中的引领作用。每个地区都有其独特的主导产品,这些产品通常具有高度的市场影响力和良好的声誉。通过大力开发和推广这些主导产品,可以有效带动其他商品的开发和销售,形成良性的产品互动和市场效应。

具体而言,在乡村旅游商品开发过程中,可以先对该地区的旅游商品主打品类进行深入分析,明确其特性与优势,然后通过重点包装、深入开发和强化推广等手段,迅速提升这些主打产品的市场知名度和销售额。这样做不仅可以增强主打产品的市场竞争力,还可以为其他旅游商品的开发提供有力的支撑和借鉴,从而推动整个乡村旅游商品开发体系的系统化、规范化发展。

(三)追求艺术、美观、时尚

这一原则是对旅游商品开发的共性要求,它深刻体现了旅游商品的独特价值和多重属性。旅游商品因其纪念性特征,需要能够经受住时间的考验,长久保存并持续使用,成为游客美好回忆的见证。同时,它们还应具备出色的观赏性,相较于日常商品,应展现出更强的纪念意义、更佳的观赏效果、更高的艺术水准、更丰富的文化内涵以及更大的收藏价值。

随着市场的不断演变,旅游商品还需紧跟时代潮流,满足市场的多元化需求。对于乡村旅游商品的开发而言,特别需要关注那些历史悠久、地域特色鲜明、原料丰富的工艺商品,以及手工艺品的开发。这些商品不仅代表了乡村的深厚文化底蕴,也体现了乡村工匠的精湛技艺。

无论是工艺类商品还是一般旅游商品,都应追求艺术、美观与时尚的完美结合。游客在旅游目的地购买商品时,除了注重其实用性,更看重商品所蕴含的美感、艺术气息、时尚元素和纪念价值。因此,商品的设计与生产必须充分考虑到这些要素,确保每一件旅游商品都能成为游客心中的艺术品,满足他们的高品质追求。

(四)树立商标和品牌意识

乡村旅游商品应当拥有专属的注册商标,并配备相应的防伪标识,以确保商品的独特性和消费者的权益。同时,积极培育消费者对该品牌的认可度和信任度是至关重要的,这不仅是企业宣传和推广的过程,更是品牌树立和形象塑造的关键。品牌的建设应涵盖商品的品牌名称、品牌标志和商标,形成完整而统一的品牌形象。

在品牌设计上应追求独特性、简洁性和便利性,使品牌标识易于识别、易于阅读和记忆。这样的设计原则不仅有助于提升品牌的市场竞争力,还能增强消费者对品牌的记忆度和好感度,进而促进乡村旅游商品的销售和推广。

（五）加强创新拓展开发

乡村旅游商品在开发过程中应着重凸显其浓厚的乡村气息，这不仅是商品的魅力所在，也是吸引游客的关键因素。为了确保商品的独特性，需要在继承历史传统的同时注入创新设计的元素。有些地方的历史传统特色在时间的流逝中逐渐淡化，这就更需要我们发挥创新设计的作用，重新焕发其地方特色。

在开发具体的乡村旅游商品时，应集中力量推进"一村一品"活动，力求打造出具有独特性和不可替代性的商品。可以通过商品功能、造型、工艺、款式等方面的创新来实现，同时注重规模拓展、品牌建设、品质优化等市场战略的实施，以获得市场的广泛认同。

值得注意的是，很多乡村旅游商品在开发初期都面临着相似的开发条件、资源和特色。然而，最终能够成功开发的往往只有少部分地区，这背后是品牌、规模等方面激烈竞争的结果。在这种竞争中，特色创新和优势的形成显得尤为重要。在乡村旅游商品开发的过程中，不应拘泥于传统的地方特色，而应敢于创新，通过不断的尝试和实践，为乡村旅游商品注入新的活力和魅力。

（六）注重商品质量与服务

商品质量作为企业的立身之本，是信誉的基石和保障。然而，当前乡村旅游商品质量不佳的问题普遍存在，且往往缺乏必要的售后服务，无疑对乡村旅游业的可持续发展构成了阻碍。为了切实改善这一状况，有必要成立专门的乡村旅游商品质量监督部门。这一部门将承担起监督乡村旅游商品质量的重要职责，确保每一件商品都符合质量标准，满足消费者的期待。同时，该部门还将负责受理消费者在购买乡村旅游商品过程中遇到的投诉和问题，积极维护消费者的合法权益，为他们提供及时、有效的帮助。

通过成立这样的质量监督部门，旨在为消费者营造一个公平、透明、健康的购物环境，让乡村旅游商品真正成为游客喜爱的特色产品，推动乡村旅游商品生产企业不断提升产品质量，增强市场竞争力，实现长久、健康的发展。

（七）完善销售机制

当前，乡村旅游商品在销售环节上存在渠道不畅的显著问题。构建一套畅通且完善的旅游商品销售渠道显得尤为关键，它不仅是旅游商品开发和交易的核心所在，更是推动整个产业链发展的重要动力。

销售渠道的畅通与否直接影响着商家对市场需求的感知和响应。通过销售渠道的终端反馈，商家能够更准确地把握市场动态，进而调整旅游商品的结构和策略。只有当销售终端畅通无阻时，上游的研发环节和中游的销售环节才能被有效激活，形成产业内部的良性循环。因此，必须加大对旅游商品销售体系的投入力度，构建一套完善、高效的旅游商品销售机制，包括优化销售渠道、提升销售服务水平、加强市场推广等方面的工作。只有这样，才能确保乡村旅游商品能够顺畅地走向市场，满足游客的多样化需求，进一步推动乡村旅游业的繁荣发展。

二、乡村旅游商品开发的意义

乡村旅游购物不仅是旅游活动中的关键环节，更是深化游客乡村体验、增进其对乡村多维度认知的重要途径。精心开发的乡村旅游商品，若能深受游客喜爱，不仅能有效促进乡村文化的传播，还能直接为乡村居民带来经济收益，进而推动当地经济及相关产业的蓬勃发展。因此，开发受欢迎的乡村旅游商品对于乡村旅游业乃至整个乡村经济的持续发展具有举足轻重的意义。

（一）能够带动乡村旅游收入增长

旅游商品销售在旅游收入中占据着举足轻重的地位，是支撑旅游业发展的重要支柱。随着旅游业的快速发展，旅游者购买旅游商品的支出在旅游总支出中的比重日益增加，展现出其巨大的消费潜力。与其他类型的旅游支出相比，旅游商品购买具有"无限"支出的特性，其消费弹性极大，成为旅游者灵活调整消费预算的重要领域。

在我国乡村旅游中，旅游商品开发的空间尤为广阔。乡村独特的文化、手工艺、特产等资源为旅游商品的开发提供了丰富的素材和灵感。通过深入挖掘乡村文化内涵，结合现代设计理念，可以开发出既具有乡村特色又符合市场需求的旅游商品,进一步丰富乡村旅游的产品体系,提升旅游业的整体竞争力。

(二)是全面建设新农村的重要举措

乡村旅游商品的开发不仅是推动乡村旅游业繁荣的关键一环,更是我国新农村建设战略中的重要组成部分。通过深入挖掘和利用乡村地区的物质、文化、传统生产工艺等丰富资源,能够开发出更具特色和吸引力的旅游商品。随着旅游商品生产销售市场的不断扩大,不仅能够有效扩大生产规模,增加就业机会,提升农民收入,还能在潜移默化中提高农民的整体素质。同时,旅游商品生产与销售的蓬勃发展,将进一步促进农村产业结构的优化调整,为农村经济的全面发展注入强劲动力。这不仅能够提升农村社会经济文化建设水平,更是全面建设新农村的重要路径和有力支撑。

因此,在乡村旅游业发展基础扎实、条件优越的地区,应积极把握机遇,深度开发旅游商品,以推动乡村旅游业的持续健康发展,为新农村建设的全面推进贡献力量。

(三)促进乡村传统文化的弘扬和传播

第一,乡村旅游商品是乡村传统文化的重要载体。这些商品往往融入了乡村独特的历史、民俗、艺术等元素,通过商品的形态、图案、色彩等方式,生动展示乡村文化的魅力。游客在购买和使用这些商品的过程中,能够深刻感受到乡村传统文化的独特性和价值,从而加深对乡村文化的了解和认同。

第二,乡村旅游商品开发有助于推动乡村传统文化的创新与发展。在商品设计过程中,可以结合现代审美和市场需求,对传统文化元素进行创造性转化和创新性发展。这样不仅能够吸引更多游客的关注和喜爱,还能为乡村文化注入新的活力,推动其与时俱进、繁荣发展。

三、乡村旅游商品的开发生产

（一）建立商品开发队伍

商品开发其根本在于设计，这一点在乡村旅游商品设计领域尤为重要。在这片广阔的领域里，已涌现出众多别具一格的设计模式，它们如璀璨星辰，共同点亮了乡村旅游商品设计的天空。

这些设计模式，深深扎根于丰厚的历史文化传统中，汲取着古老的智慧与韵味。同时，它们又充分发挥了民间艺人的巧思与才艺，使每一件乡村旅游商品都独具匠心，充满了地域特色与人文情怀。

在设计的道路上，有的地区选择了独立前行的方式。他们建立了专门的设计单位或部门，专注于乡村旅游商品的创意设计，以独特的设计理念和创意，为乡村旅游商品注入了新的生命力。

有的地区选择了与生产紧密结合的道路。他们在相关生产企业内部设立了设计团队，让设计与生产相互促进、相互融合。这种模式下，设计更加贴近生产实际，能够更好地满足市场需求。

此外，还有的地区选择了开放合作的模式。他们与设计院所、高校及企业开展联合设计，共同推动创新。这种模式下，各方资源得以有效整合，形成了强大的设计合力，为乡村旅游商品设计注入了新的活力。

值得一提的是，一些地区还通过举办设计大赛的方式，广泛调动社会设计资源。这些大赛不仅吸引了众多优秀设计师的参与，更为乡村旅游商品设计提供了更多的创意和灵感。

通过这些全方位的努力，乡村旅游商品设计领域不断创新发展，为乡村旅游商品的开发奠定了坚实基础。

（二）构建商品开发组织

为了打造一支由组织管理、设计研发、技术生产、销售服务人员等核心人员组成的卓越团队，必须与相关产业进行深度合作，携手共建这一人才库。团队建设并非一蹴而就，而是一项需要长期投入和精细管理的工程。为此，可以采取多种策略来确保团队的持续发展和优化。

第一，引进业内精英是快速提升团队实力的重要途径。这些精英不仅拥有深厚的专业知识和实践经验,还能为团队带来新的视角和创意。同时,还可以考虑兼职聘用那些经验丰富的人才,他们可以在特定时期或项目上提供宝贵的支持和指导。

第二,系统的教育培训是确保团队长期发展的基石,可以通过定期举办内部培训、邀请行业专家进行授课、组织团队成员参加外部研讨会等方式,不断提升团队成员的专业素养和技能水平。还可以联合已有企业部门,通过资源共享和人才交流来扩充队伍,增强团队的整体实力。

这支团队在旅游商品设计开发与市场价值实现的过程中发挥着至关重要的作用。无论是组织管理、设计研发、技术生产还是销售服务,每一个环节都紧密相连,缺一不可。因此,必须确保每个环节都有合适的人才担任,以实现团队的整体最优。

为了进一步提升团队的整体素质和能力,必须重视各类人才的培养和引进。设计人才是团队创新的源泉,他们需要具备敏锐的洞察力和独特的创意;生产人才是将设计转化为实际产品的关键,他们需要具备精湛的技术和严谨的态度;销售人才是将产品推向市场的重要力量,他们需要具备良好的沟通能力和敏锐的市场洞察力。此外,还需要建立有效的激励机制,通过合理的收入分配来激发团队成员的积极性和创造力。只有让团队成员感受到自己的付出得到了应有的回报,他们才会更加投入地工作,为团队的发展贡献自己的力量。

在这个过程中,政府和企业都扮演着重要的角色。政府可以通过出台相关政策、提供资金支持等方式来推动乡村旅游商品产业的发展;企业可以通过加大投入、完善培训机制、优化管理流程等方式来确保团队的持续健康发展。

(三)建立商品开发依托

乡村旅游商品的加工生产离不开企业的积极参与。在乡村旅游商品的生产过程中,组织形式呈现多样化的特点,这为不同的旅游商品提供了灵活的生产加工模式选择。根据各类旅游商品的生产特点和要求,可以有针对性地构建适合的生产加工模式,从而确保生产的高效性、经济性和优质性。

高效生产意味着需要优化生产流程,提高生产效率,确保商品能够按时、按量完成。经济性则要求在生产过程中注重成本控制,合理利用资源,避免浪费。优质生产则是对产品质量的严格把控,确保每一件乡村旅游商品都符合质量标准,能够给游客带来良好的使用体验。

为了实现这些目标,需要深入分析各类旅游商品的生产特点,结合市场需求和企业实际情况,制定切实可行的生产加工方案。同时,还应该加强企业间的合作与交流,共享生产资源和经验,共同推动乡村旅游商品生产的规范化、标准化和专业化。

(四)形成商品开发机制

政府作为乡村旅游商品开发的重要的外部环境因素,其支持作用不可或缺。这种支持主要表现在政府通过一系列政策措施来引导、组织、扶持和规范乡村旅游商品的开发。

第一,政府通过制定相关政策和法规,为乡村旅游商品的开发提供明确的指导和方向。这些政策不仅明确了开发的目标和原则,还规定了开发过程中的各项要求和标准,为乡村旅游商品的开发提供了有力的制度保障。

第二,政府通过财政支持、税收优惠等方式,为乡村旅游商品的开发提供经济支持。这有助于降低开发成本,提高开发效益,吸引更多的企业和个人参与到乡村旅游商品的开发中来。

第三,政府积极组织乡村旅游商品的开发和推广活动,搭建展示和交易平台,推动乡村旅游商品的知名度和影响力不断提升。同时,政府还加强对乡村旅游商品市场的监管和规范,保障游客的合法权益,维护市场秩序。

第五章

乡村旅游与资源开发

乡村旅游资源不仅仅是自然风光和田园风光的展示，更是乡村文化、民俗风情、历史遗迹等多种元素的融合。在开发过程中，既要注重资源的保护与传承，又要考虑游客的需求与体验，实现开发与保护的良性循环。

第一节 乡村旅游资源的内涵

一、乡村旅游资源的概念

乡村旅游资源是指那些能够吸引旅游者前来进行旅游活动，为旅游业所利用，并能产生经济、社会、生态等综合效益的乡村景观客体。它们是由地貌、气候、水文、土壤、生物等要素与人类活动长期作用而形成的乡村景观，是自然环境与人文因素紧密结合的文化景观。这些资源不仅展现了乡村地区的自然环境之美，还体现了乡村的文化、历史和民俗风情，为游客提供了回归自然、体验乡村生活的优越条件。

二、乡村旅游资源的内容

乡村旅游资源主要包括以下几个方面的内容。

(一)乡村自然环境

自然环境作为一个综合的自然体,由地貌、气候、水文、土壤、生物等诸多要素共同构成,它是乡村旅游资源的基石与背景。乡村景观则是人类在尊重并依托这一自然基底上,经过精心创造与塑造的产物,它需与当地自然环境和谐共生,相互映衬。

我国幅员辽阔,乡村地理位置及自然地理环境千差万别,正是这些差异赋予了我国乡村丰富多样、独具特色的自然风光。无论是巍峨的山川、广袤的平原,还是秀美的水乡、苍茫的草原,每一处乡村都有其独特的自然风貌,吸引着游客前来探寻与体验。

(二)乡村生活方式

乡村的生活方式以其独特的魅力让人向往不已。它是一种悠闲自在的生活状态,正如古人所描绘的那样,"采菊东篱下,悠然见南山"。在这里,时间仿佛放慢了脚步,让人们有机会真正体验生活的美好。

在乡村,很多地方仍然保留着古老而淳朴的生活方式。村民们遵循着自然的节奏,"日出而作、日落而息",他们的生活与大自然的节奏紧密相连。清晨,随着第一缕阳光洒落,村民们便开始了一天的劳作;傍晚,当夕阳的余晖洒满大地,他们便结束了一天的辛勤劳作,回到家中与家人团聚。这种与大自然和谐共生的生活方式,让人感受到了生活的真实与美好。

除了劳作,乡村的人际关系也是和谐而融洽的。村民们之间互相帮助、互相扶持,形成了一个紧密的社区网络。在这里,你可以感受到邻里之间的温暖与关怀,体验到人与人之间的真诚与善良。这种淳朴的乡风民情也是乡村生活方式的一大魅力所在。

正因为这种恬淡淳朴、悠然自在的乡野田园生活,乡村吸引了众多游客前来体验。他们渴望逃离城市的喧嚣与繁忙,寻找一片宁静与放松的净土。在乡村,他们可以放下心中的烦恼与压力,享受大自然的美好与宁静,感受生活的真实与意义。

（三）乡村生产形态

乡村生产形态与城市生产形态之间存在巨大的差异,二者如同两个截然不同的画卷,各自描绘着独特的生活场景。乡村,那片与大自然紧密相连的土地,其生产、生活、农舍、休闲、田野等元素,都散发着与城市截然不同的气息。这种差异性恰恰是吸引游客前往乡村旅游的关键因素。

在乡村,你可以看到那些充满古朴韵味的农事生产形态。扶犁耕作,这种古老的耕作方式,让人仿佛穿越到了千年前的农耕时代；水车灌溉,它转动着岁月的轮轴,为农田带来了生命的源泉。采茶摘果、老牛碾谷、饲养家畜,这些看似平常的活动,却蕴含着乡村生活的智慧和辛勤。围湖造田、木机织布,更是展现了乡村人民与大自然的和谐共生。

这些农事生产形态,对于久居城市的居民来说,是一种全新的体验。他们可以在这里感受到乡村的宁静与纯朴,体验到与大自然亲密接触的乐趣。对于外国游客而言,这些农事生产形态更是充满了神秘和吸引力。他们可以通过观察和参与深入了解中国的乡村文化,感受乡村生活的魅力。

（四）乡村手工艺

成功的手工艺人是文化传承的宝贵财富,他们卓越的技艺,不仅赋予了传统工艺品以生命力,更在无声中守护着历史的痕迹,让文化的脉络得以延续。这些手工艺人,通过他们的双手,以原真性的修复方式,让古老的历史遗迹焕发新生,使每一砖一瓦、一木一石都诉说着过去的故事。他们的工作不仅是对物质的修复,更是对文化和精神的传承。他们以自然的方式让传统和文化在时间的河流中流淌不息,成为后人了解历史、感受文化的桥梁。

这些传统工艺品不仅仅是观赏的对象,更是文化的载体。当游客购买这些手工艺品时,他们不仅是在欣赏一件美丽的物品,更是在体验和感受一种深厚的文化。这些工艺品所蕴含的乡土特色、地方风情和人文内涵,都深深吸引着游客们的目光和心灵。

以墨城酿酒为例,那独特的酿造工艺和醇厚的口感,都让人流连忘返;东阿、阳谷、平阴的阿胶,以其滋补养生的功效而备受推崇;栖霞、牟平、乳山的丝绸,光滑细腻,质感非凡;昌邑、博兴、临沂的蓝印花布,色彩鲜明,图案独特;嘉祥的彩色印花布,则以其绚丽多彩的图案和精湛的工艺赢得了众多赞誉。

这些手工艺品都是地方文化的精髓和代表,它们以其独特的魅力和深厚的文化内涵,吸引着越来越多的游客前来体验和购买。这不仅为手工艺人带来了经济上的收益,更为地方文化的传承和发展注入了新的活力。

(五)乡村遗产遗迹

乡村作为人类社会发展的起源地,其独特的地理位置和相对缓慢的开发进程,使这片广袤的土地上蕴藏着丰富的人类文化遗址。这些遗址遗迹如同历史的见证者,静静地诉说着过去的辉煌与沧桑。

由于乡村开发程度相对较低,许多珍贵的文化遗址得以保存下来。无论是古老的社会经济文化遗址还是曾经的军事要地,亦或是名人的故居和历史纪念地,它们都在乡村的怀抱中得以留存。这些遗址遗迹不仅是历史的载体,更是文化的传承,它们蕴含着丰富的历史信息和文化内涵,对于了解人类社会的发展进程具有重要意义。

然而,在城市中,由于快速的现代化进程和不断的开发建设,这些珍贵的遗址遗迹往往难以得到妥善保护。因此,乡村的这些遗址遗迹对城市居民来说具有极大的吸引力。他们渴望逃离城市的喧嚣和繁忙,来到乡村,亲身感受那些历史的厚重和文化的魅力。

(六)乡村民俗民情

乡村民俗民情是乡村旅游资源中不可或缺的重要组成部分,它们以独特的魅力和深厚的文化底蕴吸引着无数游客前来探寻和体验。

乡村民俗是乡村人民在长期生活实践中形成的风俗习惯,它反映了乡村社会的风土人情、生活方式和价值观念。无论是婚丧嫁娶的仪式,还是节庆活动的欢庆,都蕴含着丰富的文化内涵和民俗特色。这些民俗活动不仅具有观赏价值,更能让游客深入了解乡村的生活方式和文化传统。

同时，乡村的民情也是宝贵的旅游资源。乡村人民的纯朴善良、热情好客，以及他们与大自然的和谐共生，都构成了乡村独特的魅力。游客在与乡村人民的交流中可以感受到那份真挚的情感和深厚的情谊，这也是城市生活中难以体验到的。

乡村民俗民情的独特性和多样性，为乡村旅游提供了丰富的内容和形式。游客可以在乡村中参加各种民俗活动，体验乡村生活的乐趣；可以与乡村人民交流互动，了解他们的生活和思想。这些体验不仅让游客感受到乡村的魅力和温暖，也让他们对乡村文化有了更深刻的认识和理解。

第二节　乡村旅游资源的调查与评价

一、乡村旅游资源的调查

（一）乡村旅游资源调查的内容

乡村旅游资源调查是一项综合性极强的工作，其涉及的内容广泛且复杂。调查的内容主要集中在三大方面：首先是对乡村旅游资源所处的环境条件进行深入探究；其次是对资源状况的详细梳理；最后是对开发条件的全面评估。通过这三大方面的综合调查，能够更全面、更深入地了解乡村旅游资源的情况，为后续的资源评价、开发规划以及保护利用提供科学、准确的依据。

1. 环境条件调查

环境条件调查是乡村旅游资源调查中的重要一环，它涉及多个方面，旨在全面了解调查区的整体背景与现状。

第一，需要明确调查区的名称，这是基础信息，有助于进行后续的数据整理和分类。

第二,地理位置的调查也是不可或缺的,它涉及调查区的经纬度、地形地貌、海拔等基本地理特征,有助于了解该地区的自然地理条件。

第三,交通区位条件同样是环境条件调查的关键部分。需要调查该地区的交通网络布局,包括公路、铁路、航空等交通方式是否便捷,以及是否有直达主要客源地的交通线路。这些信息对于评估乡村旅游资源的可进入性和潜在市场吸引力至关重要。

第四,在自然环境方面,需要考查调查区的气候、植被、水体等自然要素,这些要素不仅影响着旅游活动的舒适度,还直接关系到旅游资源的品质和特色。

第五,文化环境调查侧重于了解调查区的历史文化背景、民俗风情、宗教信仰等人文要素。这些要素是乡村旅游资源的重要组成部分,也是吸引游客的关键因素之一。

第六,经济环境调查主要关注调查区的经济发展状况、产业结构、人均收入等经济指标。这些信息有助于我们评估乡村旅游资源的经济价值和开发潜力。

第七,环境质量也是环境条件调查的重要内容。需要考查调查区的空气质量、水质状况、噪音水平等环境质量指标,以确保乡村旅游资源的可持续发展。

第八,旅游发展现状调查是对调查区现有旅游资源的梳理和分析,包括已开发的旅游景区、旅游设施、旅游服务等方面的情况。这些信息有助于了解调查区旅游资源的现状和发展水平,为后续的旅游资源开发提供借鉴和参考。

2.资源状况调查

资源状况调查是乡村旅游资源开发的基础性工作,其目的在于全面、系统地了解调查区域内乡村旅游资源的数量、类型、分布及组合结构等。

第一,对于乡村旅游资源数量的调查至关重要。需要详细统计调查区域内各类乡村旅游资源的数量,包括自然景观、人文景观、民俗活动、传统手工艺等,从而了解资源的丰富程度和开发潜力。

第二,资源的密集程度也是资源状况调查的重要内容。通过计算单位面积内乡村旅游资源的数量,可以评估资源的聚集程度,为后续的旅游线路规划和资源整合提供依据。

第三，乡村旅游资源单体的类型、面积、形态等特征也是调查的关键。需要对每一种资源类型进行详细描述，包括其形态特征、文化内涵、历史价值等，以便更好地挖掘和利用这些资源。

第四，不同乡村旅游资源类型上的组合结构也是调查的重要方面。通过分析不同资源之间的关联性和互补性，可以找出最佳的资源配置方式，提升乡村旅游的整体吸引力。

第五，同一类型乡村旅游资源内部的组合结构同样不可忽视。即使是同一类型的资源，由于其内部特征的差异，也可能形成不同的组合方式。这种内部组合结构的调查有助于我们更精细地开发和利用这些资源。

第六，乡村旅游资源空间上的组合结构也是资源状况调查的重要一环。需要考虑资源在地理空间上的分布和组合关系，以便制定出合理的旅游线路和布局方案。

3. 开发条件调查

开发条件调查是乡村旅游资源开发前期工作的关键一环，它涉及对调查区域内多个重要方面的深入剖析。

第一，需要关注调查区域"食、住、行、游、购、娱"六大要素的发展状况。这六大要素是构成乡村旅游体验的核心内容，其发展水平直接影响到游客的满意度和乡村旅游的吸引力。具体来说，需要了解当地的餐饮特色、住宿条件、交通状况、景点质量、购物环境和娱乐设施等方面的实际情况，以便为旅游资源的合理开发提供依据。

第二，对旅游客源市场的人口学特征及旅游消费行为特征进行深入分析至关重要。包括了解客源市场的年龄结构、性别比例、职业分布、收入水平等人口学特征，以及游客的旅游动机、消费习惯、偏好等消费行为特征。通过这些分析，可以更准确地把握市场需求，为乡村旅游产品的设计和营销策略的制定提供有针对性的建议。

第三，与周边旅游资源的竞合关系也是开发条件调查的重要内容。需要了解周边旅游资源的类型、特色、优势及劣势，分析它们与调查区域旅游资源的互补性和竞争性，以便在开发中充分利用竞合关系，实现资源共享、优势互补，共同提升区域旅游的整体竞争力。

（二）乡村旅游资源调查的程序

1. 室内准备阶段

为了确保乡村旅游资源调查的顺利进行，首先需要组建一个专业且多元化的调查小组。这个小组应由乡村旅游、休闲农业、历史文化、资源环境、市场营销以及园林景观等领域的专家组成。他们各自拥有丰富的专业知识和实践经验，能够从不同角度对乡村旅游资源进行全面、深入的调查和分析。

在成立调查小组之后，需要制订详细的工作计划，主要包括明确调查人员的分工情况，确保每位成员都清楚自己的职责和任务；合理安排调查工作时间，确保调查过程有条不紊地进行；同时，还要做好经费预算，确保调查工作有足够的资金支持；确定成果的表达形式，以便将调查结果以清晰、直观的方式呈现出来。

在调查工作开始之前，需要通过各种方式收集与调查区域相关的资料。这些资料主要包括当地的地理、历史、文化、经济等方面的信息，以及已有的旅游资源调查和评估报告等。这些资料的收集有助于对调查区域有个大致的了解，为后续的实地调查打下基础。

此外，还需要准备好调查所需的各种技术装备。定位仪器可以准确地确定旅游资源的地理位置和分布情况；影像设备则可以用于拍摄和记录旅游资源的实景和特征，为后续的分析和评价提供直观的依据。这些技术装备的准备将确保调查工作更加科学、准确和高效。

2. 野外考察阶段

在乡村旅游资源调查工作中，确定具体调查线路是至关重要的一环。这需要根据前期收集的资料和调查区域的实际情况，精心规划出一条或多条能够全面覆盖区域内乡村旅游资源的调查线路。

调查线路的确定不仅要考虑交通条件、地形地貌等自然因素，还要充分结合乡村旅游资源的分布特点。例如，对于自然景观资源我们可以选择沿着山脉、河流等自然地理特征进行线路规划，以便更好地观察和记录这些资源的形态、规模和特色。对于人文景观资源，则需要关注村落、古建筑、传统手工艺等人文要素的分布，确保调查线路能够覆盖到这些资源的聚集地。

在确定了调查线路之后,将组织调查团队沿着这些线路进行实地的全面调查。调查过程中,需要详细记录每个乡村旅游资源的名称、类型、数量、质量、分布位置等基本信息,并拍摄照片或录制视频作为辅助资料。同时,还要对资源的特色、价值以及开发潜力进行评估,为后续的资源评价和开发提供依据。

3. 整理总结阶段

在完成了乡村旅游资源调查的数据收集和野外考察记录后,下一步是进行系统总结与数据处理。这一环节对于提炼调查结果、形成科学结论和撰写调查报告至关重要。

第一,将收集到的资料和野外考察记录进行细致的分类和整理。这包括将各种乡村旅游资源的信息按照类型、分布、质量等维度进行分类,确保信息的准确性和完整性。同时,还将对考察记录中的照片、视频等多媒体资料进行整理,以便后续的数据分析和处理。

第二,借助专业的技术手段进行数据分析。包括使用地理信息系统(GIS)等工具对资源分布进行空间分析,利用统计软件对资源数量、质量等数据进行量化分析,以及运用专家系统等方法对资源价值进行评估。通过这些技术手段的运用,能够更深入地挖掘数据背后的信息,揭示乡村旅游资源的特点和规律。

第三,在数据分析的基础上,形成正式的表格与图件。这些表格和图件将直观地展示乡村旅游资源的数量、分布、质量等情况,为后续的资源评价和开发提供直观的依据。同时,还应注意图表的清晰度和美观度,确保它们能够准确、有效地传达信息。

第四,根据以上工作编写乡村旅游资源调查报告。报告将全面总结调查工作的成果,包括资源的基本情况、分布特征、价值评估等内容。同时,还应对调查过程中发现的问题和不足进行分析,提出相应的建议和对策。报告的编写应注重逻辑性、条理性和可读性,确保它能够被相关部门和决策者有效地利用。

二、乡村旅游资源的评价

（一）乡村旅游资源评价的原则

为了确保乡村旅游资源评价的准确性和可靠性，进而为乡村旅游资源的开发利用提供有力支撑，在进行评价时应当遵循以下重要原则。

1. 客观性原则

在对乡村旅游资源进行评价时务必坚守客观性原则，这是确保评价结果准确可靠的关键所在。尊重客观事实意味着要以实际存在的情况为出发点，既不夸大其词，也不低估其价值，确保评价恰如其分。

为了实现评价的客观性，需要在定性分析的基础上引入定量分析的方法。定性分析能够揭示乡村旅游资源的本质特征和内在规律，而定量分析则能够将这些特征和规律以具体的数值形式呈现出来，使评价结果更加直观、可比较。

在定量分析的过程中，需要对乡村旅游资源评价的各项因子进行客观量化处理。包括确定各项因子的权重、制定评分标准、收集和处理数据等步骤。通过科学的量化方法能够更加准确地评估各项因子的贡献程度，从而得出更加客观的评价结果。

此外，还需要注意避免主观臆断和偏见对评价结果的影响。在评价过程中要保持客观、公正的态度，遵循科学的方法和程序，确保评价结果的客观性和公正性。

2. 系统性原则

乡村旅游资源呈现出多层次、多形式的特性。因此，在对其进行评价时需采用一种全面且深入的视角，既要关注资源本身的价值，也要衡量与资源开发相关的各项条件。

对旅游资源本身的价值进行评价是至关重要的，包括资源的自然美学价值，如风景的秀丽程度、生态系统的完整性；历史文化价值，如古迹的历史年代、文化内涵；以及体验价值，如游客在乡村环境中能获得的独特体验。通过细致评估这些价值，能更准确地把握资源的核心吸引力，为后续的旅游产品开发提供方向。

然而,资源本身的价值并非评价的全部。涉及旅游资源开发的条件同样重要。这些条件包括但不限于基础设施的完善程度、当地社区的参与意愿、政策环境的支持力度以及市场需求的匹配度等。这些条件直接影响到资源开发的可行性、效率和可持续性。因此,在评价过程中,需要对这些条件进行细致的衡量和分析。

3. 可操作性原则

在构建乡村旅游资源评价体系时,所选指标的可测性和可比性是至关重要的考量因素。这是因为只有具备这些特性的指标,才能有效地衡量和比较不同乡村旅游资源的价值和潜力,从而为旅游资源的开发和管理提供科学依据。

可测性意味着所选指标应该具有明确的定义和度量方法,能够通过实际的数据收集和分析来量化。这有助于确保评价结果的客观性和准确性,避免主观臆断和模糊性。在乡村旅游资源评价中,可以选择如自然景观的优美度、人文景观的历史价值、旅游设施的完善度等具体指标,通过问卷调查、实地考察、专家评估等方式进行量化测量。

可比性要求所选指标在不同乡村旅游资源之间具有相对一致性,以便进行横向和纵向的比较。这有助于了解不同资源之间的优势和劣势,为制定针对性的开发策略提供依据。为了实现可比性,需要对指标进行标准化处理,消除不同量纲和单位的影响,使各项指标能够在同一尺度上进行比较。

在指标体系方面,应遵循简洁明了的原则,避免指标过于烦琐。过多的指标不仅会增加数据收集和分析的难度,还可能导致信息冗余和相互干扰。因此,在构建指标体系时应选择具有代表性的核心指标,能够全面反映乡村旅游资源的价值和潜力。同时,还需要关注指标之间的内在联系和逻辑关系,确保整个体系的完整性和一致性。

4. 效益性原则

在评价乡村旅游资源时,必须全面考虑其综合效益,包括经济效益、社会效益和环境效益,而绝非仅限于经济效益。这是因为乡村旅游资源评价结果的最终目的是为了指导实际开发利用工作。在开发利用过程中,既要确保实现一定的经济收入,以支持乡村旅游的可持续发展,又要注重推动当地社会的整体进步。

经济效益是乡村旅游资源开发的重要驱动力,通过吸引游客、创造就业机会和增加地方财政收入,为乡村地区带来实实在在的经济利益。然而,不能仅满足于此,还应追求乡村旅游的社会效益。这意味着可以通过发展乡村旅游,促进当地文化的传承与创新,增强社区凝聚力,提升居民的生活质量,实现乡村社会的全面和谐发展。

同时,还要关注乡村旅游的环境效益。乡村地区的自然环境是其独特魅力的源泉,也是吸引游客的重要因素。在开发利用过程中,应注重保护乡村的生态环境,避免过度开发和污染,确保乡村旅游与自然环境和谐共生。通过科学合理的规划和管理,实现乡村旅游资源的美化与提升,为游客提供一个优美、宜居的乡村旅游环境。

(二)乡村旅游资源评价的方法

乡村旅游资源评价方法丰富多样,概括而言,常用的主要方法包括以下几种。

1. 定量评价法

定量评价法亦被称为技术性评价法,是通过深入分析、统计及计算,以具体数量来表征旅游资源及其环境的等级。运用此方法对旅游资源进行评价,能够使结果更为直观且精确,有助于我们更清晰地了解资源的实际状况。一般而言,定量评价法主要可以分为以下几大类。

(1)多因子定量评价法

旅游资源的多因子定量评价法是一种全面且科学的评价手段,它综合考虑了多种因素,并运用数学方法进行综合评价。这种方法可以细分为多种具体的评价方法,每种方法都有其独特的应用场景和优势。

层次分析法(AHP)是其中广泛应用的方法之一。它通过构建层次结构模型,将复杂的旅游资源评价问题分解为多个层次和因素,并通过比较和计算各因素的相对重要性,得出综合评价结果。这种方法既考虑了各因素之间的相互影响,又能够量化处理各种因素,使评价结果更为客观和准确。

除了层次分析法外,综合评分法也是常用的评价方法之一。它根据预设的评价标准和指标,对旅游资源的各个方面进行打分,然后加权求和得出总分。这种方法简单易行,能够直观地反映旅游资源的综合状况。

指数表示法是通过构建各种指数来反映旅游资源的某一方面的特性或整体状况。这些指数可以根据实际需要来设计和计算，能够突出显示某些关键因素的影响。

旅游地综合评价模型法是一种更为复杂的评价方法，它结合了多种评价方法和模型，通过构建综合评价模型来全面评估旅游资源的价值。这种方法通常需要考虑更多的因素和变量，但能够提供更全面、更深入的分析结果。

模糊数学评价法是针对旅游资源评价中存在的模糊性和不确定性而提出的一种评价方法。它运用模糊数学理论来处理模糊信息，通过模糊集合、模糊关系和模糊推理等手段来得出评价结果。这种方法在处理不确定性和模糊性方面具有优势，能够更好地反映旅游资源的实际情况。

总体来说，旅游资源的多因子定量评价法具有多种具体的评价方法，每种方法都有其适用范围和优势。在实际应用中，可以根据具体情况选择合适的评价方法或综合使用多种方法来进行全面评价。

（2）单因子定量评价法

旅游资源的单因子定量评价法是一种针对旅游活动质量起决定性作用的关键因素进行的全面评价方法。这种方法的核心在于集中关注那些对旅游体验产生重要影响的关键因素，通过对这些因素进行深入分析和量化评估来准确反映旅游资源的价值。

一般而言，单因子定量评价法主要适用于自然旅游资源的评价。例如，在登山、滑雪等户外活动中，地形适宜性是一个至关重要的因素。通过对地形的坡度、稳定性、植被覆盖等关键指标进行量化分析，可以评估该区域是否适合开展这些活动以及活动的安全性和舒适度如何。

此外，在海水浴场评价中，单因子定量评价法同样发挥着重要作用。海水浴场的沙质、阳光、水温、流速等因素直接关系到游客的体验和满意度。通过对这些因素进行定量评估，可以判断海水浴场的优劣，为游客提供更好的选择建议。

需要注意的是，单因子定量评价法虽然能够深入剖析关键因素，但会忽略其他因素对旅游体验的影响。因此，在实际应用中，通常需要结合其他评价方法进行综合分析，以更全面、准确地评估旅游资源的价值。

2.定性评价法

旅游资源的定性评价法主要依赖于评价者的专业知识和丰富经验,通过参照一定的评价体系,对旅游资源进行主观性较强的结论性描述。这种评价方法相对简便,无需烦琐的数据分析和计算,因此工作量较小且易于得出结论。然而,正因为其主观性较强,评价结果缺乏科学性和客观性,不易进行量化处理。旅游资源的定性评价法又可以分为以下几类。

(1)美感质量评价法

美感质量评价法作为一种专业性的旅游资源美学价值的评价方法,通常是在深入分析旅游者或专家体验的基础上进行的。这种方法的核心在于建立规范化的评价模型,从而得出具有可比性的定性尺度或数量指标的评价结果。这样的评价方式不仅考虑了旅游者的直观感受,还结合了专家的专业意见,使评价结果更具科学性和客观性。

在实际应用中,美感质量评价法被广泛运用于各类旅游资源的评价中。无论是自然风景还是人文景观,都可以通过这种方法来评估其美学价值。在评价过程中,应综合考虑景观的视觉、情感和认知等多个层面的因素,从而得出全面而深入的评价结果。

此外,美感质量评价法的结果具有可比性,使不同旅游资源之间的美学价值能够进行横向比较。这不仅有助于旅游资源的开发者和管理者了解自身资源的优势和不足,还可以为旅游规划和决策提供科学依据。

需要注意的是,美感质量评价法虽然具有诸多优点,但也存在一定的局限性。例如,评价过程中可能受到主观因素的影响,导致评价结果存在一定的偏差。因此,在实际应用中需要结合其他评价方法进行综合分析,以提高评价的准确性和客观性。

(2)一般体验性评价法

一般体验性评价法是一种直观且实用的评价方法,它依赖于旅游者或旅游专家对旅游资源的亲身体验来进行整体质量的评估。这种方法主要适用于那些相对简单、易于感受的旅游资源项目。通过收集大量的评价结果,人们可以对旅游资源的整体质量有一个大致的了解。

然而需要注意的是,一般体验性评价法存在一定的局限性。首先,它主要依赖于个体的主观感受,因此评价结果会受到个人喜好、情绪状态等因素的影响,存在一定的主观性。其次,这种方法通常只适用于知名度较高、受到广泛关注的旅游资源,对于一些较为冷门或新开发的旅游资源并不太适用。

此外,虽然一般体验性评价法可以大致反映旅游资源的整体质量,但由于评价者之间的差异性,其结果可能存在一定的离散性。因此,在收集评价结果时,需要尽可能扩大样本量,以提高评价结果的代表性和准确性。

（3）"三四五"评价法

"三四五"评价法是由武汉大学的徐德宽提出的一种全面而系统的旅游资源评价方法。这种方法从多个维度对旅游资源进行深入剖析,为旅游资源的合理开发和利用提供了科学依据。

首先,"三大效益"评价关注旅游资源的社会、经济和环境效益。社会效益主要考察旅游资源对当地社会文化的影响,是否促进了文化交流与传承;经济效益侧重于评估旅游资源对地方经济发展的贡献,如增加就业、提高收入等;环境效益强调旅游资源开发对生态环境的保护,确保旅游活动与自然环境的和谐共生。

其次,"四大价值"评价包括旅游资源的观赏价值、历史文化价值、科学价值和潜在价值。观赏价值关注旅游资源的自然美景和人文景观;历史文化价值强调资源所承载的历史文化内涵;科学价值涉及资源在地质、生态、文化等方面的科学研究意义;潜在价值是对资源未来产生的价值进行预测和评估。

最后,"五大开发条件"评价考虑旅游资源所在地的地理位置与交通条件、经济与社会条件、环境条件、特质条件以及客源市场条件。地理位置与交通条件决定了旅游资源的可达性和便利性;经济与社会条件影响旅游资源的开发成本和市场需求;环境条件关注资源所在地的自然和社会环境是否适宜旅游开发;特质条件强调资源的独特性和吸引力;客源市场条件是对潜在游客数量、消费能力等方面的分析,以评估旅游资源的市场潜力。

（4）"三三六"评价法

"三三六"评价法是由北京师范大学的卢云亭提出的一种全面而深入的旅游资源评价方法。这一方法从多个维度对旅游资源进行剖析,为旅游资源的合理开发和利用提供了科学的指导。

首先,"三大价值"评价涵盖了旅游资源的艺术观赏价值、历史文化价值和科学考察价值。艺术观赏价值强调旅游资源的自然美景和人文景观的吸引力；历史文化价值关注资源所蕴含的历史文化内涵；科学考察价值涉及资源在地质、生态、文化等方面的科学研究价值。这三大价值的评价有助于全面认识旅游资源的多元价值，为旅游资源的开发提供方向。

其次，"三大效益"评价包括旅游资源的社会效益、经济效益和环境效益。社会效益关注旅游资源开发对当地社会文化的影响和推动作用；经济效益强调资源开发对地方经济的贡献，如增加就业、促进经济增长等；环境效益要求确保旅游资源的开发符合环境保护的原则，实现可持续发展。

最后，"六大开发条件"评价从多个方面考虑旅游资源的开发可行性。地理位置与交通条件决定了旅游资源的可达性和便利性；客源市场条件分析了潜在游客的数量、消费能力和需求特点；地域组合条件考虑了旅游资源与其他旅游资源的互补性和协同性；环境容量条件评估了资源所在地的环境承载能力；投资条件涉及资金筹措、投资回报等经济因素；施工条件关注资源开发的技术可行性和施工难度。

（5）"六字七项标准"评价法

"六字七项标准"评价法是由上海社会科学院的黄辉实提出的一种旅游资源评价方法。该评价法从旅游资源的本身和资源所处的环境两大方面进行了深入的分析。

①"六字标准"主要对旅游资源本身进行评价，具体包括以下几方面。

第一，美。主要评价旅游资源给人的美感，这涉及自然风光的壮丽、人文景观的精致等方面。

第二，古。强调旅游资源的历史悠久性，是否具有深厚的文化底蕴和历史积淀。

第三，名。关注旅游资源是否具有名声，或是与名人有关的事物，这些都能增加旅游资源的吸引力和知名度。

第四，奇。评价旅游资源是否给人新奇之感，能否带给游客独特的体验和感受。

第五，特。突出旅游资源的特有性和稀缺性，即其独特性和不可复制性。

第六，用。强调旅游资源的实际应用价值，包括其在旅游开发、文化传播等方面的价值。

②"七项标准"则是对旅游资源所处的环境进行评价,包括以下内容。

第一,季节性。考虑旅游资源的季节性变化,如某些自然景观在不同季节的观赏价值会有所不同。

第二,污染状况。评估旅游资源所在地的环境质量,包括空气、水质等方面的污染情况。

第三,联系性。分析旅游资源与其他旅游资源的联系性,看它们是否能形成有效的旅游线路或组合。

第四,基础结构。考察旅游资源所在地的基础设施情况,如交通、住宿、餐饮等是否完善。

第五,可进入性。评价旅游资源所在地的交通便利程度,即游客能否方便到达。

第六,社会经济环境。考虑旅游资源所在地的社会经济环境,如当地的经济发展水平、政策环境等。

第七,市场客源市场。分析旅游资源的市场潜力和客源市场情况,包括游客数量、消费能力、需求偏好等。

综上所述,"六字七项标准"评价法为旅游资源的全面评价提供了有力的工具,有助于更准确地把握旅游资源的优势和不足,为旅游开发和管理提供决策依据。

第三节 乡村旅游资源的开发与保护

一、乡村旅游资源的开发

(一)乡村旅游资源开发的原则

1. 保护优先原则

乡村旅游资源开发的首要原则是保护,这是不容忽视的前提。乡村旅游的兴盛之地往往都是那些生态环境得到妥善保护、自然景色如诗如画、人文景观质朴纯真的地方,这些地方受到工业化进程的影响相对较小。若是在开发过程中忽略了保护优先的原则,单纯追求经济利益,会给乡村景观带来无法挽回的破坏,导致原本独特的景观特色逐渐消失。因此,在开发乡村旅游资源时,必须以审慎的态度,确保保护与开发并行不悖,让乡村的美丽与特色得以传承和发扬。

2. 保持特色原则

乡村旅游之所以备受外地居民、城市游客乃至国外旅游者的青睐,其核心吸引力在于其独特的乡土特色。在开发乡村旅游资源时,必须坚守乡村原有的"土"味和"野"味,确保这种特色在可持续性开发中得以保持和增强。只有这样,乡村旅游才能展现出其独特的天然情趣和闲情野趣,持续吸引游客,实现旅游业的健康发展。

3. 科学管理原则

科学管理是确保乡村旅游开发活动对旅游资源和环境造成最小影响的关键策略。为了更有效地管理乡村旅游活动,应采取一系列措施。

第一,制定详尽的环境保护和传统文化保护与建设规划,为乡村旅游的可持续发展提供明确指导。

第二,深入开展旅游环境保护的科学研究,以科学为依据指导实践。

第三,建立环境管理信息系统,实时监测和评估旅游活动对环境的影响。

第四,强化法制观念,健全环保制度,确保各项管理措施有法可依、有章可循。

第五,加强游客和当地居民的生态意识教育,共同守护乡村的绿水青山和文化遗产。

4. 生态经营原则

乡村旅游系统作为一种地域特色鲜明的生态系统,拥有自身独特的物质与能量循环机制。这一机制的稳定运作维系着乡村环境的和谐与生态平衡。然而,外来物质与能量的介入,无论其规模大小,都可能对乡村旅游系统产生深远影响,进而干扰其固有的循环方式。

在推进乡村旅游资源开发与经营活动中,必须时刻牢记生态经营的原则,将乡村生态系统的健康与稳定置于首位。因此,应致力于减少这些活动对乡村环境带来的额外物质和能量负担,确保乡村的自然资源得以合理、可持续的利用。

通过实施这一策略,不仅能够守护乡村生态系统的完整性和生物多样性,为乡村居民提供一个宜居的生活环境,还能确保乡村旅游业的健康发展。在保护生态环境的基础上,乡村旅游业可以吸引更多的游客,促进当地经济的繁荣,实现生态、经济、社会的和谐共生。

因此,乡村旅游系统的开发与管理应当是一项综合性的工程,既要考虑经济效益,也要兼顾生态效益。只有这样,才能确保乡村旅游业的可持续发展,实现人与自然的和谐共生,为乡村的未来描绘出一幅更加美好的蓝图。

(二)乡村旅游资源开发的基本要求

1. 重视乡村生态环境的保护

乡村生态环境是实现乡村特色化发展的关键所在。在开发设计的过程中,必须细致入微地考量地形、地貌和地物的特征,确保在不破坏村庄原有的河流、山坡、树木、绿地等自然地理条件的前提下,巧妙地加以运用。以安徽省南部山地的众多知名旅游村镇为例,这些村镇能够依山傍水,景致如画,形成独具特色的山水风貌,很大程度上得益于开发过程中与原生态环境的和谐融合。它们巧妙地将自然元素融入乡村景观之中,使每一处景观都独具特色,风貌各异。这种尊重自然、顺应自然的开发理念不仅有效地保护了乡村生态环境的完整性,也赋予了乡村旅游独特的魅力和吸引力。它让游客在欣赏乡村美景的同时,也能感受到乡村的宁静与和谐,体验到与大自然亲密接触的乐趣。

2. 强化历史文脉的传承

在乡村旅游资源开发过程中,因地制宜的原则至关重要。这一原则强调与当地独特的历史人文环境和村民生活模式的紧密结合,确保乡村规划能够和谐地融入周边的大环境之中。

在进行村落改造时,尤其需要注重对原有乡村风貌的保护。古老的寨墙、街巷、树木以及传统的建筑形式都是乡村文化的重要组成部分,应予以妥善保留。同时,通过增加碑、坊、亭、廊等建筑元素,可以进一步丰富乡村的文化内涵,让游客在游览过程中感受到浓厚的文化氛围。

此外,依据历史原貌修建具有标志性的传统古典建筑或重要遗址遗迹,不仅能够传承历史文化,让乡村的文化底蕴得以延续,更能为乡村旅游增添独特的魅力。这些建筑和遗址遗迹将成为乡村的亮点,吸引更多游客前来探访,感受乡村的历史与文化。

3. 确保旅游安全

旅游者和村民对居住和游憩环境的安全性均持有高度关注,这无疑是双方共同关心的重要议题。为了营造一个既舒适又安全的乡村环境,不仅需要建立科学且完善的乡村旅游安全规章制度,更需在乡村开发过程中深入考虑安全因素。特别是在旅游者聚集的人员密集区和居民住宅区,规划工作显得尤为重要。

为了确保这些区域的安全,应精心规划,采取多项措施。首先,合理控制规划区和出入口的数量与位置,以避免人流拥堵和安全隐患。其次,明确划分紧急通道和退避空间,确保在突发安全事件时,人员能够迅速疏散,有效防范风险。

通过这些措施的实施,可以显著提升整个规划区的安全应急管理能力,为游客和村民提供更为安全可靠的旅游和居住环境。这样不仅能够满足旅游者和村民对安全性的高度关注,更能为乡村旅游的可持续发展奠定坚实的基础。

4. 完善基础设施建设

乡村旅游的专有设施建设能否顺利进行,其先决条件在于基础设施的完备程度。水、电、通信等主要线路作为开发旅游产品、设计旅游项目的基础支撑,对推动特色乡村旅游经济的繁荣发展起着至关重要的作用。因此,必须高度重视并切实做好各项基础设施的建设工作,包括但不限于供水、排污、供电、电信及电视线路等。在选用各类设施设备时,需充分考量其容量、服务半径和供给能力,并随时准备进行扩容,以确保设施设备的正常使用和满足不断增长的需求。

二、乡村旅游资源的保护

乡村旅游资源保护主要有两种策略：主动式保护和被动式保护，这两者之间的关系可以类比为防治与治理之间的关联。在实际操作中，应明确以"防"为核心，以"治"为辅助，将两者紧密结合，形成有力的保护体系。为实现这一目标，需要综合运用行政、经济、技术和法律等多种手段，对乡村旅游资源进行全面而有效的管理和保护。具体来说，乡村旅游资源保护的措施主要包括以下几方面。

（一）强化立法，严格执法

旅游资源的破坏往往源于法律体系的疏漏和人为因素的消极作用。为确保旅游业的稳健发展，必须通过法律途径，强化对旅游资源的保护，并对破坏行为施以有力的干预和惩处。自20世纪50年代起，我国已陆续出台《文物保护法》《环境保护法》及《风景名胜区管理条例》等与旅游相关的法律和法规，这些措施对资源保护起到了积极作用。然而，法律执行的效果尚不理想，尤其在乡村地区，法律执行力度亟待加强。

因此，制定专门的乡村旅游及其资源保护法律应成为相关部门工作的重中之重。在加大法律宣传与预防工作的同时，必须严厉打击损害和破坏旅游资源的组织和个人，采取行政和经济双重惩罚措施。对于造成严重后果的，应依法追究其法律责任。此外，制定并落实乡规民约，提升旅游目的地居民的自我管理能力及资源保护意识，亦属必要之举。

（二）强化管理部门职能，加强旅游管理和引导

旅游管理部门在乡村旅游资源保护工作中扮演着举足轻重的角色。他们应当严格遵循国家法律法规，紧密关注市场动态，确保每一项工作都符合国家法律的要求，同时也与市场的发展趋势保持同步。在此过程中，管理部门必须切实履行自身的职责，不仅要确保乡村旅游资源得到妥善保护，还要推动其合理、可持续的开发利用。

针对乡村旅游资源开发活动，管理部门需要进一步加强管理与引导的力度。对于那些可能威胁到资源安全的旅游活动，管理部门应给予必

要的限制措施,如设定开发活动的范围和强度,防止过度开发导致资源受损。同时,他们还应密切关注旅游市场的变化,及时调整管理策略,确保乡村旅游资源得到有效利用。

在旅游高峰期或特定时段内,景区可能会出现超负荷运行的现象。此时,管理部门应迅速采取有效的游客疏导、分流或限制措施,确保旅游活动的有序进行。例如,可以通过预约制度控制游客数量,或者设置临时疏导点引导游客有序参观。

此外,管理部门还应加强对游客旅游行为的监管。通过建立健全的奖惩机制,对文明旅游的游客给予表扬和奖励,对破坏旅游资源的游客进行批评和处罚。这样不仅能引导游客自觉遵守旅游规定,共同保护乡村旅游资源,还能提升整个旅游行业的形象和品质。

(三)落实经济扶持,切实保护到位

经济不仅是发展的目标,更是支撑发展的稳固基石。在乡村旅游的发展道路上,经济与政策的双重倾斜起到了关键的保障作用。充足的资金意味着乡村旅游资源能够得到最大程度的开发利用,同时乡村的基础设施建设也能得到实质性的提升。随着资金的注入,交通状况将显著改善,进一步促进了乡村旅游的便捷性与可达性。这些实质性的改善不仅为乡村旅游创造了良好的发展环境,更激发了当地居民参与保护的热情。他们看到了乡村旅游带来的实际利益,因此更加积极地投身到资源保护中来,共同为乡村旅游资源的可持续利用贡献力量。这样经济和政策的双重保障与居民参与保护的积极性形成了良性互动,共同推动着乡村旅游的健康发展。

(四)实施规划统筹,适度留白

对于开发建设因素可能带来的潜在危害,开发者在规划乡村旅游项目之初便深刻认识到预防的重要性,并采取切实有效的措施加以防范。以湘西老司城遗址为例,其在开发伊始便明智地设立了保护条例,明确规定了开发利用必须遵循文物原样保护的原则。这种前瞻性的做法不仅确保了文物的完整性和原真性,也为乡村旅游资源的可持续利用奠定了坚实基础。

在乡村旅游资源的开发过程中,实施规划统筹、设立"开发红线"以及适度留白的策略至关重要。通过科学合理的规划,可以明确资源开发的边界和限制,避免过度开发和无序建设。同时,适度留白不仅有助于保持资源的原始风貌和生态环境,还能为未来的可持续发展留足空间。

(五)促进当代价值活化,收益反哺

我国地域文化之丰富,如同五彩斑斓的画卷,每一笔、每一划都蕴含着深厚的历史底蕴和独特的艺术魅力。戏剧的铿锵有力、传统手工艺的精妙绝伦、绘画的灵动飘逸、音乐的悠扬婉转、器具的匠心独运,以及多彩多姿的生活方式都是地方文化的活化石,它们静静地诉说着过去的故事,展现着乡土文化的无限魅力。

博物馆作为历史的守护者,记录着远古的生产状况和农耕文明,每一件展品都是一段历史的见证,每一个细节都透露着乡土文化的独特韵味。它们不仅让人们能够触摸到历史的脉搏,更能让人们深刻感受到文化的传承与延续。

节庆活动是活化这些地方传统文化的当代价值的重要途径。通过举办节庆活动,可以将那些沉睡在博物馆中的历史文物、传统文化活灵活现地展现在人们面前。这些活动不仅丰富了人们的精神文化生活,更让人们在参与中感受到传统文化的魅力,从而增强对乡土文化的认同感和自豪感。同时,节庆活动也是推动地方文化发展的重要手段,它们能够吸引更多的游客前来参观体验,为当地带来经济效益的同时,也促进了文化的交流与传播。通过节庆活动,可以让更多的人了解并喜爱上乡土文化,从而为文化的传承与发展注入新的活力。

(六)加强技术创新,节能减排

在劳动人民的智慧与不懈努力下,乡村地区成功地展现了人与自然的和谐共生之美。这种和谐不仅体现在乡村的宁静与美丽,更体现在乡村人民对自然的敬畏与尊重。他们以独特的智慧和创造力,将自然元素融入日常生活中,创造出富有地域特色的乡村景观。

以被誉为神秘"东方古堡"的理县桃坪羌寨为例,这座拥有两千多年历史的古寨,是人与自然和谐共生的典范。在桃坪羌寨,人们就地取材,利用当地的石料和木材,巧妙地建造出一座座坚固而美观的建筑。这些建筑不仅具有独特的艺术风格,更体现了古人对自然资源的合理利用和尊重。

更令人惊奇的是,桃坪羌寨还拥有完善的地下水网设计。这一设计不仅保证了古寨居民的生活用水,还起到了调节气候、保护生态的作用。这种天然且低碳的社区让人们深感古人智慧的卓越和深远。

在开发乡村旅游的过程中,应该充分挖掘并应用这样的古人智慧。同时,也应积极引入现代先进的科学技术,以提升乡村旅游的品质和可持续性。例如,可以广泛推广和应用清洁能源技术,以减少旅游活动对环境的污染;安装先进的排污系统,确保旅游活动的废水得到有效处理;利用现代信息技术提升旅游服务的质量和效率,为游客提供更加便捷、舒适的旅游体验。

通过结合传统智慧与现代科技,能够在保护乡村旅游资源的同时,推动乡村旅游的健康发展。这样的乡村旅游不仅能够吸引更多的游客前来体验,更能为乡村地区带来经济效益和文化价值的提升。同时,它也将成为展示人与自然和谐共生理念的重要窗口,为更多人带来启示和感悟。

第六章

乡村旅游与形象建设

乡村旅游形象建设不仅体现在外在景观的打造和宣传口号的制定上，更是一个涉及地方文化、自然环境、社会风貌等多方面因素的综合性工程。它要求人们在深入挖掘乡村旅游资源的基础上，结合现代旅游市场的需求和趋势，通过科学规划、创意设计、有效传播等手段，构建出一个既具有地方特色，又符合游客期待的乡村旅游形象。

第一节 旅游形象与乡村旅游形象

一、旅游形象

（一）旅游形象的含义

旅游形象是一个多维度的概念，它涵盖了旅游区域内的各个方面，为旅游者提供了综合性的感知和印象。从旅游资源的丰富性到设施的完善性，从服务的质量到管理的水平，从环境的优美到区域社会、经济、文化的独特性,这些因素共同构成了旅游形象。

(二)旅游形象的构成

旅游形象所涵盖的层面极为广泛,其本质上是一个层次丰富、结构复杂的综合体系。这一体系由诸多因素共同构建而成,这些因素从整体上看可以大致划分为两大系统:硬件要素系统和软件要素系统。

1. 硬件要素系统

硬件要素作为旅游形象树立的基石,为旅游业的繁荣发展提供了坚实的物质支撑。在构建旅游形象的过程中,没有高质量的硬件要素,便难以形成令人满意的旅游形象。

从旅游地的视角来看,硬件要素系统主要由旅游资源、旅游环境以及旅游基础设施等核心要素构成。这些要素相互关联、相互作用,共同为旅游地塑造出独特的旅游形象。

在这些要素中,旅游资源无疑是关键因素。旅游资源以其独特的魅力吸引着游客的目光,是旅游地最为直观、最为有力的吸引力所在。无论是自然风光、人文景观,还是历史遗迹、民俗风情,高质量的旅游资源都能为旅游地带来良好的口碑和广泛的赞誉。这些资源不仅能够满足游客的审美需求,还能让游客在游览过程中感受到浓厚的文化氛围和独特的地域特色,从而加深对旅游地的印象和好感。

除了旅游资源外,旅游环境也是硬件要素系统中不可或缺的一部分。优美的自然环境、整洁的市容市貌、和谐的社会氛围等都能为游客提供舒适、愉悦的旅游体验。一个良好的旅游环境不仅能够提升游客的满意度和忠诚度,还能为旅游地赢得更多的口碑和赞誉。

此外,旅游基础设施也是硬件要素系统中的重要组成部分。完善的交通网络、便捷的住宿设施、丰富的餐饮选择等都是提升旅游体验的关键因素。这些基础设施能够为游客提供便利和舒适,让游客在旅行过程中感受到无微不至的关怀和服务。

2. 软件要素系统

旅游业作为服务业的重要组成部分,其核心在于为旅游者提供优质的服务体验。旅游产品本质上是一种服务产品,与工业、农业所生产的物质产品有着根本的区别。物质产品是通过制造流程生产出来的,具有明确的物质形态;旅游产品则是由旅游企业提供的设施和服务所构成的,这些服务是通过行为表演的形式展现给旅游者的。

在旅游产品的构成中,设施是基础,服务则是灵魂。各种旅游企业如酒店、旅行社、景区等,都需要借助一定的设施或条件来提供服务。这些服务包括直接的和间接的便利,如交通接驳、住宿安排、导游讲解等直接服务,以及安全保障、信息咨询等间接服务。这些服务的总和构成了旅游产品的主要内容。其中,旅游从业人员的作用不可忽视。他们是旅游企业与服务之间的桥梁,是旅游形象塑造的重要软件要素之一。旅游从业人员的服务态度、专业技能和职业素养,直接影响到旅游者的体验和感知。一名热情周到、专业精湛的导游,能够提升旅游者对旅游目的地的好感度;而一名态度冷漠、服务不周的酒店员工,则可能让旅游者对整个旅游行程留下负面印象。

因此,旅游从业人员在旅游形象的塑造中起着至关重要的作用。他们需要通过自己的行为表演,为旅游者提供优质的服务体验,从而树立良好的旅游形象。同时,旅游企业也需要加强对从业人员的培训和管理,提升他们的服务水平和职业素养,为旅游业的持续健康发展提供有力保障。

二、乡村旅游形象

(一)乡村旅游形象的概念

乡村旅游形象是指乡村地区在旅游活动中所展现出的独特魅力和吸引力,它涵盖了乡村的自然环境、人文历史、农业文化等多个方面,并通过旅游者的感知和印象得以体现。这一概念强调乡村地区作为旅游目的地所具备的特色和优势,以及这些特色和优势如何被有效地传达和感知。

(二)乡村旅游形象的特征

概括来说,乡村旅游形象的特征主要包括以下几方面。

1. 传播性

乡村旅游形象的传播离不开大众传播媒介和渠道的助力。传播过程可以分为两种形式：有意识传播和无意识传播。有意识传播指的是乡村旅游开发主体或旅游企业主动进行的推广和宣传活动，他们积极向外界传递乡村的独特魅力和旅游价值，以吸引更多游客。而无意识传播则通过旅游者、公众之间的人际传播以及大众媒体的报道来实现，这些传播方式在不经意间将乡村旅游的形象传播给更广泛的受众。

在现代社会，大众传媒成为人们感知世界的重要窗口。对于乡村旅游形象的感知，除了游客亲身经历的体会外，更多印象来自大众传播媒介所传递的信息。这些媒介通过文字、图片、视频等多种形式，将乡村的自然风光、人文风情、旅游设施等展现给公众，从而构建乡村旅游在大众心中的形象。

2. 整体性

乡村旅游形象是一个内外要素相互交织、有机统一的综合体。从内部要素来看，它囊括了乡村旅游目的地的深厚文化、独特的资源特征、丰富多彩的民俗节庆以及充满生活气息的农事活动等。这些内部要素共同构成了乡村旅游的核心魅力和特色，是吸引游客的关键所在。从外部要素来看，乡村旅游形象涉及公众对乡村的认知、兴趣以及信赖程度等。这些外部要素反映了公众对乡村旅游的整体印象和态度，其对于乡村旅游的发展具有重要影响。

内外要素之间紧密相连、相互影响，共同塑造了内涵丰富、有机联系的乡村旅游形象。只有充分考虑并协调好内外要素的关系，才能打造出具有独特魅力和吸引力的乡村旅游形象。

3. 客观性与抽象性

乡村旅游形象一方面是对乡村旅游目的地具体事物和特色的直接反映，它包含了乡村的自然风光、人文景观、民俗风情等可感知的元素，使游客能够直观地感受到乡村的魅力。这些具体的事物和特色使乡村旅游形象具有客观性和具体性，它们是构成乡村旅游形象的基础和核心。另一方面，乡村旅游形象又是游客在接触和体验乡村旅游过程中，对乡村的各个方面在人脑中形成的反馈和印象。这种反馈和印象往往包含了游客的个人情感、认知和评价,使乡村旅游形象在一定程度上具有抽象性。游客通过大众传媒、口碑传播或以往的经验来判断和感知乡村旅游形象,这些感知并不完全基于乡村旅游目的地的实际情况,而是受到了个人主观因素的影响。

对于在城市生活的旅游者来说,乡村旅游代表了一种陌生而新鲜的生活方式和体验方式。在缺乏直接乡村旅游体验的情况下,他们更多地依赖于大众传媒的信息传递和以往的经验来判断乡村旅游的形象。这种间接的感知方式使乡村旅游形象在游客心中具有一定的抽象性,它包含了游客的期待、想象和幻想,与实际的乡村旅游体验存在一定的差异。

因此,乡村旅游形象既具有客观性,又具有抽象性。在构建和传播乡村旅游形象时,需要充分考虑这些特点,既要注重展现乡村的真实面貌和特色,又要关注游客的感知和需求,应通过有效的传播手段来塑造积极、正面的乡村旅游形象,吸引更多游客前来体验乡村的独特魅力。

4. 多样性和复杂性

乡村旅游形象的塑造与感知是一个复杂且多元的过程,它深受不同思维方式、认知能力和文化背景的影响。由于每个人对乡村的理解和感受都有所不同,因此乡村旅游形象呈现出多样性和复杂性的特点。

首先,乡村旅游形象的塑造是一个主观与客观相结合的过程。人们在塑造乡村旅游形象时,往往会受到自身思维方式、认知能力和文化背景的影响。不同的思维方式会导致对同一乡村景观产生不同的解读和感受,而认知能力的差异则会使人们对乡村资源的价值产生不同的判断。同时,文化背景也会对乡村旅游形象的塑造产生深远影响,不同的文化传统和习俗会使乡村旅游形象呈现出独特的风格和特色。

其次,乡村旅游资源的丰富性和多样性也增加了乡村旅游形象的复杂性。乡村旅游资源不仅包括优美的自然环境,还涵盖了丰富的物质和非物质文化遗产。这些资源在类型、特点和价值上都有所不同,因此在不同的乡村旅游目的地中,其形象也会呈现出多样性和复杂性的特点。例如,一些乡村以秀美的自然风光为主要特色,而另外一些乡村则以深厚的文化底蕴或独特的民俗风情吸引游客。

5. 稳定性和可变性

乡村旅游目的地形象一旦深入人心,便会在人们心中留下深刻的印记,这一形象的形成是经验积累与理性认识共同作用的结果。每个乡村旅游目的地都因其独特的资源特色和市场定位而拥有相对稳定的旅游形象。然而,市场是不断变化的,旅游者的需求也在求新求变中不断更新。因此,乡村旅游形象需要在保持稳定性的同时,主动寻求变化,以新的理念和创意来满足不同旅游者的需求。

随着外部环境的变化,人们的思维和认识也在不断演变,某地的乡村旅游形象在人们心中也会随之发生变化,这种变化可能向好的方向发展,也可能逐渐变差。为了应对这种变化,乡村旅游需要不断创新目的地旅游形象,以吸引更多旅游者的关注和喜爱。

在创新过程中,保持旅游目的地形象的相对稳定性至关重要。这需要在保持原有特色的基础上进行适当的调整和更新,使旅游形象既符合市场需求,又能保持其独特性和吸引力。

（三）乡村旅游形象的分类

1. 乡村旅游景观形象

乡村旅游景观以其独特的魅力吸引着游客,其特色鲜明,与城市旅游景观形成鲜明对比。乡村旅游景观主要由自然景观、人文景观、乡村布局及乡村标志等元素构成,这些元素共同塑造了乡村旅游的核心吸引力。

自然景观是乡村旅游的重要组成部分,它包括了乡村的田园风光、山水景色以及丰富的动植物资源。这些自然元素为游客提供了一个远离城市喧嚣、亲近自然的绝佳去处。人文景观展现了乡村深厚的文化底蕴,包括古老的建筑、独特的民俗风情以及丰富的农耕文化等。这些人文元素让游客在欣赏乡村美景的同时,也能深入了解乡村的历史与文化。乡村布局和乡村标志也是乡村旅游景观中不可或缺的元素。乡村布局体现了乡村的规划与建设特色,而乡村标志代表了乡村的形象与特色,它们共同构成了乡村旅游的独特风貌。

不同主题的乡村旅游景观呈现出不同的特色。以观光农业为主的乡村旅游,其景观以农业种植为主,游客可以欣赏到各种农作物的生长过程,感受田园生活的美好。而以休闲生态为主的乡村旅游则注重为游客提供一个放松身心、享受自然的休闲场所,其景观中包含了丰富的生态元素,如森林、湖泊等,为游客提供了丰富的休闲体验。

2. 乡村旅游产品及服务质量形象

乡村旅游产品涵盖了旅游产品的六要素:吃、住、行、游、购、娱。这六要素构成了乡村旅游的核心体验,为游客提供了全方位的旅游服务。围绕这六要素,从业人员的素养则成为乡村旅游形象的核心内容。

在吃方面,乡村餐饮应突出地方特色,提供新鲜、健康、美味的食材。从业人员需具备良好的餐饮服务意识和技能,确保游客在品尝乡村美食的同时,也能感受到热情周到的服务。

在住方面,乡村旅舍应体现乡土风情,为游客提供舒适、温馨的住宿环境。从业人员需关注游客的住宿体验,提供贴心的服务,让游客在乡村的夜晚也能感受到家的温暖。

在行方面,乡村旅游应提供便捷的交通服务,确保游客能够轻松到达各个景点。从业人员需熟悉当地的交通状况,为游客提供准确的交通信息和建议。

游是乡村旅游的核心内容,从业人员需具备丰富的旅游知识和讲解能力,为游客提供有趣、生动的解说服务,让游客在游览过程中深入了解乡村的文化和历史。

购是游客在乡村旅游中的重要消费环节,乡村特色商品和纪念品应成为游客的购物首选。从业人员需了解游客的购物需求,推荐合适的商品,为游客提供愉快的购物体验。

娱是乡村旅游的延伸服务,包括各种娱乐活动和休闲项目。从业人员需根据游客的兴趣和需求,提供多样化的娱乐项目,让游客在乡村的休闲时光中感受到快乐和满足。

3. 乡村旅游的社会形象

受我国城乡二元结构的影响,部分公众对乡村持有刻板印象,往往将其与落后、偏僻等负面标签相联系。然而,乡村旅游的真正魅力远不止于此。游客在旅游过程中,深入体验当地社会生活的各个层面,包括基础设施建设、村民的精神面貌、社会风气、风俗习惯和对待旅游者的态度等,这些元素共同反映出乡村生态、文化与文明的真实面貌。

正是这些丰富的社会层面,构成了乡村旅游社会形象的核心内容。这一形象在乡村旅游形象资源中占据着举足轻重的地位,它不仅能够打破外界对乡村的刻板印象,还能够让游客更加全面、深入地了解乡村,从而增强乡村旅游的吸引力和竞争力。

第二节 乡村旅游形象的设计与评价

一、乡村旅游形象的设计

(一)乡村旅游形象设计的原则

1. 地方特色原则

标识系统的设计应深入挖掘旅游村落的地方文化精髓,充分体现其独特的地方特色,确保标识系统的独特性和不可替代性。在标识牌的造型设计上,可以从当地特有的装饰符号、生活生产用具以及建筑形式中汲取灵感,使设计既具有创意,又富有地方特色。同时,在材料的选择上,应优先考虑具有地方特征的原材料,让标识系统更好地融入环境,展现浓厚的乡土气息。此外,标识内容也应充分体现当地的历史、文化等元素,让游客在游览过程中能够深入了解村落的文化底蕴,增强旅游体验的深度和广度。通过这样的设计,不仅可以打造出具有地方特色的标识系统,还能为旅游村落的形象塑造和文化传承贡献出一份力量。

2. 系统性原则

乡村旅游地标识系统堪称一项浩大而精细的系统工程,其各个组成部分犹如一部交响乐的各个乐器,虽各具特色,却共同演绎着乡村旅游的华彩乐章。这些要素间层级分明、架构有序,共同构建出一个鲜活而富有魅力的整体形象,全方位地展现着乡村旅游地的风采与神韵。

因此,在规划设计这一系统时,必须拥有全局视野,将每一个标识牌视作整体形象中的一颗璀璨星辰。要确保这些星辰既能在个体特征上各具风采,又能在整体上和谐统一,共同营造出一种令人赏心悦目的视觉效果。这样乡村旅游目的地的形象才能达到最佳状态,让每一位游客都能深刻感受到其独特魅力。

此外,还应关注标识系统在内容和功能上的互补与协调。一个完善的乡村旅游标识体系应该具备多样化的类型和完备的功能。它不仅要能指引游客顺利抵达目的地,还要能宣传乡村的文化特色,为游客提供周到的服务。通过这样的设计,标识系统才能在各个方面发挥出最大的效能,为游客带来更加便捷、高效的旅游体验。

3. 生态美学原则

生态美作为近年来崭露头角的美学观念,它以生态人文观为基石,蕴含着深刻的生态哲学内涵。它囊括了自然美的纯粹、生态关系和谐美的协调以及艺术与环境融合美的创新,与过分追求对称、规则的人工雕琢形成了鲜明对比,展现了更为真实、和谐的自然之美。

在乡村旅游标识设计中,应以自然生态规律和生态美学为指引,充分效法自然,尊重乡村旅游地独特的自然风貌,从而让标识系统不仅具备指引、宣传等功能,更能融入乡村的景观之中,成为其中的一部分,与乡村的自然环境和谐共生,共同展现乡村的生态之美。

4. 综合性原则

标识系统的规划设计是一项跨学科的综合性任务,它承载着向游客介绍乡村旅游地环境与文化传统的重要使命。为了确保游客能够全面而深刻地认识与感受乡村生活的魅力,需要汇聚生态、建筑、旅游、地理、艺术等多个领域的专业人士,共同开展合作。这些专业人员将各自发挥专长,形成合力,为标识系统的规划设计提供全方位的支持。

此外,在涉及地方民俗方面,还应积极征求当地居民的意见和建议。他们是乡村文化的传承者和守护者,对于乡村的历史、传统和习俗有着深刻的理解和感受。他们的参与不仅能够确保标识系统更加贴近乡村实际,还能增强当地居民对乡村旅游的认同感和归属感。

通过多学科合作与当地居民的共同参与,打造出一个科学而全面的标识系统。这个系统不仅能够准确传达乡村的环境与文化信息,还能为游客提供便捷的指引和服务,让他们在乡村旅游过程中获得更加丰富的体验。

(二)乡村旅游形象设计的作用

乡村旅游形象作为旅游目的地的灵魂,不仅是展现其独特魅力的关键,更是不同旅游区之间竞争的重要武器。实施形象战略能够显著提升旅游地的知名度,使其在激烈的市场竞争中脱颖而出。同时,通过精心打造乡村旅游的形象,能够更好地把握旅游产品开发及其市场发展的方向,为旅游消费者提供丰富多样的选择,并帮助他们做出明智的购买决策。此外,乡村旅游形象也为旅行社提供了组合和销售乡村旅游产品的有力基础,促进了旅游业的繁荣与发展。因此,应高度重视乡村旅游形象的塑造与推广,为乡村旅游的可持续发展注入强大动力。概括来说,乡村旅游形象设计的重要作用包括以下几方面。

1. 把握旅游产品开发及其市场发展的方向

乡村旅游地的形象定位实则是对其资源质量与潜力的精准描绘,更是对其产品开发前景的深远预示。它为旅游区的市场定位提供了不可或缺的参考依据。

在各级政府积极促进乡村旅游发展的热潮中,众多乡村旅游地如雨后春笋般纷纷崭露头角。然而,这也带来了一个不容忽视的问题:部分旅游地在产品开发上出现了惊人的相似性。当同类产品之间的竞争加剧,如何在市场的洪流中独树一帜,便成为乡村旅游地亟待解决的难题。

为了打破这一困境,差异化、特色鲜明的形象设计显得尤为关键。这不仅是乡村旅游地在市场中脱颖而出的关键,更是其持续展现独特魅力、形成竞争优势的必由之路。只有通过这样的设计,乡村旅游地才能在激烈的市场竞争中站稳脚跟,长久地绽放其独特的光彩。

2. 提供旅游者购买决策的信息

旅游者在做决策时,所考虑的远不止距离、时间和成本这些传统因素。事实上,旅游地的知名度、美誉度及其受到的认可度在很大程度上也会左右着旅游者的选择。当面对众多陌生的旅游地时,旅游者往往会感到无所适从,陷入选择的困境。而一个清晰、鲜明的旅游地形象就如同黑夜中的明灯,为旅游者照亮了前行的道路。它不仅能够提升旅游地的辨识度,使旅游产品以更加生动、直观的方式展现在旅游者面前,更能为旅游者提供坚实的决策依据,帮助他们做出更为明智的选择。

在我国,乡村旅游的发展历史相对较短,许多资源丰富、魅力非凡的乡村旅游地往往深藏于偏远的乡村之中,交通不便、信息传播滞后。这使许多乡村的美景和文化瑰宝并未为外界所熟知,旅游者难以对其形象形成准确的认知,进而影响了他们对乡村旅游产品的购买决策。

因此,乡村旅游地形象策划显得尤为重要。它如同一位高明的导游,为乡村旅游地绘制出一幅生动的画卷,让外界能够更好地了解其独特魅力。它不仅能够填补旅游地信息的空白,更能引导旅游者形成正确的认知,从而推动乡村旅游的健康发展,让更多的游客能够领略到乡村的美丽与魅力。

3. 为旅行社对乡村旅游产品组合和销售提供了基础条件

在旅游企业精心策划旅游线路和包装旅游产品的过程中,旅游地形象的塑造与推广无疑占据了至关重要的地位。尤其是旅行社,作为连接旅游者与旅游地的重要桥梁,在策划旅游线路时需深入洞察不同游客群体的需求与偏好。

无论是沉醉于田园风光的观光线路,还是深度体验民俗文化的特色行程,亦或是融合两者精髓的综合线路,它们的诞生都源于对乡村旅游地形象的深刻解读与精准把握。可以说,乡村旅游地形象不仅是旅行社策划线路的灵感源泉,也是其吸引游客、提升产品竞争力的关键所在。

因此,旅行社在策划旅游线路时,应深入挖掘乡村旅游地的形象资源,将这些独特的元素巧妙地融入线路设计之中。通过精心打造更加丰富、更具吸引力的旅游体验,让游客在旅途中不仅能够欣赏到美丽的自然风光,还能深入感受到乡村文化的独特魅力。

同时,旅行社还应积极推广乡村旅游地形象,通过各种渠道向游客传递乡村旅游的魅力与价值,让更多的人了解乡村旅游、爱上乡村旅游,为乡村旅游的持续发展注入源源不断的动力。

二、乡村旅游形象评价

（一）乡村旅游形象评价的步骤

1. 设立评估机构

乡村旅游形象绩效评估是一项涉及多个层面的复杂系统工程，为确保其能够有序、高效地推进，必须设立专门的执行机构来承担这一重任。这一执行机构的核心便是评估小组，其成员通常由旅游管理部门领导以及具备丰富经验和专业知识的专家代表共同组成。

评估小组在整个评估过程中扮演着至关重要的角色。他们不仅需要领导和组织评估工作的全面开展，还要负责协调各方资源，确保评估工作能够顺利进行。具体而言，评估小组的职责涵盖了多个方面：从制定评估工作计划、设定科学合理的指标体系，到预算经费、掌控进度，再到组织人员培训等，每一项工作都需要评估小组精心策划和组织实施。通过评估小组的努力，可以对乡村旅游形象绩效进行全面、客观、准确的评估。

2. 建立评估指标体系

评估小组应紧密结合乡村旅游目的地的独特特征以及旅游形象实施的具体进展，精心构建一套既客观又切实可行的指标体系。在制定评估指标的过程中，小组应始终遵循科学性和可操作性原则，确保评估工作能够全面、客观地反映乡村旅游形象设计的实施效果。这一指标体系的建立不仅有助于准确衡量乡村旅游形象的实际成效，还为优化形象设计、提升旅游吸引力提供了有力支持。

3. 资料收集与整理

乡村旅游形象绩效评估的准确性和有效性离不开对乡村旅游形象实施情况的深入调查研究。在这一过程中，资料的收集扮演着至关重要的角色，它是评估工作得以顺利开展的基础。资料的收集方式多种多样，包括访问式、问卷式以及查阅统计资料等，每种方式都有其独特的优势，能够从不同角度揭示乡村旅游形象的实施状况。

资料的整理同样不可或缺。通过对收集到的资料和数据进行科学的分类和统计,能够更加清晰地了解乡村旅游形象实施的具体情况,进而为评估工作提供有力支撑。在整理过程中,应确保采用科学的分类方法和统计方法,以确保计算结果的客观性和可靠性。

4. 评价与反馈

基于上述统计结果,将开展详尽的对比分析工作。对于首次评估,细致地对统计结果与历史数据进行对照,或者与其他地区的数据进行横向对比。若统计数据显示出优于前期数据或超越其他区域的态势,这将是旅游形象表现良好的有力证明。在这种情况下,应积极强化现有的旅游形象,以进一步巩固并提升其在市场中的竞争力。然而,若统计数据表现不佳,则说明旅游形象存在明显的不足。这时需要深入剖析存在的问题,并对现有的旅游形象进行必要的修正和完善。

评估工作完成后,将把发现的问题及相应的建议反馈给乡村旅游形象管理部门。这些反馈旨在帮助管理部门更加全面、准确地了解旅游形象的实际状况,从而有针对性地修改、调整旅游形象计划,使其更加符合市场需求和游客期望。通过这样的反馈机制,期望能够共同推动乡村旅游形象的持续优化,为游客提供更为优质的旅游体验。

(二)乡村旅游形象评价的内容

1. 旅游形象认知

旅游形象认知是对旅游形象本身的深入测评,旨在了解和研究相关旅游形象在旅游者和潜在旅游者中的接受度和喜好程度。这一测评过程对于形象设计者而言具有重要的指导意义,可以帮助他们精准地把握旅游形象在受众心中的实际影响,从而作出相应的修正和改进。在具体实施时,旅游形象认知的测评可以涵盖以下几个关键指标。

(1)产品特色

独特性是旅游形象焕发活力的关键所在,旅游地形象的塑造即使需要精心设计和追求,也务必要突显出与众不同的特色。尤其是在那些资源和市场具有相似性的旅游地,由于旅游产品之间的替代性较强,更应当竭尽全力展现出自己独有的魅力,避免与竞争对手陷入直接的竞争冲突。

（2）市场价值

市场价值是乡村旅游形象在宣传与推广之后所累积的市场效应,它直接反映了旅游形象设计在市场中的实际价值。在评估这一价值时,有几个核心的评价因子值得人们深入考量。

首先,市场需求是评估乡村旅游形象市场价值的关键所在。旅游形象的塑造必须紧密围绕市场需求,精准捕捉当前旅游市场的热点、主流趋势以及游客的偏好变化。这意味着在设计旅游形象时,需要深入分析市场动态,洞察游客的最新需求,确保旅游形象能够吸引目标市场的目光,引发其共鸣。

其次,游客心理是评估乡村旅游形象市场价值时不可忽视的因素。游客作为特殊的消费群体,其心理需求与普通商品消费者存在显著差异。因此,在塑造旅游形象时,必须深入探究游客的内心世界,了解他们的期望与诉求。通过设计富有内涵的旅游口号,传达出旅游的核心价值,如和平、友谊、交流、欢乐等,以触动游客的情感,激发他们的旅游欲望。

（3）吸引程度

旅游形象一经发布,其核心使命便是捕捉旅游者和潜在旅游者的目光。在这个信息爆炸的时代,一个成功的旅游形象必须独具魅力,方能在浩如烟海的信息中崭露头角,触动旅游者的心灵。从市场营销的视角出发,旅游口号不仅要成为吸引旅游者注意力的焦点,更要深入其内心,激发他们的旅游热情。因此,可以从以下几个关键评价因子来评估旅游形象的吸引力。

首先,信息传递的精准与高效至关重要。旅游形象所传递的信息应聚焦、明确,避免信息的冗杂与重复。它是对旅游地特色的精准提炼,而非信息的简单堆砌。依据认知心理学的原理,简洁、明确的信息更易于被接收与记忆,从而更有效地触达目标受众。

其次,关注程度是衡量旅游形象吸引力的重要指标。这涉及旅游形象信息内容及其表达方式的综合考量。一个出色的旅游形象不仅要能传递核心信息,还需通过独特、新颖的表达方式吸引旅游者的关注,使其在众多的旅游形象中脱颖而出。

最后,激发效应是评估旅游形象吸引力的关键一环。旅游形象应具备激发旅游者旅游欲望的强大能力。一个能够深刻触动旅游者内心、激发其强烈旅游意愿的旅游形象,将大大增加他们前往目的地的可能性,从而彰显其独特的吸引力与价值。

（4）整体效应

旅游地形象应当是一个主题鲜明、完整统一的整体，而非零碎元素的简单堆砌，不能仅仅依靠分析出若干个地方特色，然后将它们随意拼凑成旅游形象。这样的做法不仅无法形成旅游地的总体形象，而且传达出的形象也将是杂乱无章、缺乏内在一致性的。因此，在塑造旅游地形象时，必须注重形象的完整性和统一性，确保各个元素之间能够相互协调、相互支撑，共同构成一个鲜明、有力的旅游地形象。

2. 旅游形象传播

对旅游形象在各类媒体中的曝光频次以及游客对其接触程度的评估，是衡量旅游形象使用力度的一个重要指标。这一测评能够直观反映旅游形象在市场上的活跃度和影响力，从而为评估旅游形象的市场效果提供有力依据。

（1）媒体传播

旅游形象在各类传播媒体上出现的频次，直接反映了其在媒体传播中的力度。为了全面评估这一力度，可以考虑以下几个关键评价因子。

第一，旅行社传播。通过对客源地部分旅行社进行抽样调查，可以统计出他们出售的旅游产品中对目的地的宣传频次。这一数据能够直接反映旅行社在推广旅游形象方面的积极性与力度。

第二，网络传播。网络作为现代信息传播的重要渠道，其传播范围和影响力不容忽视。可以通过对重要旅游门户网站、网络搜索引擎等网络媒体进行评测，分析以目的地旅游形象为关键词的宣传量和传播范围，从而了解旅游形象在网络媒体中的传播效果。

第三，报刊宣传。报纸杂志等传统媒体在传播旅游形象方面同样发挥着重要作用。可以通过对主要报纸杂志等媒体进行评测，分析以目的地旅游形象为关键词的宣传量和推荐力度，从而评估旅游形象在传统媒体中的传播效果。

（2）游客感知

旅游形象传播后，对其被旅游者感知的效果进行评测显得尤为重要，这直接映射出旅游者对旅游形象宣传的实际感知深度和广度。为了精准捕捉这一关键数据，可以采用集中性问卷调查或抽样调查等科学方法，以便更加贴近旅游者的真实心声，深入了解他们对旅游形象的感受和评价。通过这些方式,能够更准确地把握旅游市场的脉搏,为后续的旅游形象优化和市场推广提供有力支持。

3. 旅游形象市场反应

旅游形象的市场反应不仅直观展现了乡村旅游形象设计的价值,更是旅游形象战略所追求的终极目标。为了精准测量这一反应,可以从市场总量和市场份额两个维度进行深入观察和分析。

首先,市场总量是评估旅游形象设计对旅游市场整体销售增长贡献的关键指标。通过细致观察国内游客总量及其增长率、海外(入境)游客总量及其增长率、国内旅游收入及其增长率以及国际旅游收入及其增长率四个核心评价因子,能够全面把握市场总量的动态变化,从而准确评估旅游形象设计的市场影响力。

其次,市场份额的增长是衡量乡村旅游形象设计在提升区域旅游业竞争力方面实际贡献的重要指标。通过对比分析不同区域旅游市场销售量在更大范围内的占比变动情况,能够更加清晰地看到旅游形象设计对推动区域旅游业发展的积极作用。通过持续监测市场份额的变化,可以更加直观地评估旅游形象设计的效果,进而优化策略,推动区域旅游业的持续、健康发展。

4. 旅游形象管理

乡村旅游部门对旅游形象的管理力度是乡村旅游形象动态呈现中的关键一环,对于塑造和维护乡村旅游形象具有举足轻重的作用。

(1)形象使用

该指标的主要目的是对设计出的旅游形象在多个维度的应用情况进行全面细致的评估。

首先,商标功能是一个不可忽视的方面。这是旅游形象作为商标在实际应用中的表现。当旅游形象标识被用作商标,并应用于具有区域特色的旅游产品时,其效果尤为显著。它不仅能够凸显产品的地域特色,为产品增添附加值,而且随着产品的流通和销售,能够进一步加大旅游形象的宣传力度,提升其在市场上的知名度和影响力。

其次,商品功能是一个重要的评定因子。这涉及以旅游形象为核心进行商品设计、生产及销售的整体情况。在商品设计过程中,需要深入挖掘地方文化的精髓,确保商品既能够体现地方特色,又能够通过销售等渠道,有效地提升乡村区域旅游的整体影响力和竞争力。

最后,衍生功能同样值得关注。这指的是旅游形象在除商标和产品本身以外的多种场合的应用。例如,在旅游宣传册的设计、工作人员名片的制作、各类标识的设立、网站识别系统的构建以及旅游景观的建设等方面,旅游形象都可以发挥积极的宣传和推广作用。通过在这些场合的应用,可以进一步提升旅游形象的宣传效果,增强其在公众心中的认知度和好感度。

（2）形象发展

旅游形象是一个动态演化的过程,需要随着市场环境的变迁而不断调整和优化。形象的不断发展和完善是提升旅游形象绩效的关键保障之一。这一指标可以通过评估旅游形象发展的资金保障情况来测量,即观察管理部门在旅游宣传方面的资金投入及其效果,从而确保旅游形象能够与时俱进,持续吸引游客的关注和喜爱。

（3）形象保护

形象保护是指对旅游形象设计成果所采取的保护措施的力度。实施有效的形象保护不仅能够确保旅游形象的独特性和完整性,更能进一步提升其绩效。对旅游形象进行商标注册便是其中一种重要手段,它能有效防止其他区域对旅游形象的仿制或滥用,从而维护其独特的地方特性,确保旅游形象在市场上的独特性和竞争力。

第三节　乡村旅游形象的传播与品牌建设

一、乡村旅游形象的传播

（一）乡村旅游形象传播的特征

概括来说,乡村旅游形象传播的特征主要包括以下几个。

1. 互动性

近年来,随着旅游业的蓬勃发展和竞争的日益加剧,旅游信息的传播者与受众之间的沟通与交流日益频繁。在实际的传播过程中,传播者与受众之间的互动性变得愈发重要,双方角色时常互换。在反馈环节中,传播者可能转变为受众,而受众也可能转变为传播者。简而言之,传播者既是信息传播单向流动的两端,又是双向沟通的起点和终点。这种双向流动的过程充分展现了传播活动的互动性和动态性,传播者与受众在互动中实现了有效的沟通、交流和信息共享。若失去这种互动性,传播的意义便不复存在。

2. 目的性

在人类进行传播活动之前,往往会精心策划并制订活动计划,乡村旅游形象的传播亦是如此,它具备清晰的方向和明确的目标。以某地在电视台播放的地方旅游宣传口号为例,通过设计响亮且吸引人的口号,旨在向广大受众传达该地的独特旅游形象,从而达到预期的宣传效果,并吸引更多的游客前来观光游览。这种传播方式不仅展示了乡村旅游的魅力和特色,也为当地旅游业的发展注入了新的活力。

3. 体验性

"体验"是旅游传播的核心特征。旅游的本质即在于直接体验,没有这种亲身体验,旅游便失去了其存在的意义。相较于大众传播媒介如报纸、广播、杂志、影视等所传递的信息,它们虽能传递知识,却无法带来真实的感受。而旅游却能让人身临其境,直接体验目的地的风土人情,这种体验是真实且深刻的。

深层次的沟通和理解并非仅仅依赖于文字、图像或声音资料,尽管这些固然能为人们提供一定的信息,但真正的理解必须源于亲身实践。人们需要用脚步去丈量、用目光去探寻、用耳朵去聆听,乃至整个身心投入其中,才能收获显著的效果。这种全身心的投入正是旅游体验所带来的独特价值,它让人们能够更深入地了解一个地方,更真切地感受其魅力。

(二)乡村旅游形象传播的主要策略

1. 乡村旅游符号传播

乡村旅游的核心理念需借助特定的符号来传达,而旅游形象同样需要借助符号来展现。为此,需精心设计出新颖、独特的旅游形象标志,确保旅游特色在图案上得以鲜明、简洁地呈现。旅游标志的设计应紧密围绕主题形象策划方案,通过形象化的提炼与创意,使标志既富有艺术性,又能准确传达乡村旅游的独特魅力。

2. 口碑传播

在当下的社会化媒体时代,口碑营销的传播力量愈发凸显。如今,人们在选择餐厅或规划出行时,往往习惯于参考网友的推荐和评价。社交媒体作为人际传播的重要平台,为口碑传播提供了极为便利的渠道。因此,乡村旅游形象传播也应积极借助社会化媒体的力量提升影响力。

在利用社会化媒体进行乡村旅游形象传播的过程中,必须高度重视意见领袖的作用。这些意见领袖在社交媒体上拥有大量粉丝,他们的言论和推荐往往能够引发广泛关注。通过与意见领袖合作,可以将乡村旅游的魅力和特色更广泛地传播给目标受众。

此外,积极主动地建立自媒体平台也是至关重要的。通过自媒体,可以更加灵活地展示乡村旅游的多个方面,发布最新活动信息,与受众进行互动和交流。这不仅有利于引导舆论,提升乡村旅游的知名度,还能为受众提供一个分享旅行体验、交流意见的平台。

同时,必须时刻关注旅游者的信息反馈和建议。通过收集和分析这些数据,可以及时了解游客的需求和期望,从而有针对性地改进服务和设施。这不仅能够提升游客的满意度,还能为乡村旅游形象的塑造和传播提供有力支持。

3. 节事活动

旅游城市的节事传播无疑是一种高效吸引公众关注、提升旅游目的地知名度的传播策略。大型节事活动,如国际会议、展览会、重要体育赛事以及各类旅游节事等,其强大的号召力和影响力能够在短时间内引发广泛关注,从而使事件发生地的口碑实现"爆发性"提升。这些节事活动不仅为城市带来了大量的人流和物流,更通过媒体的广泛报道和社交网络的迅速传播,将城市的魅力与特色展现给全球观众。在这个过程中,城市的形象得到塑造和强化,其旅游吸引力也得以大幅提升。

此外,节事活动还为城市带来了丰富的经济收益和文化交流机会。通过举办这些活动,城市不仅能够吸引更多的游客和投资,还能够促进不同文化之间的交流与融合,进一步提升城市的国际影响力和竞争力。

4. 整合营销传播

单一的传播方式往往难以形成理想的传播效果。在乡村旅游形象传播的过程中,需要认识到各种传播方式的优劣,并充分利用它们的互补性。以电视、广播、报纸、杂志为代表的大众传播媒体,由于其长期的品牌认知和权威性,为受众塑造了可信的传播者形象。在乡村旅游形象传播中,这些传统媒体仍然发挥着重要作用。它们可以通过深入报道、专题策划等方式,全方位、多角度地展示乡村旅游的独特魅力和价值,帮助受众形成对乡村旅游目的地的全面认知。然而,随着网络的普及和发展,传统媒体的传播形式和覆盖面受到了一定冲击。网络媒体的传播速度快、互动性强、覆盖面广,使信息传播更加便捷和高效。因此,乡村旅游目的地应该积极利用社会化媒体,形成乡村旅游目的地、传统媒体和旅游者三者互动的平台。

通过社会化媒体,乡村旅游目的地可以发布最新的旅游信息、活动动态,与旅游者进行实时互动,了解他们的需求和反馈。同时,也可以利用传统媒体进行深度报道和解读,提高信息的可信度和影响力。这种整合营销传播的方式不仅可以提升乡村旅游形象的传播效果,还能够增强与旅游者之间的互动和联系,为乡村旅游的持续发展奠定坚实基础。

二、乡村旅游品牌建设

(一)乡村旅游品牌符号设计

旅游品牌符号的设计是品牌识别系统的具象化表达。一个优秀的旅游品牌符号能够将旅游产品信息和品牌形象精准地传递给旅游消费者,深入其内心,从而产生难以估量的影响力。

1. 旅游企业品牌的命名

乡村旅游起步的关键在于确立一个能够精准传达品牌发展方向和价值内涵的名称。这一名称应当与品牌实质相符，能够准确反映乡村旅游的核心理念、经营范畴以及质量水准。如同宁夏的"西部影视城"，不仅揭示了其作为西部影视拍摄基地的身份，也凸显了其作为旅游胜地的特色，实现了名称与实质的高度统一。

此外，名称应简洁易记，便于传播。复杂的名称往往不利于记忆，而简洁明了的名称则更容易深入人心。例如，贵州的"山水旅行社"这一名称既体现了旅游行业的自然特色，又易于记忆，还巧妙地传达了企业的经营理念。

独特性是乡村旅游名称的重要考量因素。避免与其他企业或产品的名称雷同，有助于形成独特的品牌识别度，如深圳的"世界之窗"、北京的"世界公园"等，虽然主题相似，但各有特色，避免了名称的雷同，增强了品牌的识别力。

另外，名称应寓意深远，能够体现旅游企业或产品的理念和品质。例如上海的"新大陆旅行社"，其名称不仅寓意着新的起点和新的征程，也体现了企业不断创新、追求卓越的精神；南京的"状元楼酒店"的名称引发了人们对美好未来的联想，增强了品牌的吸引力。

2. 旅游品牌标志的设计

品牌标志作为塑造品牌认知、引发品牌联想、培养旅游消费者品牌偏好的重要因素，对于展现品牌品质及提升顾客忠诚度具有举足轻重的影响。在设计过程中，选择恰当的表现元素并融入新颖创意与独特风格至关重要。文字和名称的巧妙转化、图案的深刻象征寓意都是打造文字型、图案型以及文图结合型等多样化设计标志的有效方法。

乡村旅游品牌标志的设计既要凸显旅游行业的鲜明特色，又要深刻体现乡村旅游的核心理念。图案与色彩作为标志设计的两大关键元素，必须承载特定的含义与代表性，生动展现乡村旅游的独特魅力，使观者能够直观感受到其深厚的文化内涵。

成功的品牌标志应当具备鲜明、简洁且富有个性的特质。它应匠心独运，易于辨识与记忆，能够激发人们的丰富联想。同时，品牌标志还应兼具美学价值，无论是造型的优雅还是幽默感的融入，都应能够产生强烈的视觉冲击力。

在各类宣传促销物品中,统一使用经过精心设计和规范使用的标志字,有助于增强旅游品牌的识别度和传播力。标志字的设计同样需要注重创意与视觉效果的提升。

色彩在品牌标志设计中同样占据重要地位。恰到好处的色彩搭配能够唤起人们的精神愉悦感,使品牌形象更加深入人心。因此,应精心选择能够体现乡村旅游个性和形象的标准色,并确保这些色彩在乡村旅游的各个环节中得到广泛应用,从而塑造出独特且一致的品牌形象。

3. 旅游品牌标识语创意

在构建乡村旅游品牌识别系统的过程中,标识语的创意同样扮演着举足轻重的角色。一个精心设计的品牌标识语不仅能够凸显品牌的识别功能,更能为品牌增添丰富的内涵与联想,使品牌名称和标志所蕴含的意义得到进一步强化。

一个独特且引人注目的标识语无疑是乡村旅游品牌的一张独特名片。它能够有效区分不同品牌,提升品牌的辨识度,使消费者在众多乡村旅游产品中迅速识别并记住我们的品牌。同时,这样的标识语也更易于传播和记忆,对于推动销售、扩大品牌影响力具有积极的促进作用。

(二)乡村旅游品牌建设的策略

1. 以特色旅游吸引物凸显差异化

乡村旅游品牌实质上是其独特魅力与优势旅游资源的精彩集结。为了吸引并深深打动游客的心,乡村旅游吸引物的打造必须独具魅力,紧密贴合游客的期待与需求。只有展现出别具一格的特色,并让游客深刻感知、体验这种特色,乡村旅游才能在品牌建设的道路上稳步前行,取得长足的成功。

2. 优质设施与特色服务

旅游设施是支撑旅游活动顺利进行的重要基石,涵盖了为游客提供的各类服务设施。这些设施不仅为旅游活动提供了必要的物质基础,更是确保游客能够安心、顺畅地享受旅游过程的重要保障。对于乡村旅游而言,高质量、高水平的服务设施更是塑造其独特品牌的关键所在。

优质的乡村旅游服务设施并非追求奢华与豪华,而是应充分展现各村镇独特的民族风情和民俗文化。同时,也要充分考虑现代游客的实际需求,在构建具有地方传统特色的服务设施时,努力满足游客的生活习惯,确保他们在享受旅游的同时,也能感受到家的舒适与温馨。

除了硬件设施外,乡村旅游地提供的服务同样是品牌建设不可或缺的一环。游客在与服务人员的互动中,形成了对目的地的直观印象和认知。因此,拥有一支具备专业水准和敬业精神的乡村旅游服务队伍至关重要。他们能够为游客提供真诚、专业和贴心的服务,让游客在旅途中感受到家的温暖与关怀。

为了提升服务人员的专业技能和服务水平,应结合当地的特点和游客的需求,开展有针对性的培训和教育。通过不断提高服务人员的素质和能力,让游客在乡村旅游中享受到更加优质、舒适的服务体验,从而留下深刻而美好的印象。

3. 规范经营者和本地居民的行为

在乡村旅游业蓬勃发展的今天,农户、协会、园区、企业等多元经营者发挥着至关重要的作用。他们不仅是推动旅游活动蓬勃发展的中坚力量,也为游客营造舒适宜人的旅游环境,提供丰富多样的商品和细致周到的服务,更是游客直接感知旅游价值的重要桥梁。经营者的每一次服务、每一个细节都深刻影响着游客对乡村旅游产品和服务的体验与感知,牵动着游客的情感与利益。

因此,各经营者应肩负起高度的责任感和使命感,积极创新旅游服务方式,不断提升服务质量和接待水平,确保游客在乡村旅游中收获满满的幸福感和满足感。同时,在推进乡村旅游品牌建设的过程中,还需加强对本地居民的品牌教育和培训,使他们深刻理解和认同品牌内涵与价值,能够准确、生动地传达本地乡村旅游的特色与魅力。这样在与游客的沟通交流中,本地居民就能更好地展示乡村旅游的独特魅力,让游客深刻感受到乡村旅游的无限魅力和潜在价值。

第七章

乡村旅游与市场营销

随着乡村振兴战略的深入实施,乡村旅游作为新兴产业逐渐崭露头角,成为推动乡村经济发展、提升乡村文化软实力的重要途径。在这一背景下,乡村旅游市场营销显得尤为重要。本章将围绕乡村旅游市场营销展开深入探讨,旨在为乡村旅游从业者提供有效的市场营销策略,推动乡村旅游产业的健康、可持续发展。

第一节 乡村旅游市场分析

一、乡村旅游市场环境分析

乡村旅游的经营活动总是在特定的外部与内部环境的交织影响下展开的。这两种环境以不同的方式共同作用于乡村旅游活动,对其施加着一定的制约与影响。一般而言,外部环境作为既成的事实,往往难以直接改变,因此需要积极地去适应并灵活应对;而内部环境则具有更大的可塑性,对其进行调整与优化有助于更好地适应乡村旅游发展的需要。

（一）外部环境

可以从政治环境、经济环境、社会文化环境、人口地理环境，以及技术环境五个方面对乡村旅游市场的外部环境进行分析。

1. 政治环境

乡村旅游的开办与经营深受其所在地旅游政策及相关法规的深刻影响，同时，主要客源地的政治稳定程度和相关政策也是不可忽视的因素。这些因素共同构成了乡村旅游发展的外部环境，对乡村旅游的开办与运营产生着至关重要的影响。因此，乡村旅游的经营者必须密切关注当地的旅游政策走向，深入了解并遵守相关的法律法规，如《环境保护法》《保险法》《旅游法》《广告法》等。只有充分了解并遵循这些政策与法规，乡村旅游的经营者才能确保业务的合规性，降低经营风险，为乡村旅游的健康、持续发展奠定坚实的基础。

2. 经济环境

经济环境是乡村旅游发展的重要驱动力，其内涵丰富而深远，涵盖了经济增长速度、人均 GDP、物价指数、就业状况以及居民收入等多个维度。我国经济的整体发展态势无疑对乡村旅游的繁荣起到了决定性的推动作用。尤其是当人均 GDP 攀升至某一临界点时，人们的出游欲望会显著上升，旅游活动愈发频繁，乡村旅游更是成为众多游客的理想选择。

随着城镇化、工业化的步伐不断加快，我国人均 GDP 实现了跨越式增长，这一变化不仅提升了人们的物质生活水平，更深刻地改变了他们的消费观念和行为模式。这种转变为乡村旅游的发展带来了前所未有的机遇。乡村旅游这一以自然风光、人文风情为特色的旅游形式，逐渐受到了越来越多游客的青睐，迎来了其蓬勃发展的黄金时期。然而，机遇与挑战并存。乡村旅游的开办与经营者在欣喜于经济大环境带来的红利的同时，也不能忽视对具体经济指标的深入分析。人均国内生产总值（人均 GDP）固然重要，但个人可自由支配的收入情况、客源地的消费水平和消费结构等因素同样不可忽视。这些细致入微的数据不仅关系到乡村旅游的服务质量，更直接影响到产品种类的选择和定价策略的制定。

3. 社会文化环境

社会文化环境是一个多维度的复杂系统,涵盖了语言、价值观、生活方式、风俗习惯和宗教信仰等多个方面。这些因素在乡村旅游中扮演着至关重要的角色。

语言是文化交流的桥梁,对乡村旅游而言具有不可忽视的影响。我国作为一个多民族、多语言、多文种的国家,语言的多样性为乡村旅游带来了独特的魅力。为了吸引不同民族的游客,乡村旅游的经营者需要掌握并熟练运用多种语言,以便更好地与游客沟通,提供贴心的服务。

除了语言之外,各地的价值观、生活方式和风俗习惯也是影响游客选择乡村旅游的重要因素。不同的文化背景和生活方式会吸引不同类型的游客,因此乡村旅游的经营者需要对这些方面进行深入的研究,以便根据市场需求制定合适的经营策略。

为了提升乡村旅游的吸引力和竞争力,经营者需要充分了解并尊重当地的文化特色,将这些元素融入旅游产品和服务中。同时,他们还需要关注游客的文化需求,提供符合其价值观和生活方式的旅游体验。

4. 人口地理环境

人口地理环境是乡村旅游发展的重要考量因素,它涵盖了客源地的人口数量、结构、密度与城市化程度,以及地理位置和地形等多个方面。不同年龄段的游客对乡村旅游的喜好和需求存在差异,因此了解并满足不同年龄层的游客需求对乡村旅游的发展至关重要。

临近人口密度较大的城市,乡村旅游往往能够获得更为丰富的客源,这为乡村旅游的发展提供了强有力的依托。同时,位于交通要道或著名景区附近的乡村,也更容易吸引游客的目光,从而有利于乡村旅游的快速发展。对于那些在人口地理环境方面没有明显优势的乡村地区,可以积极提升乡村旅游的品质和服务水平,打造独特的乡村旅游品牌,吸引更多游客前来体验。例如,可以深入挖掘当地的自然和文化资源,设计独具特色的旅游产品;加强旅游基础设施建设,提升游客的旅游体验;加大宣传推广力度,提高乡村旅游的知名度和影响力。

5. 技术环境

在当今时代,科学技术的迅猛发展对乡村旅游产生了日益显著的影响。特别是互联网的普及,已经渗透到人们生活的方方面面,给乡村旅游的发展带来了深刻变革。例如,网络的出现极大地改变了传统的宣传方式,为乡村旅游的推广提供了更加广阔和高效的平台。同时,随着航空技术的进步和飞机票价的降低,远方的游客能够更加便捷地抵达乡村旅游目的地,进一步扩大了乡村旅游的客源市场。

因此,乡村旅游经营者必须紧跟时代步伐,密切关注科技发展的最新动态,注重技术的更新与应用。通过利用互联网、大数据、人工智能等先进技术,提升乡村旅游的宣传效果和服务水平,为游客提供更加便捷、智能和个性化的旅游体验。

(二)内部环境

内部环境作为乡村旅游企业发展的基石,其重要性不言而喻。它涵盖了企业内部的软件与硬件实力,从人力资源的优化配置到设备设施的完善程度,再到旅游资源的丰富性与农事参与项目的吸引力,每一个环节都至关重要。古语有云:"工欲善其事,必先利其器。"这句话恰恰道出了内部环境优化的真谛。乡村旅游经营者要想在竞争激烈的市场中崭露头角,就必须在现有条件下,深入挖掘并整合内部环境资源,形成独具特色的品牌魅力和核心竞争力。

在乡村旅游的经营过程中,市场环境同样不容忽视。供应商、旅游中介、游客以及竞争者等要素共同构成了市场环境的复杂网络,他们相互交织,共同影响着乡村旅游企业的盈利能力和未来发展。因此,乡村旅游经营者必须时刻保持敏锐的市场洞察力,紧密关注市场动态,灵活应对各种挑战和机遇。通过与供应商建立良好的合作关系,确保旅游资源的稳定供应;通过优化旅游中介的推广渠道,扩大乡村旅游的市场影响力;通过深入了解游客需求,提供个性化的旅游体验;同时,也要密切关注竞争者的动态,不断调整和优化自身的经营策略。

1. 供应商

供应商是为乡村旅游企业提供原材料、设备、能源、劳务和资金等关键资源的企业和个人。他们所提供的物资和服务的质量、价格以及供货的及时性都对乡村旅游企业的价格策略和服务质量产生直接影响。

对于规模较小的乡村旅游经营者来说，为了降低成本、提高采购效率并确保供应的稳定性，可以考虑采取联合采购的方式，通过团购的形式获取更优惠的价格和更可靠的服务。这不仅能够提升企业的竞争力，还能够确保乡村旅游服务的质量不受影响。

对于规模较大的乡村旅游经营者，可以通过招标的方式，在更广泛的范围内选择有信誉、有实力的供应商进行合作。通过招标，可以更加公平、透明地选择供应商，确保采购过程的规范性和公正性，同时也能够获得更优质的供应资源，为乡村旅游企业的持续发展提供有力保障。

2. 旅游中介

旅游中介在乡村旅游产业链中扮演着举足轻重的角色，他们主要由旅游批发商、旅行社以及广告服务机构等组成，这些企业或个人专注于协助乡村旅游企业寻找游客或直接与游客进行交易。他们的存在对乡村旅游经营者和游客都产生着深远的影响。

对于乡村旅游经营者而言，旅游中介是他们获取客源、推广产品的重要渠道。通过与旅游中介合作，乡村旅游企业能够更精准地触达目标游客群体，提升品牌知名度，扩大市场份额。同时，旅游中介的专业服务和丰富经验也能够为乡村旅游企业提供有价值的市场信息和经营建议，帮助他们更好地适应市场变化，提升经营效益。

对于游客而言，旅游中介是他们了解乡村旅游产品、规划旅游行程的重要途径。通过旅游中介，游客能够更便捷地获取乡村旅游的相关信息，比较不同产品的优劣，选择适合自己的旅游线路和服务。此外，旅游中介还能够为游客提供个性化的旅游定制服务，满足他们多样化的旅游需求，提升旅游体验。

3. 游客

游客的特性、消费结构、偏好会随时间的变化趋势对乡村旅游的开办和经营产生深远影响。乡村旅游经营者需采用科学、高效的市场调研方法，精准把握这些关键数据。通过深入了解游客的需求和喜好，能够为他们提供最适宜、最吸引人的产品和服务，从而确保乡村旅游的成功经营和持续发展。市场调研不仅是获取信息的手段，更是提升乡村旅游竞争力的关键途径。

4. 竞争者

在市场竞争激烈的当下,乡村旅游领域同样面临着众多竞争者的挑战,如周边景区的竞争以及其他乡村旅游经营者的竞争等。这些竞争者在产品、价格、渠道和促销等方面所采取的策略都会对乡村旅游的经营产生显著影响。

为了应对这些竞争压力,乡村旅游经营者需要时刻关注市场动态,与竞争对手进行比较分析,深入了解彼此的优势与劣势。在此基础上,采取有效的措施进行改进和完善,以提升自身的竞争力和市场占有率。

具体而言,乡村旅游经营者可以通过优化产品设计、提升服务质量、降低运营成本、拓展销售渠道等方式来增强竞争力。同时,也要注重品牌建设和口碑管理,提升游客的满意度和忠诚度,从而在激烈的市场竞争中脱颖而出。

二、乡村旅游市场细分

(一)乡村旅游市场细分的原则

1. 可进入原则

可进入原则指的是乡村旅游产品和服务能够成功渗透到特定的细分市场,并在其中获得一定的市场份额。以外国乡村旅游者市场为例,尽管他们拥有较高的消费能力且对乡村旅游充满兴趣,但由于现阶段中国乡村旅游企业在资源、服务、宣传等方面的客观条件限制,暂时还未能充分满足这一市场的需求,进而限制了其进入该市场的能力。为了在未来的发展中更好地拓展这一市场,乡村旅游企业需要不断提升自身实力,优化产品和服务,以更好地满足外国游客的需求,从而在激烈的市场竞争中占据一席之地。

2. 可衡量原则

当对市场进行划分时,每个市场的规模和购买力大小都应能够被定量测定,同时应具备明确的界限,这样才能有效地针对不同细分市场制定恰当的营销组合策略。以老年人乡村旅游市场为例,需要明确老年人的界定标准,掌握老年人群体的数量规模,并深入了解他们的旅游特点和需求。通过对这些关键信息的把握,可以更精准地定位市场,为老年人乡村旅游市场制定更具针对性的营销策略,从而满足他们的旅游需求,提升市场竞争力。

3. 可盈利原则

在划分市场时,应确保所划分的市场具备一定的规模和消费能力。尽管乡村旅游市场细分可能会导致整体市场呈现小型化的趋势,但仍需保持一定的规模经济效益。这样乡村旅游企业才能在各个细分市场中实现盈利,并推动整个行业的持续发展。

4. 差异性原则

不同的细分市场中的乡村旅游者对同一种宣传方式的反应会有所区别。如果所有细分市场的乡村旅游者对宣传方式的反应都相同,那么进行市场细分就失去了其意义。因此,有效的市场细分应当能够揭示出不同细分市场中的乡村旅游者在宣传方式接受度上的差异,从而帮助经营者更精准地制定营销策略。

5. 稳定性原则

市场细分是一项既复杂又细致的工作,因此其变化不应过于迅速,而应保持相对的稳定性。频繁而快速的变化可能会导致营销宣传活动的连贯性受损,使前后活动之间出现脱节,甚至让经营者陷入被动的局面。为了确保市场细分的有效性,需要保持其稳定性,以便为营销宣传活动提供持续而稳定的指导。

需要注意的是,尽管市场细分对乡村旅游企业的营销活动具有重要的促进作用,但也存在一些不可忽视的缺点。例如,市场细分的实施成本可能较高,细分标准的选择也常常面临困难,同时确定细分市场的大小也是一个挑战。如果细分市场划分过细,导致市场规模过小,难以形成有效的营销策略;如果划分较为宽泛,又难以制定针对性的措施,影响营销效果。因此,在进行市场细分时,必须针对这些问题,力求减小其带来的负面影响,确保市场细分策略的有效实施。

（二）乡村旅游市场细分的步骤

乡村旅游市场细分的过程是一个系统且精细化的工作。首先，需要明确细分的标准或依据，这将成为分割市场和分析市场的基石。其次，基于这些标准，将市场进行切分，并对每一个分割后的市场进行深入剖析。最后，根据分析结果，确定目标市场。

为了更加精确地进行市场细分，可以借鉴麦卡锡提出的细分市场步骤。

第一，需要确定乡村旅游产品的市场范围，明确产品将服务于哪些地区和类型的游客。

第二，列举出潜在游客的基本需求，这些需求将是产品和服务设计的重要依据。

第三，需要深入了解潜在游客的不同需求。这些需求可能涉及旅游体验、服务质量、价格敏感度等多个方面。通过问卷调查、访谈等方式，可以收集到更多关于游客需求的信息。

第四，需要排除那些潜在游客的共同需求，这些需求通常是市场中的普遍需求，不具备细分价值。通过这一步，可以更加聚焦于那些能够区分不同游客群体的特殊需求。

第五，根据游客的不同需求，可以划分出相应的游客群。这些游客群可以基于年龄、性别、职业、兴趣爱好等多种因素进行划分。

第六，需要深入分析每个乡村旅游细分市场的需求与购买行为特点，并探究其背后的原因。这将有助于理解不同游客群的需求差异，以及他们在选择旅游产品时的决策过程。基于这些分析，可以决定是否需要对相关乡村旅游细分市场进行合并，或者进行进一步的市场细分，以便更好地满足游客的需求并实现市场扩张。

三、乡村旅游客源市场定位

（一）乡村旅游客源市场定位的步骤

在明确了目标市场之后，乡村旅游的经营者需进一步细化工作，展开精准的市场定位。这一环节对乡村旅游企业的成功至关重要，它涉及对目标市场中的竞争对手以及企业自身状况的深入剖析,以便为自身的旅游产品和服务创造有利条件,塑造出独特的市场形象,并在目标旅游者心中激发特定的偏好。

为了实现精准的市场定位,乡村旅游企业首先需要对自身的服务设施、环境、项目及其人员配备进行全面而细致的考察。这包括评估企业的硬件条件,如设施设备的完善程度、环境的舒适度和美观度,以及项目的丰富性和吸引力。同时,还要关注企业的软件条件,如员工的素质和服务水平以及企业的管理和运营能力。

在了解自身状况的基础上,乡村旅游企业还需要对竞争对手进行深入分析。这包括了解竞争对手的旅游产品、服务特点、市场定位以及营销策略等,以便找出与竞争对手的差异之处,并确定自身的竞争优势。

其次,乡村旅游企业需要从这些差异中筛选出具有重要性、独特性、优越性以及盈利潜力的元素。这些元素将成为企业市场定位的核心内容,需要在后续的营销活动中进行重点宣传和推广。

在确定了市场定位的核心元素后,乡村旅游企业还需要制定有效的传播策略,将这些定位信息有效地传达给目标顾客。这可以通过多种渠道实现,如广告宣传、口碑传播、网络营销等。通过不断地与目标顾客进行沟通和互动,乡村旅游企业可以逐步树立起独特的竞争优势,并在目标市场中占据有利地位。

通过这一系列精准的市场定位工作,乡村旅游企业不仅能够更准确地把握市场需求,提升竞争力,还能够实现可持续发展。在未来的经营过程中,企业可以根据市场定位的要求,不断优化产品和服务,提升顾客的满意度和忠诚度,进而实现经营效益和社会效益的双赢。

(二)乡村旅游客源市场定位的方法

1. 产品使用者定位法

乡村旅游企业主要聚焦于某些特定的顾客群体,针对这些群体进行精准的产品与服务促销。这种策略会在目标顾客心中塑造出产品的专属性特点,从而激发他们的消费欲望。通过深入了解这些顾客的需求和偏好,乡村旅游企业能够更有针对性地设计产品和服务,满足他们的期望。同时,通过有效的促销手段,企业能够向目标顾客传递产品的独特价值和优势,进一步加深他们在消费者心目中的专属印象。这样不仅能提升顾客对乡村旅游产品和服务的认同感,还有助于增加企业的市场份额和盈利能力。

2. 特色定位法

乡村旅游企业致力于在农事参与项目、民俗文化活动以及地域历史文化等多个方面构建浓郁的乡土特色,以吸引并满足目标游客的独特需求。

在农事参与项目方面,乡村旅游企业精心设计了一系列让游客亲身体验农事活动的项目,如耕种、收割、养殖等。通过这些活动,游客可以深入了解农业生产的各个环节,感受乡土生活的真实与美好。

在民俗文化活动方面,企业应充分挖掘当地的民俗文化资源,组织举办各类民俗节庆活动,如庙会、戏曲表演、手工艺制作等。这些活动不仅展示了乡村的传统文化魅力,也为游客提供了丰富多彩的文化体验。

此外,乡村旅游企业还应深入挖掘地域历史文化,将当地的历史遗迹、传说故事等融入旅游产品中。通过讲解、展示和互动体验等方式,让游客在游览过程中深入了解当地的历史文化底蕴,增强对乡土文化的认同感和归属感。

通过以上措施,乡村旅游企业成功打造出了具有浓郁乡土特色的旅游产品,吸引了大量对乡村文化感兴趣的游客前来体验。这不仅提升了企业的知名度和美誉度,也为乡村经济的发展注入了新的活力。

3. 质量与价格定位法

乡村旅游企业将自己精准定位为提供性价比最优的产品或服务,意味着企业在确保产品质量与服务水平的同时,也注重成本控制,力求为消费者提供物超所值的旅游体验。

为了实现这一定位,企业应深入研究市场需求和消费者心理,精心设计和优化旅游产品与服务。在产品开发过程中,企业应注重创新,结合乡村特色和资源,打造出具有独特魅力的旅游产品。同时,在服务方面,企业应加强员工培训,提升服务质量,确保游客在乡村旅游过程中享受到贴心、周到的服务。

在成本控制方面,乡村旅游企业应注重资源利用率的提升和浪费的减少。通过优化管理、提高效率、降低损耗等方式,企业能够在保证产品与服务质量的前提下,降低运营成本,从而为游客提供更具竞争力的价格。

最终,通过提供性价比最优的产品或服务,乡村旅游企业能够在激烈的市场竞争中脱颖而出,吸引更多游客前来体验乡村风情。

4. 利益定位法

利益定位法即乡村旅游企业根据目标游客所看重的某种或某些利益进行精准定位,是一种高效且有针对性的市场策略。例如,如果乡村地区的空气特别清新,水质特别好,甚至具有治愈皮肤病的潜在功效,那么企业就可以围绕这些独特的自然资源优势进行定位。

通过强调乡村地区的清新空气和优质水源,企业可以吸引那些注重健康、追求自然疗愈的游客。在宣传和推广过程中,企业可以突出这些特色,让游客了解到在这里旅游不仅可以享受宁静的乡村风光,还能在呼吸新鲜空气、饮用优质水源的过程中获得身心的放松和疗愈。

此外,企业还可以结合这些自然资源优势,开发一系列与健康、疗愈相关的旅游产品和服务,如徒步旅行、瑜伽课程、水疗体验等,以满足游客对健康旅游的需求。

5. 竞争者定位法

乡村旅游企业在进行市场定位时,应特别关注与市场竞争有关的属性或利益,以确保自己在某一方面或某些方面相较于竞争者更具优势。这种定位策略的核心在于突出企业的独特价值和竞争力,从而吸引目标游客,并在激烈的市场竞争中脱颖而出。

当然,市场定位有多种方法,企业在实际操作中必须根据自身条件、竞争态势以及目标游客的特定需求进行深思熟虑的选择。每一个决策都需经过精心权衡,确保定位策略既符合企业的实际情况,又能有效吸引目标游客,同时还要能在竞争激烈的市场环境中脱颖而出。

一旦确定了市场定位,企业就必须全力以赴,集中资源,发挥优势,以坚定的决心和有效的行动去战胜竞争对手。这不仅意味着要不断优化产品和服务,提升顾客体验,也意味着要在市场推广、品牌建设等各个方面加大投入,形成强有力的竞争优势。最终,市场定位的目标是获取经济利益,实现企业的可持续发展。因此,企业在实施定位策略时应始终保持对市场的敏感度和洞察力,根据市场变化及时调整策略,确保企业能够持续、稳定地获取经济回报。

第二节 乡村旅游市场的价格策略

在旅游市场中,价格是一个极具敏感性的要素,其合理性在很大程度上影响着旅游者的购买决策。因此,对于乡村旅游企业来说,乡村旅游产品的定价无疑是一个至关重要的环节。乡村旅游产品价格实质上是旅游者为了满足旅游活动中的物质与精神需求而支付的乡村旅游产品的价值表现。

从消费者和经营者的视角出发,乡村旅游产品价格可以细分为多种类型,如基本旅游价格与非基本旅游价格,一般旅游价格与特种旅游价格,现实旅游价格、预期旅游价格与心理旅游价格,以及全包旅游价格、零包旅游价格和单项旅游价格等。在乡村旅游市场中,如何设定一个既符合市场规律又能吸引消费者的价格是一个需要深思熟虑的问题。

定价策略往往与产品市场特征紧密相连。在不同的市场环境下,乡村旅游企业需要采取不同的定价策略。目前,乡村旅游市场中存在多种定价策略,这些策略都是众多乡村旅游企业根据自身情况和市场特点精心制定的。这些策略旨在实现企业的经济效益,同时满足消费者的旅游需求。乡村旅游企业探索和应用合适的定价策略是推动企业发展的重要一环。

一、新产品价格策略

乡村旅游企业在制定价格策略时,应紧密结合旅游产品生命周期各阶段的特性与变化趋势,从市场实际需求出发,进行有针对性的价格调整。为了取得更佳的营销效果,针对新产品,企业可灵活采用以下几种策略。

(一)撇脂定价策略

撇脂定价策略是一种高价格策略,主要适用于乡村旅游新产品上市初期。该策略的核心思想是在产品刚进入市场时,设定较高的价格,随后根据市场变化和需求情况逐步降低售价。这种策略就像从牛奶中撇取奶油,旨在迅速回收研发成本并获取高额利润。

然而,采用撇脂定价策略需要满足一系列条件。首先,游客对新产品的特征和性能了解不多,这使高价策略在初期具有可行性。其次,游客对旅游产品存在某种偏好,对价格的敏感度较低,愿意接受较高的价格。最后,市场容量相对有限或现实的游客数量较少,这有助于维持高价位并减少市场竞争。

高价策略的优点在于能够提升旅游产品的形象,满足游客追求高品质的心理需求。同时,短期内的高利润有助于增强企业的经济实力,为后续的市场开拓和价格竞争提供有力支持。

然而,撇脂定价策略也存在一定的风险。过高的价格可能阻碍新产品对市场的开拓,降低游客的购买意愿。此外,过高的价格也可能给游客留下负面印象,影响乡村旅游企业的形象。

因此,企业在采用撇脂定价策略时,需要综合考虑市场需求、竞争态势、产品特点等因素,并密切关注市场反馈和变化,以便及时调整价格策略。同时,企业还应注重提升产品质量和服务水平,以弥补高价带来的市场风险。

(二)渗透价格策略

渗透价格策略与撇脂定价策略截然不同,它利用了消费者追求实惠的心理。当乡村旅游新产品投放市场时,企业选择以低价策略来吸引消费者,迅速打开市场并扩大销量。随着市场的逐步开拓和销量的增加,企业再逐步调高价格。这种策略就像水慢慢渗透进泥土中,悄无声息地占领市场,因此被称为渗透价格策略。

该策略满足了游客追求低价的心理预期,但并不意味着旅游企业的收入会大幅减少。实际上,企业往往通过其他方式来实现盈利。例如,通过降低主要消费项目的价格(如门票),吸引游客前来,再通过游客购买其他产品和服务(如自费晚会节目)来弥补降价带来的损失。此外,在淡季采取降价策略,虽然表面上价格降低了,但由于吸引了更多的游客,企业的实际收入反而可能增加。

然而,渗透价格策略也存在一定风险。由于价格较低,投资回收期可能会较长。如果产品不能迅速打开市场或遇到强有力的竞争对手,企业会面临重大损失。因此,在运用这种策略时,企业需要确保市场对低价高度敏感,随着销量增加和经验积累能够降低单位成本,并且有能力阻止竞争者进入市场。

作为乡村旅游企业的一种重要价格策略,渗透价格策略适用于能大批量生产、特点不太突出、易仿制、技术简单的新产品。然而,在实施过程中,企业需要密切关注消费环境的变化和服务质量的保持。例如,某乡村自助火锅店因低价策略吸引了大量游客,但因场地容纳能力有限,导致部分游客等待时间过长或就餐环境拥挤,最终影响了顾客体验和企业声誉。因此,企业在运用渗透价格策略时,应确保服务质量和消费环境的舒适度,避免因追求短期利益而损害长期声誉和利益。

(三)满意价格策略

满意定价策略,顾名思义,是将新产品的价格设定在一个既不过高也不过低的适中水平。这种策略融合了撇脂定价和渗透定价的优点,旨在实现企业与消费者之间的利益平衡。

在定价过程中,乡村旅游企业首先应进行期望价格的调查和预测,深入了解消费者对新产品所期望的支付价格。通过这种方法,企业能够更准确地把握市场脉搏,确保价格既符合消费者的购买能力,又能满足其购买心理。

满意定价策略的优势在于它既能保证旅游企业在产品上市初期获得一定的利润,又能增强消费者的购买信心。这种策略所设定的价格标准,往往能让消费者感到满意,从而提高购买意愿。

此外,满意定价策略的适用性较强,无论是针对主要的旅游产品还是延伸产品,都可以采用这种策略。然而,要找到一个既能让企业盈利又能让消费者满意的价格点并不容易。因此,乡村旅游企业在实施这一策略时,必须对旅游产品成本、市场需求以及自身与同行的产品进行深入的分析和研究。

二、心理定价策略

在定价过程中,巧妙利用消费者对价格的心理反应,激发其购买欲望,已成为一种不可或缺的价格策略。具体来说,这种价格策略包括以下几种。

(一)整数定价策略

在乡村旅游企业的定价策略中,合零凑数法即设定整数价格,成为一种巧妙的定价手段。这是因为随着乡村旅游市场的蓬勃发展,旅游产品和服务的种类日益繁多,消费者在面对众多的选择时,价格往往成为他们初步判断产品质量的重要依据。尤其对于那些消费者相对陌生的旅游产品,采用整数价格不仅可以简化计算过程,更能赋予产品一种高端、专业的形象。这种定价方式巧妙地利用了消费者的心理预期,让他们觉得"一分钱一分货",从而增加了产品的吸引力,激发了消费者的购买欲望。

通过合零凑数的方法,乡村旅游企业不仅能够在激烈的市场竞争中脱颖而出,还能够进一步提升产品的档次和形象,实现企业与消费者的双赢。因此,在未来的乡村旅游市场中,这种定价策略有望得到更广泛的应用和推广。

在实际操作中,这种定价策略尤其适用于乡村旅游中的一些特殊产品,如民间历史工艺品、字画以及高档山庄、度假村的客房等。例如,豪华套房的日租金为500元时,企业一般不会将其改为495元,因为这样会影响消费者的购买决策。此外,对于一些乡村旅游小商品或散装商品,企业也倾向于采用整数定价,如1元、2元等,这样既方便计算,也避免了找零钱的麻烦。

(二)尾数定价策略

与整数定价策略不同,尾数定价策略是为乡村旅游产品设定一个带有零头的非整数价格。消费者往往认为整数定价较为笼统,含有一定水分,而尾数定价则给人一种经过精确计算、认真负责的印象。因此,即使产品价格稍高,消费者也会觉得物有所值。

不同国家和地区的消费者拥有各自独特的风俗和消费习惯,数字在其中扮演着重要角色。在中国文化中,数字6、8和9被赋予了吉祥的寓意:"6"象征着顺利,"8"因谐音"发"寓意着兴旺发达,"9"则代表着好事长久。因此,乡村旅游经营者在定价时,可以巧妙地运用这些数字,以迎合消费者的心理需求。

尾数定价策略不仅能给消费者留下价格偏低的印象,如将价格定为98或99元时,消费者可能会认为这只是几十元,而101元则被视为超过百元。此外,这种定价方式还容易使消费者产生价格下降的错觉。当价格接近某个整数时,消费者会感觉价格较低,从而产生购买欲望;当价格略高于整数时,消费者可能会担心价格上涨,从而抑制购买行为。

因此,乡村旅游经营者在制定价格时应充分考虑消费者的心理反应和文化背景,合理运用尾数定价策略,以促进产品的销售和提升市场竞争力。

(三)分级(分档)定价策略

分级(分档)定价策略是一种灵活而有效的定价方式,它根据旅游商品的品牌、规格、型号等因素,将其划分为不同的档次,并为每个档次的商品制定一个相应的价格。这种策略有助于消费者根据价格来感知不同商品在品质上的差异,从而更便捷地做出购买决策。

在乡村旅游企业中,分级定价策略得到了广泛应用。以旅行社为例,他们会对相同的旅行线路产品设置豪华、普通和特价等多个价格档次,以满足不同旅游者的需求和预算。同样,客栈也会采用这种策略来制定房价结构,通过对客房进行分级定价,为游客提供多样化的选择。

然而,采用分级定价策略时,企业需确保不同等级的产品在质量、性能、附加服务等方面有着显著的区别。否则,消费者可能会因为感受到的产品价值与实际支付的价格不符而产生失望或不信任的情绪。因此,企业在实施这一策略时,应精心策划,确保每个价格档次都与其对应的产品价值相符,从而维护消费者的满意度和信任度。

(四)声望定价策略

声望定价策略针对的是在消费者心中享有良好信誉的产品,通过设定较高的价格,以满足部分消费者追求知名品牌、声望的心理需求。在乡村旅游领域,当企业采用这种策略时,所定的价格往往高于同行业中的同类产品,甚至可能是市场上的最高价。

然而,在运用这种价格策略时,企业需要格外谨慎。对于一般性旅游企业及其提供的产品或服务,并不适合设定过高的价格。否则,可能会引发消费者的反感,从而对商品销售造成不利影响。因此,在决定是否采用声望定价策略时,企业应综合考虑产品特性、市场需求以及自身品牌实力等因素,确保定价策略与市场需求和消费者心理相契合。

三、差别定价策略

同一乡村旅游产品,经过细致的市场细分,依据游客特征、时间变化以及地点差异,能够更加精确地贴合市场需求。在每个细分市场中,应采用差异化的价格策略,力求最大化每个市场的收益潜力,同时规避统一定价可能给特定细分市场带来的不利影响。以下便是两种典型的差别定价策略,它们在乡村旅游市场中展现出了独特的应用价值。

(一)时间差别定价

乡村旅游产品通常具有鲜明的季节性特征,因此在一年中会出现明显的淡季和旺季,这也导致了淡旺季价格的差异。在淡季时,乡村旅游经营者往往会采用低价策略来吸引游客,提高旅游产品的吸引力。在旺季时,面对高需求,经营者会提高价格,以获得最大的收益。

旺季的高价策略除了能带来更高的收益外,还能起到调节游客时间分布的作用。通过价格杠杆,可以引导游客在一年内相对均匀地分布,避免旺季游客过于集中,减轻对乡村旅游地生态环境的压力。同时,这种策略也有助于经营者在淡季时收回经营成本,保持企业的稳定运营。

(二)地点差别定价

不同等级的乡村旅游地在吸引力和辐射范围方面呈现出明显的差异。具体反映在乡村旅游景点上,可划分为热点景区、温点景区和冷点景区。针对这些不同类型的景区以及游客的不同线路和需求,可以实施差别定价策略。

对于需求量大的热点景区,由于其受欢迎程度高,可以设定相对较高的价格,以反映其独特的价值和吸引力。对于温点景区,虽然其需求相对较低,但通过设定相对低一些的价格,可以吸引更多游客,提高景区的人气。至于冷点景区,可以结合其特色和市场需求,制定合理的价格策略,以逐步提升其吸引力。

第三节 乡村旅游市场的销售渠道策略

一、乡村旅游销售渠道的类型

(一)直接销售渠道和间接销售渠道

在没有旅游中间商参与的情况下,乡村旅游产品直接面向旅游者进行销售,这种方式被称为直接销售渠道。这种渠道的特点在于减少了中间环节,使乡村旅游经营者与旅游者之间能够建立更为直接的联系。通过直接销售渠道,经营者可以更好地了解旅游者的需求和反馈,及时调整产品策略,提供更符合旅游者期望的服务。同时,旅游者也能以更优惠的价格获得乡村旅游产品,享受更为便捷和个性化的服务。

然而,有时候乡村旅游经营者也会选择借助旅游中间商来销售其产品,这种方式被称为间接销售渠道。旅游中间商作为连接经营者和旅游者的桥梁,可以帮助经营者扩大销售范围,提高产品知名度。通过中间商的销售网络,乡村旅游产品能够触达更广泛的潜在旅游者群体。同时,中间商还能提供专业的营销和推广服务,帮助经营者提升品牌形象和市场竞争力。

需要注意的是,无论是直接销售渠道还是间接销售渠道,都有其适用的场景和优缺点。乡村旅游经营者在选择销售渠道时,应综合考虑产品特性、市场需求、成本效益等因素,选择最适合自己的销售方式。同时,随着旅游市场的不断变化和消费者需求的日益多样化,经营者也应灵活调整销售策略,不断创新和完善销售渠道,以适应市场发展的需要。

（二）长渠道和短渠道

根据介入旅游中间商的层次多少,销售渠道可以分为长渠道和短渠道两种类型。

长渠道通常涉及多个层次的旅游中间商,如代理商、批发商、零售商等。这种渠道的优势在于能够覆盖更广泛的销售区域,吸引更多的潜在旅游者。然而,其缺点也显而易见：信息传递速度较慢,因为信息需要经过多个中间商的传递,导致信息失真或延迟;流通时间较长,产品从生产者到最终消费者需要经过多个环节,增加了时间成本;对销售渠道的控制困难,由于中间商众多,乡村旅游经营者难以直接掌控销售渠道的每一个环节。

相比之下,短渠道则介入的旅游中间商层次较少,甚至需要直接面向旅游者销售。这种渠道的优势在于信息传递速度快,能够确保信息的准确性和及时性;销售及时,产品能够快速到达消费者手中,满足其需求;同时,能够有力地控制销售渠道,乡村旅游经营者可以直接与旅游者沟通,更好地掌握市场动态和消费者需求。

因此,乡村旅游经营者在选择销售渠道时,需要根据自身实际情况和市场需求进行权衡。如果希望扩大销售范围,可以考虑采用长渠道;如果更注重信息传递速度和销售渠道的控制力,则可以选择短渠道。

（三）宽渠道和窄渠道

乡村旅游产品销售网点的数目与布局对其销售渠道的宽度有着直接的影响。当销售网点数量众多且分布广泛时,销售渠道自然更为宽广,能够覆盖更广泛的消费者群体,提高产品的市场渗透率。相反,如果销售网点数量较少且分布有限,那么销售渠道就会相对狭窄,限制了产品的市场推广和销售规模。

在我国,由于乡村旅游经营组织规模普遍较小,很多经营者更倾向于采用直接销售渠道、短渠道和窄渠道。这种方式使经营者能够直接与消费者进行沟通和交流,了解他们的需求和反馈,同时也能够减少中间环节,降低成本,提高利润。此外,对于规模较小的经营者来说,这种渠道也更易于管理和控制。

然而,随着乡村旅游的不断发展壮大,各种类型的销售渠道也必将得到更广泛的应用。为了适应市场需求和竞争环境的变化,乡村旅游经营者需要不断探索和创新销售渠道,如利用电商平台进行在线销售、与旅行社合作开展团队业务、开展跨界合作等。这些新型销售渠道的拓展将有助于乡村旅游产品更好地走向市场,提高产品的知名度和影响力。

二、乡村旅游销售渠道选择的影响因素

乡村旅游经营者在选择和设计销售渠道时,通常会受到多种因素的影响和制约。以下便是主要的几个影响因素。

(一)乡村旅游产品特点

乡村旅游产品因其丰富多样的特性,往往需要营销者进行巧妙的组合以获取最佳的营销效果。在选择销售渠道时,必须充分考虑不同产品组合的特点和需求。对于那些组合后内涵丰富、旅游容量大、定价适中且生命周期长的乡村旅游产品,选择较长的销售渠道更为合适。这样的渠道能够覆盖更广泛的消费者群体,通过多层次的传播和销售网络,让更多人了解和体验这些优质产品。

相反,如果产品组合内容单一、旅游容量小、定价偏高且容易过时,那么较短的销售渠道可能更为适宜。短渠道能够确保信息传递的准确性和及时性,减少中间环节,降低成本,使产品更快地到达目标消费者手中。同时,短渠道也更有利于营销者直接掌控市场动态和消费者反馈,及时调整策略,确保产品的竞争力。

因此,乡村旅游产品的特点是影响销售渠道选择的重要因素之一。营销者需要深入了解产品的特性、市场需求以及消费者行为等因素,综合考虑后做出明智的决策。

(二)乡村旅游市场特点

乡村旅游经营者在选择销售渠道时,必须充分考虑乡村旅游市场的特点这一核心因素。这一因素涵盖了多个方面,如目标市场的地理分布、市场的容量大小、旅游者对各类销售方式的接受度,以及竞争对手的销售渠道布局等。

以目标市场的地理分布为例,若目标市场分布广泛,覆盖地域辽阔,那么经营者宜选择更为宽广和长远的销售渠道,以便更好地覆盖各个区域,提高产品的市场渗透率。这样的销售渠道能够更有效地触及潜在的消费者,促进销售的增长。

相反,如果目标市场相对集中,地域范围有限,那么经营者可以选择更为直接或狭窄的销售渠道。直接渠道能够确保信息的快速传递和反馈,使经营者更直接地与消费者建立联系,了解他们的需求。狭窄的销售渠道则能够降低销售成本,提高销售效率,适应市场特点。

(三)乡村旅游企业经营规模

乡村旅游企业的经营规模与其接待能力和目标市场的选择紧密相连。通常来说,经营规模较大、服务范围更广泛的乡村旅游企业,具备更强的接待能力和更广泛的市场覆盖,因此它们更适合选择长而宽的销售渠道。这样的渠道能够覆盖更广泛的潜在消费者,提升产品的市场渗透率,从而进一步推动企业的发展。

相反,对于经营规模较小、服务范围相对有限的乡村旅游企业,选择短而窄的销售渠道可能更为合适。这种渠道类型能够确保企业更精准地触达目标市场,减少不必要的成本投入,便于企业对销售渠道进行更有效的管理和控制。

(四)乡村旅游企业实力

通常情况下,乡村旅游企业的资金实力和社会声誉对其在销售渠道选择上的灵活度具有显著影响。资金雄厚、社会声誉良好的企业,通常能够更为自由地挑选和利用各种有利的销售渠道,灵活应对市场变化,满足不同的消费者需求。这类企业通常具备更强的资源整合能力和市场拓展能力,能够借助多样化的销售渠道实现产品的广泛传播和销售。

相反,对于实力较弱、社会影响较小且缺乏管理经验和营销能力的乡村旅游企业,其销售渠道的选择往往相对有限。这类企业可能受限于资金、人才和市场认知度等方面的不足,难以承担高成本或高风险的销售渠道。因此,它们通常会选择成本较低、操作简便且风险可控的销售渠道,以确保产品能够稳定销售并逐步积累市场经验。

(五)销售人员素质

在乡村旅游经营组织中,销售人员的素质和能力对于销售渠道的选择具有重要影响。当销售队伍素质高、专业能力出众且充满自信时,他们往往能够胜任直接销售渠道的任务,直接与旅游者建立联系,实现高效的产品销售。这是因为他们具备出色的沟通能力、市场洞察力和销售技巧,能够准确地把握消费者需求,有效地推广乡村旅游产品。

然而,如果销售人员的素质普遍不高,难以胜任本组织的销售任务,那么乡村旅游经营者就需要考虑其他选择。除了努力提升销售人员的素质外,经营者还可以选择间接销售渠道,即依靠旅游中间商来销售乡村旅游产品。旅游中间商具备专业的销售网络和渠道资源,能够帮助乡村旅游产品更好地触达潜在消费者,提高市场覆盖率。

三、乡村旅游销售渠道的管理

销售渠道的成员均为独立的企业实体,各自拥有独特的经营目标和利益诉求,因此对其进行有效管理并非易事。为了确保销售渠道的顺畅运行和高效合作,乡村旅游企业在管理销售渠道时需特别注重调动中间商的积极性,并努力减少各渠道成员之间的冲突。

首先,乡村旅游企业应当积极加强与旅游中间商的合作。中间商作为连接乡村旅游企业与消费者的重要桥梁,其经营目标和产品选择直接影响着乡村旅游产品的销售效果。由于中间商往往会同时经销多家乡村旅游企业甚至其他类型旅游企业的产品,因此乡村旅游企业需要特别关注与中间商的合作程度,以争取中间商对自家产品的青睐。在合作过程中,乡村旅游企业应充分尊重中间商的利益,加强双方的沟通与合作,共同探索市场机会,实现互利共赢。通过深入了解中间商的经营需求和市场动态,乡村旅游企业可以更有针对性地调整产品策略和市场策略,提高产品的竞争力和市场占有率。此外,为了激励中间商更加积极地推广乡村旅游产品,企业可以根据中间商的营销能力和资信状况,给予不同的价格优惠和灵活的优惠形式。例如,对于营销能力强、信誉良好的中间商,可以减收或免收预订金等费用,以减轻其经营压力,提高合作积极性。

其次,乡村旅游企业在销售渠道管理中,必须注重调节中间商之间的冲突。由于乡村旅游的中间商众多,他们之间的竞争难免会导致冲突的产生。这些冲突一旦爆发,将对整个销售渠道的顺畅运行产生严重的负面影响。因此,乡村旅游企业需要采取有效措施来合理控制这些冲突。为了有效解决中间商之间的冲突,加强各渠道成员之间的联系至关重要。企业可以定期举办各种座谈会,邀请销售渠道成员共同参与,为他们提供一个相互沟通、交流的平台。通过这样的活动,各渠道成员可以深入了解彼此的经营状况和市场动态,增进相互之间的理解和信任,进而消除分歧,达成共识。

最后,乡村旅游企业需强化管理制度,确保销售渠道的高效运作。企业应紧密结合市场变化、产品特性以及现有中间商的实际表现,制定一套针对性强、切实可行的管理办法。这套办法应包含对中间商的定期业绩考核,通过客观、公正的评估体系,全面衡量中间商的销售业绩、效率以及市场适应能力。对于销售不力、效率低下、无法适应市场变化或对销售渠道整体运作产生严重负面影响的渠道成员,乡村旅游企业应果断采取裁减措施。通过优化渠道结构、提升整体运营效率,确保销售渠道能够更好地服务于乡村旅游企业的市场拓展需求。

第四节　乡村旅游市场的促销策略

一、乡村旅游促销策略的选择

（一）根据不同的旅游市场选择

不同市场状况对乡村旅游促销策略的选择具有重要影响。在应对这些不同状况时,乡村旅游经营组织需要灵活调整促销策略,以实现最佳的市场推广效果。

对于规模小而相对集中的乡村旅游市场,由于目标受众较为明确且集中,人员销售和营业推广是更为合适的促销方式。人员销售可以直接与目标消费者进行沟通,传递详细的产品信息,并解答潜在疑问,从而增强消费者的购买意愿。营业推广可以通过优惠活动、赠品等方式吸引消费者注意,激发购买行为。

当市场范围大而分散时,广告和公共关系则成为更为有效的促销手段。广告可以通过多种媒体渠道广泛传播乡村旅游产品的信息,覆盖更广泛的潜在消费者。而公共关系则可以通过与媒体、社区等合作,提升乡村旅游品牌的知名度和美誉度,树立良好的企业形象。

市场竞争状况同样影响着促销策略的选择。在市场竞争缓和时,广告和人员推销是较为常见的促销方式。广告可以突出产品的独特性和优势,吸引消费者的关注;人员推销则可以通过专业的销售技巧和服务态度,赢得消费者的信任和好感。

然而,当市场竞争激烈时,单一的促销策略往往难以取得理想效果。此时,乡村旅游经营组织需要组合多种促销策略,形成合力。例如,可以结合广告、公共关系、营业推广等多种方式,形成全方位的宣传攻势,提升产品的市场竞争力。

(二)根据不同的促销对象选择

在促销策略中,明确促销对象至关重要。促销对象可能包括中间商和最终消费者(即旅游者)。对于面向中间商的促销,主要通过销售渠道进行信息传递,这些信息经由乡村旅游中间商再进一步传递给最终消费者。在这一过程中,人员推销成为信息传递的主要方式,因为这种方式能够更直接、有效地与中间商进行沟通和互动,确保信息的准确性和及时性。

当促销对象直接针对最终旅游者时,目标是激发他们的需求,促使他们向乡村旅游中间商或乡村旅游经营组织进行预订。在这种情况下,通常会采用广告、营业推广和公共关系等多种促销手段。广告可以扩大产品知名度,吸引潜在消费者的注意;营业推广通过优惠活动、赠品等方式激发消费者的购买欲望;而公共关系则通过媒体宣传、社区合作等方式提升品牌形象,树立良好口碑。

（三）根据不同的促销预算选择

乡村旅游经营组织在制定具体的促销策略时，必须充分考虑促销预算的限制。预算规模对促销策略的制定具有直接影响。当预算较为有限时，经营组织可能会面临制定满意促销策略的困难，此时只能采取相对简单的促销手段，以控制成本并尽可能提高效益。

然而，在预算充足的情况下，乡村旅游经营组织在选择促销方式时将有更大的灵活性和选择余地。充足的预算意味着经营组织可以有更多的资金用于进行充分的市场调查，以更深入地了解市场需求、竞争态势以及消费者偏好。通过市场调查，经营组织可以更加精准地定位目标市场，制定更具针对性的促销策略，提高促销效果。

二、乡村旅游促销策略的创新

鉴于当前乡村旅游促销效果尚未达到预期，对现有促销策略进行创新已成为乡村旅游经营者在策划促销活动时亟待考虑的关键问题。这种创新主要包括以下几方面。

（一）促销载体创新

在如今信息爆炸的时代，城市居民每天面临着海量的信息输入。这些信息虽然为他们的决策提供了参考，但也在一定程度上增加了决策的难度。虽然人们在不同时间、地点和载体上接收信息的方式各异，但传统的宣传媒体如报纸、广播、电视在旅游企业促销活动中依然占据主流地位。然而，这也导致了这些媒体上充斥着大量竞争企业的促销信息，使促销效果受到制约。因此，探索新的宣传载体以降低竞争压力、获取竞争优势显得尤为重要。

近年来，微博、微信等社交媒体在人们的生活中扮演着越来越重要的角色。这些平台以其传播速度快、互动性强等特点，成为信息传播的新宠。乡村旅游经营者应敏锐地抓住这一线上推广的机遇，充分利用微博、微信等社交媒体平台，创新促销手段，更好地推广乡村旅游产品。

网络作为一个多维的展示空间，为乡村旅游目的地的宣传提供了丰富的手段。通过图片、文字、三维动画、宣传片等多种方式，可以生动形象地展示出乡村旅游目的地的魅力。同时,网络论坛和网络聊天等形式也为乡村旅游经营者与公众之间的沟通搭建了桥梁。此外,通过网络调查和投票等方式,可以更有效地收集公众对乡村旅游发展的意见和建议。值得一提的是,随着网络技术的普及,乡村旅游网络促销的成本已大大降低,这更加符合乡村旅游的促销需求。

（二）促销内容创新

促销内容的创新对于提升促销效果至关重要,它是促销策略创新的重要组成部分。为了使促销内容更具吸引力,需要紧密结合时代发展的主题和社会热点,这样才能更好地引发社会共鸣,取得理想的促销效果。

近年来,红色旅游在中国备受瞩目,迅速发展壮大。很多乡村旅游地拥有丰富的"红色"资源,但由于缺乏开发意识,这些资源长时间被搁置。随着红色旅游的兴起,越来越多的乡村开始重新审视这些"红色"资源,进行二次开发,并将其作为重要的促销内容加以推广。通过深入挖掘红色文化的内涵,结合乡村旅游的特色,打造独具特色的红色旅游产品,成功吸引了大量游客,取得了显著的促销效果。

此外,还应积极探索乡村旅游与绿色、环保、健康、科普等概念的融合,创造出更多具有创新性的促销内容。例如,可以推出以绿色生态为主题的乡村旅游线路,强调乡村旅游的环保理念；或者结合健康养生理念,推出健康饮食、户外运动等乡村旅游体验项目；还可以开展科普教育活动,让游客在乡村旅游中增长知识、开阔眼界。这些创新性的促销内容不仅能够满足游客的多元化需求,还能够提升乡村旅游的品牌形象和市场竞争力。

（三）促销形式创新

提升促销效果的关键途径之一是创新促销形式。然而,常见的促销方式往往由单一的旅游目的地发起,旨在宣传乡村形象或推广旅游产品。由于乡村通常面临资金实力有限的问题,这种促销方式往往受到诸多限制,难以取得理想的效果。因此,可以考虑采用联合促销的策略来开拓市场。

联合促销是指两个或多个企业或品牌共同合作,携手开展促销活动。这种合作方式能够充分发挥各方的优势,使参与各方以较低的成本获得更大的促销效果。通过联合促销,不同企业或品牌之间可以相互借势,共同扩大影响力,实现单独促销难以达到的目标。

在乡村旅游领域,联合促销可以有多种形式。例如,乡村旅游可以与传统的景区旅游进行合作,共同开展促销活动,吸引更多游客。通过资源共享和优势互补,可以创造出更丰富的旅游体验,满足游客多样化的需求。此外,乡村旅游目的地之间也可以展开联合促销,利用各自独特的资源,为游客提供一次性的多样化旅游体验,从而增强联合促销策略的市场吸引力。

第八章

乡村旅游与经营管理

随着现代社会的快速发展，乡村旅游因其独特的魅力和价值，逐渐成为旅游市场上的一颗璀璨明珠。它不仅为城市居民提供了一种返璞归真的休闲方式，也为乡村地区的经济发展和文化传承注入了新的活力。然而，乡村旅游的持续繁荣并非偶然，而是需要精心的经营和科学的管理。本章将对乡村旅游经营管理相关知识进行简要阐述。

第一节 乡村旅游经营管理的内涵

一、乡村旅游经营管理的概念

乡村旅游经营管理是一个综合性的概念，它涵盖了乡村旅游的各个方面，包括经营策略、管理模式、市场营销、资源保护等。

二、乡村旅游的常规管理

为了有效实施乡村旅游的常规管理，首先需要确立清晰的管理机构,确保其对乡村旅游的日常运作进行统一的规范和指导。对于具备相应条件的地区,建议根据当地实际情况设立管理办公室,专门负责日常的指导和管理工作。这一举措有助于避免乡村旅游的无序发展和管理混乱现象,确保乡村旅游的健康、有序发展。概括来说,乡村旅游的常规管理主要包括以下几方面。

(一)游客管理

乡村旅游以其独有的宁静与纯净,成为现代人逃离城市喧嚣,追寻大自然怀抱的理想之地。在这里,人们可以暂时忘却尘世的烦恼,享受与大自然和谐共处的时光。然而,随着乡村旅游的兴起和游客数量的不断攀升,如何保护好这片净土,确保乡村旅游的健康、可持续发展,成为摆在面前的重要课题。

保护乡村旅游地的自然生态环境是乡村旅游发展的首要任务。乡村地区的自然风貌、生态环境既是其独特的魅力所在,也是吸引游客的重要因素。因此,必须加强对乡村生态环境的保护,防止过度开发、乱搭乱建等行为对环境造成破坏。同时,还要积极倡导游客践行文明生态的旅游方式,不乱扔垃圾、不破坏植被,共同守护好这片美丽的家园。

然而,随着游客数量的日益增多,乡村旅游地正面临着前所未有的环境挑战。大部分乡村旅游者来自城市,他们的经济条件、文化背景和生活习惯与乡村居民存在明显的差异。这种差异在旅游过程中不可避免地会对乡村的社会文化产生影响。特别是在旅游旺季,游客数量的超载往往导致环境破坏、交通拥堵以及基础设施承载能力不足等问题。这些问题不仅影响了游客的旅游体验,也对乡村的生态环境和居民生活带来了压力。

为了应对这些挑战,必须加强对游客的管理。

首先,通过合理的游客数量调控,可以在旺季时根据预定情况灵活调整游客数量,避免人数过多对环境造成压力。同时,鼓励游客提前通过网络或电话进行预定,这样不仅可以更好地了解和规划行程,还能减少现场购票、排队等不便。

其次,规范游客行为也是至关重要的。通过制定游客行为守则、设置解说标识等手段,可以引导游客遵守秩序、文明旅游。对于违反规定的行为,可以采取相应的处罚措施,以维护乡村旅游的良好秩序。

此外，优化资源配置也是缓解环境压力的有效途径。通过增加景点和步道，合理引导游客流动，不仅可以缓解热门景点的压力，还能为游客提供更加丰富多样的旅游体验。同时，加强基础设施建设，提高接待能力，是确保乡村旅游健康发展的关键。

在管理形式上，可以采用硬性措施与软性措施相结合的方式。硬性措施包括设置停车费、门票、栅栏等物理限制，以及限制车辆类型、封路、罚款等经济手段。这些措施可以有效控制游客数量和行为，保护乡村环境。而软性措施则更注重游客的自觉性和信息引导。例如，通过鼓励使用预定系统、提供解说标识和景区宣传材料等方式，帮助游客更好地了解乡村文化和旅游规则，增强他们的环保意识和文明旅游意识。

（二）社区居民管理

乡村旅游不仅是经济发展的新引擎，更是促进当地居民福祉的重要途径。然而，随着旅游业的蓬勃兴起，除了经济利益，一系列负面影响也逐渐显现，如利益分配失衡、物价攀升以及交通压力增大等。因此，如何引导当地居民积极参与乡村旅游，实现共享发展，便成为面临的重要课题。

首先，建立有效的居民参与机制是关键。应广泛征求居民意见，确保他们在旅游业的规划和开发过程中拥有充分的话语权。尤其在制定旅游规划和发展策略时，必须认真倾听当地居民的声音，让他们了解整个规划的进展，从而增强他们与旅游业的联系，使其成为旅游发展的积极合作伙伴。此外，居民可以通过多种方式参与旅游业，如开设农家旅舍、餐馆、纪念品店等，或是通过农业种植为旅游餐饮提供原材料，实现增收。

其次，教育和培训同样不可或缺。通过加强对居民的教育和培训，可以帮助他们认识到旅游业对于改善生活水平的重要性，并学会如何在旅游发展中找到适合自己的角色。同时，还需要引导他们理解，发展旅游需要大家的共同努力和配合，只有这样，才能实现旅游业的可持续发展。

最后，要坚持"不参与就是最大参与"的原则。对于那些没有直接参与旅游业的居民来说，保持其生活的真实性和自然性，实际上就是他们为旅游业做出的最大贡献。因为对于游客而言，观看当地居民的生活方式、与居民交流互动,往往能成为他们旅行中最为珍贵的体验。所以,应该尽可能维护当地居民生活的原貌,让未参与旅游的居民成为游客眼中的一道亮丽风景。

(三)安全管理

乡村旅游地务必严格遵守原国家旅游局颁布的《旅游安全管理办法》,确保游客的安全万无一失。为了加强乡村旅游地的安全管理,可以采取以下关键措施。

第一,乡村的全体干部及旅游业的经营户都应树立强烈的安全意识,深入排查并消除可能威胁游客安全的隐患,为游客营造一个安全、放心的旅游环境。

第二,建立健全安全管理制度是至关重要的一环。需要配备专人专职负责安全工作,确保旅游服务中心每天都有值班人员,以便及时应对和处理各种安全问题。

第三,完善安全设施也是必不可少的。特别是在那些存在安全隐患的地段,应修建护栏、钢索等设施,以防止游客发生意外。

第四,备足必要的安全用品和抢救设备也至关重要。这些设备可以在关键时刻为游客提供及时的救助,确保他们的生命安全。

第五,加强安全宣传也是一项重要任务。可以通过各种方式教育游客自觉遵守旅游安全制度,做好自我防范工作。

第六,对于特殊旅游项目和特殊地段,如地形险要、气候异常的地方,应设置醒目标志,并针对特殊旅游项目提供相应的安全提示,以提醒游客注意安全。

第七,不能忽视消防安全的重要性。按照消防法的规定,各类旅游设施、旅馆都应配备足够的灭火器、消防栓等消防设备,以预防火灾的发生。

(四)卫生管理

乡村旅游的核心活动场所位于乡村社区,然而这些区域的环境卫生条件往往不尽如人意。这样的客观现实对乡村旅游的卫生管理工作提出了很高的要求。

1. 乡村旅游住宿卫生标准

在规划新建住宿设施的选址之际,应审慎选择地势较高、环境干燥且空气流通的地段,同时确保水源丰富、交通便利。选址之时,还需特别注意避开垃圾处理场、养殖场、采石场、机械加工和金属冶炼等潜在的污染源,以免工业性污染对住宿环境造成不良影响。

在客房的设计过程中,必须严谨考虑采光、取暖、通风、防噪、排污以及紧急疏散等核心要素。这些要素不仅关乎住客的身体健康,更与他们的生命安全息息相关。因此,设计应坚持科学、合理的原则,确保每个细节都符合卫生标准,为住客营造一个舒适、安全、健康的住宿环境。

2. 乡村旅游餐饮卫生标准

乡村旅游餐饮设施的新建、改建及扩建工程不仅关乎乡村旅游业的发展,更与游客的身心健康息息相关。因此,这些工程务必严格遵循国家《饮食建筑设计规范》的选址与设计标准,确保从源头上把控卫生安全。选址方面,需充分考虑周边环境、水源质量、交通便利性等因素,确保餐饮设施远离污染源,便于食材采购和垃圾处理。设计方面,应合理规划布局,确保食品加工、储存、销售等区域分开,避免交叉污染。同时,还需注重通风、采光和排水等细节设计,提高餐饮环境的舒适度。

除了选址与设计,乡村旅游餐饮设施还须通过公共卫生监督部门的预防性卫生审查。这一环节至关重要,能够确保餐饮设施在投入使用前就已经达到卫生安全标准。审查过程中,相关部门会对餐饮设施的卫生条件、操作流程、管理制度等方面进行全面检查,提出整改意见,并监督整改过程。

对于乡村旅游从业人员,实施定期身体检查与卫生检查制度更是势在必行。从业人员是乡村旅游餐饮安全的第一责任人,他们的健康状况直接关系到游客的饮食安全。因此,必须建立严格的身体检查与卫生检查制度,确保从业人员身体健康、无传染病,才能上岗工作。同时,还应加强从业人员的卫生意识培训,使他们养成良好的卫生习惯,自觉遵守卫生规定。

建立乡村旅游餐饮卫生培训制度同样关键。通过定期对从业人员进行卫生知识培训,可以使他们更加深入地了解工作岗位的卫生管理制度和国家餐饮卫生法规。这样不仅能提高他们的卫生意识,还能帮助他们在实际工作中发现并纠正存在的问题。培训内容可以包括食品加工流程、食材储存方法、餐具消毒技巧等方面，确保从业人员全面掌握餐饮卫生知识。

在餐具消毒环节，完善相关制度也至关重要。乡村旅游餐饮设施应采取集中消毒方式，由专业人员进行操作，确保消毒效果达到国家标准。同时，还应建立餐具使用与更换制度，确保餐具干净卫生、无破损。此外，还应加强对消毒设施的维护与管理，确保其正常运行、发挥效用。

这一系列举措的实施旨在为游客提供一个更为安全、健康的餐饮环境。只有确保乡村旅游餐饮设施的卫生安全，才能让游客在享受乡村美景的同时，也能品尝到美味可口的乡村美食。这样不仅能提升游客的满意度和忠诚度，还能为乡村旅游业的发展注入新的活力。

3. 乡村旅游饮用水卫生标准

在乡村旅游的蓬勃发展中，必须始终坚守国家饮用水标准的严格规定，审慎选择水源，并精心构建安全卫生的供水系统。在选择水源时，需全面考虑历年水质的变化、水文特征、水文地质条件以及取水点周边环境的卫生状况。这不仅要从卫生角度进行深入评估，还需结合经济、技术可行性以及水资源丰富程度等多方面因素进行综合考虑。目标是确保所选水源不仅水质上乘、水量充足，还要易于进行必要的防护工作，从而为乡村旅游的可持续发展提供坚实的水资源保障。

（五）旅游交通管理

乡村旅游区应充分利用地方政府和交通部门的支持，努力改善外部交通环境。应新建或改建旅游公路，提供舒适且安全的交通工具，并与民航、铁路、公路、航运以及旅游部门紧密合作，确保游客能够顺畅地进出乡村旅游区，并享受到充满人文关怀的旅游交通服务。为了加强旅游交通管理工作，应采取以下关键措施。

第一，加强景区内旅游道路和码头的维护保养工作，确保公路、航道和水路交通标志的完好，以及路面的平整，为车船的安全通行创造良好条件。

第二，重视旅游交通工具的检修和保养，确保车船、索道、动力机械等设备处于良好状态，严禁"带病"运行，以保障游客的出行安全。

第三,完善交通调度制度,加强计划、指挥、调度和监控工作,确保游客能够得到及时有效的运输服务,减少滞留现象。

第四,严格执行安全检查制度,严禁超载游客,并禁止游客携带易燃、易爆、易污染等危险物品,以确保旅游安全。

第五,强化停车场、游船码头和空中缆车上下站的管理,完善相关管理制度,严防交通事故的发生。

乡村旅游地的车船队应制定明确的旅游交通服务规范,对司机和乘务人员提出具体服务标准和要求,确保他们准时正点运行,严禁酒后驾驶,并保持车船的清洁卫生。通过这些措施,为游客提供安全、便捷、舒适且热情的旅游交通服务。

（六）娱乐服务管理

娱乐这一旅游领域的璀璨明珠已成为现代旅游体验中不可或缺的一部分。乡村旅游在赋予游客自然美景的同时,更应通过丰富多彩、参与性强的娱乐服务,让游客在欢笑中感受旅游的无尽魅力。

中国乡村,这片广袤的土地上,蕴藏着无数独特而丰富的旅游资源。每个乡村都可以凭借自身的资源优势,举办各具特色、内容丰富的文体活动,为游客打造一个充满地方风情和民族特色的娱乐天地。无论是欣赏动人的民族歌舞,还是亲手体验民间艺术；无论是参与刺激的赛马活动,还是尝试斗禽、射击、武术等趣味项目,都能让游客在轻松愉快的氛围中,感受身心的放松,并在体验中收获知识与乐趣。

在策划和组织各类娱乐活动时,必须紧密围绕乡村旅游的整体规划布局,并严格遵守国务院颁布的《娱乐场所管理条例》。在项目的选择、场地的规划、设施的建设以及设备的选用上,应深入洞察游客的多元需求,确保每个项目都能吸引游客的目光,激发他们的参与热情。同时,必须坚守文明健康的娱乐原则,坚决抵制赌博、暴力、色情、淫秽以及封建迷信等不良内容,让乡村旅游的娱乐项目成为传播正能量、弘扬优秀文化的重要载体。

乡村旅游区对娱乐场所的管理应严格细致,不容松懈。需要制定详细的服务规范,对服务态度、方式、效率以及安全卫生等方面提出明确要求,确保游客在享受娱乐服务的同时,也能感受到贴心与舒适。此外,还需加强与当地公安、文化、工商等部门的沟通与协作,共同加强对娱乐场所的监管力度,确保游客在乡村旅游中能够享受到安全、舒适、愉快的娱乐体验。

三、乡村旅游的专项管理

(一)开业资质管理

为了提升乡村旅游服务的整体水平,对乡村旅游服务组织的相关设施、服务能力及从业人员资质进行严谨而明确的规定是不可或缺的。以成都市为例,其制定了乡村旅游开业基本条件等地方标准,该标准详细列举了乡村旅游开业所需的基本条件和要求,包括从业资格、经营服务场地、接待服务设施、经营管理以及从业人员五大关键领域。尤为值得一提的是,成都市明确规定了乡村旅游经营单位必须持有"营业执照""卫生许可证""健康证"和"排污许可证"四项必备证书,这四项证书缺一不可,为乡村旅游的规范开业提供了有力保障。此外,成都市还实施了乡村旅游旅游服务质量等级划分及评定标准,该标准以星级评定方式,将乡村旅游服务质量划分为五个等级,从低到高分别为一星级至五星级。这种星级评定机制旨在激励乡村旅游服务质量的不断提升与持续优化。在上海市,其有关乡村旅游服务质量等级划分标准则依据旅游服务环境、建筑、设施设备、服务管理水平以及活动项目的差异,将乡村旅游服务质量划分为一星级至三星级三个等级。其评定标准涵盖了基本条件、住宿、餐饮、活动项目以及组织管理等多个方面,确保乡村旅游服务的全面性和专业性。

对于有意开设家庭旅馆的农户而言,他们必须持有卫生许可证、安全许可证、旅游从业人员岗前培训证以及经营许可证四项证书,这是保障游客权益、提升服务质量的关键措施。同时,在对经营户进行等级评定时,还需从基础条件、安全标准、卫生标准、资源与环境保护、综合管理、接待设施、服务质量要求和项目选择等多个角度进行综合考量,以确保评定的公正性和准确性。这些举措共同构成了乡村旅游服务质量保障的重要基石,为乡村旅游的健康发展提供了有力支撑。

(二)筹资来源管理

对于资源丰富、级别较高的乡村旅游项目,政府应扮演主导角色,携手经济实力雄厚、管理能力卓越的企业或私人投资者,采取股份制或股份合作制的方式进行运营。同时,鼓励国企、私营经济以及农民个人联合参与开发,形成多元化、多层次的资金筹集体系,从而拓宽资金来源,丰富投资形式。

在这一过程中,必须高度警惕各部门、各级政府过分追求乡村旅游开发的规模和利润,而忽视项目质量、原住民权益以及游客满意度的现象。乡村旅游的发展不应是一时的热潮,而应着眼于长远,注重可持续发展和品质提升,确保每一步都走得稳健而扎实。

在国家、地方和村镇积极推进乡村旅游项目的同时,应鼓励农户充分利用自身资源和优势,打造独具一格的乡村旅游项目。对于旅游产品、住宿、交通以及小型演出等,可以积极引导个体农户参与筹办,发挥他们的积极性和创造力;而对于乡村大型文艺演出等项目,则更适合引入社会化投资,发挥规模效益。

此外,还应积极吸引个人、乡村和县级的投资,利用闲散资金和外资,为乡村旅游项目注入更多活力。同时,借助股票上市、债券发行、股权置换、项目融资等资本市场直接融资方式,进一步拓宽融资渠道,降低融资成本。

为了确保乡村旅游项目的低风险运作,银行、税务、保险等部门也应提供有力支持,为乡村旅游的健康发展保驾护航,最终建立起一个以财政扶持为基础、金融支持为关键、群众自筹为补充、吸引外资为助力的开放型、多元化资金支持机制,为乡村旅游的蓬勃发展提供坚实保障。

(三)人才资源管理

乡村旅游并非只满足游客的食宿需求或提供简单的娱乐活动,它实际上对农业生产和经营管理,以及农业旅游开发都提出了更高、更全面的要求。为了满足这些需求,不仅需要具备农业科技知识的工程技术人员,更需要那些具备高层次、复合型经营管理能力的人才。因此,除了农户经营者自身需要不断提升个人素质,还应积极引进外来的高素质人才。这些人才不仅能够带来新的理念和方法,还能够帮助传播、带动并提高农村劳动者的整体素质,共同打造一代具备高素质的新型农村居民队伍。他们将为乡村旅游的可持续发展提供坚实的人力资源基础,推动农业生产和农业旅游的深度融合,实现乡村经济的繁荣与振兴。

第二节 乡村旅游经营管理的原则与策略

一、乡村旅游经营管理的原则

概括来说,乡村旅游经营管理应遵循以下原则。

(一)自愿和民主原则

在乡村旅游的经营管理中,必须充分尊重农户的意愿,绝不可强行征用土地、水塘、住宅等资源用于旅游建设。同时,对于所管辖的旅游景点和项目的管理,应确保充分的民主参与,尽可能吸引全村人的积极参与,利益惠及广大村民。通过这样的管理方式,不仅能够保护农户的合法权益,还能增强村民的归属感和参与感,促进乡村旅游的健康发展。

(二)量力而行原则

乡村旅游经营管理应遵循量力而行的原则,即在经营和管理过程中,应充分考虑自身的资源和能力,合理安排旅游项目和活动,以保证在可控范围内进行。不能盲目追求规模和效益,而忽视自身的实际条件和能力限制。

具体而言,乡村旅游经营者应对自身的资源、资金、人才等方面进行全面评估,明确自身的优势和不足,制订切实可行的经营计划和管理方案。在项目选择和开发上,应结合当地实际情况,注重挖掘和利用本地特色资源,打造具有独特魅力的乡村旅游产品。

同时,乡村旅游经营者还应注重风险管理,建立健全的安全管理制度和应急预案,保障游客的人身安全和财产安全。在经营过程中,应坚持诚信经营,遵守相关法律法规,不断提升服务质量和管理水平,为游客提供舒适、安全、愉快的旅游体验。

(三)可持续发展原则

不能仅仅追求眼前的短暂利益,而过度投入和开发乡村旅游,以免陷入"竭泽而渔"的困境。相反,应立足长远,从生态效应、社会效应和可持续效应等多个角度出发,审慎而负责地进行旅游资源的开发经营。这样才能促进乡村旅游的健康发展,为当地经济、社会和环境的可持续发展贡献力量。

二、乡村旅游经营管理的策略

乡村旅游的常规经营管理策略构成了其经营活动的基石,主要包括以成本为核心、产品和服务的差异化以及集中特定目标市场三种策略。

以成本为核心的策略实质上是一种价格竞争策略。鉴于乡村旅游产品的定价基础在于经营成本,该策略强调通过降低产品成本来增强竞争力。低成本经营不仅有助于提升效益,还能推动乡村旅游经营步入良性循环。

产品和服务的差异化策略强调乡村旅游应提供独特且与众不同的产品和服务。这种差异化可以体现在服务内容、方式及对象等多个方面。若乡村旅游能从多个维度综合形成自身特色,则能构建出显著的产品和服务差异,为游客带来独特的体验,避免用单一的产品或服务满足所有游客的需求。

集中特定目标市场策略意味着将经营重点聚焦于某一特定的细分市场,并在该市场上建立产品和价格优势。这种策略也被称为重点市场经营战略,通常要求乡村旅游企业具备一定的规模和良好的增长潜力。

然而,每种策略都伴随着不同的经营风险。因此,在选择经营策略时,乡村旅游企业需综合考虑自身实际和市场环境。无论采用何种策略,创新都是推动乡村旅游发展的关键。可从以下几点入手进行经营管理上的创新。

（一）定位城市居民大众消费

成功的乡村旅游应根植于大众，将服务重心放在广大消费者身上，以诚信赢得他们的认可与信赖。为了持续繁荣，需要精准定位目标顾客群体，并针对性地推出多样化且广受欢迎的大众消费项目。如今，城市居民对农家那种静谧、自然的田园风光和淳朴的农村生活充满怀旧情感，农家菜肴和家常小吃等民间风味，更成为他们回归自然、寻求精神慰藉的佳选。因此，乡村旅游必须紧密结合其目标客户群体的需求，开发适合他们的服务项目，这正是乡村旅游的独特价值所在。

（二）在"农"字上做文章

乡村旅游的核心载体在于农业与农村，因此，"农"字特色应成为其鲜明标签。乡村旅游将农村的朴素景致与民俗风情进行深度开发，这是对农村资源的充分挖掘与利用。农村的山水田园、自然风光、独特习俗恰好迎合了现代旅游者回归自然、寻求新奇的渴望。

乡村旅游的魅力在于它能够营造出家庭般的温馨氛围，实现个性化的服务体验。在农村，游客可以亲身参与各类农事，如北京辛庄村的樱桃采摘和通州西集镇的绿色果树采摘等，这些活动都能让游客亲身体验到农耕文化的魅力。

此外，中国丰富的少数民族文化和传统节日也是乡村旅游的宝贵资源。独特的民族文化、生活习俗都能成为吸引游客的亮点，如宁波市首届乡村美食节、天台山高山茶文化节等。

综合性的乡村旅游节事活动更是主题多样，不仅限于某种具体的活动内容或体验形式，而是深入开发旅游体验产品，如郫县休闲乡村旅游文化节、成都天台山养生节等。这些活动让游客在享受乡村风情的同时，也能获得深层次的旅游体验。

（三）创造乡村旅游招牌菜

农家菜作为乡村旅游的招牌菜往往成为吸引游客的关键因素。乡村旅游的经营者需结合当地的特产和自身条件，精心打造独具特色的主打菜肴。这可以是通过借鉴外地烹饪手法，来改良传统菜品，或是研发出独家的农家菜菜品。例如,北京怀柔区凭借丰富的水资源推出的虹鳟鱼一条沟项目,以及延庆县柳沟地区依托传统技艺开发的豆腐宴项目,都展现了独特的地域风味。

为了满足现代游客日益多样化的餐饮需求,乡村旅游经营者需换位思考,围绕特色菜品进行创意策划。这不仅能刺激餐饮消费,还能巩固客源,加深游客对乡村旅游的印象,从而吸引更多新老顾客的光临。

对于有条件的乡村旅游企业来说,创造招牌菜可以通过以下三条途径。

首先,成立专门的菜品研究小组。这个小组不仅要分析农家菜的销售情况,提出改进建议,指导菜肴创新,还要定期举办内部创新比赛,选拔创意新颖、口味出众的农家菜,充实到菜单中,并给予制作者奖励,以激发积极性。

其次,积极向外地乡村旅游学习。可以派遣厨师到各地参观交流,引进新菜品,同时汲取外地创意,为自创菜品提供灵感。

最后,请名厨来指导。邀请知名厨师前来献艺,留下他们的精品菜点作为最新菜品,借此提升乡村旅游的餐饮水平。

成都的乡村旅游在这方面做得尤为出色。青城山的茶道和老腊肉,结合当地的山珍美味和道家养生理念,打造出独特的道家养生美食。三圣乡则依托花卉产业,推出花卉、农家菜和鲜花宴等特色饮食。龙泉驿的"桃花宴"更是将桃花元素融入菜品中,创造出别具一格的餐饮体验。此外,新津的水资源鱼宴、双流的水果和麻羊节、蒲江的樱桃,以及郫县蒋排骨、杨鸡肉、魔方豆花等特色美食,都充分展示了成都乡村旅游的丰富多样性和地域特色。

(四)打造农家亲情服务

每一位乡村旅游的经营者都致力于实现一个共同的目标,那就是让顾客满意。他们采用"自然、淳朴"的服务风格,有效地拉近了与顾客之间的心理距离,营造出一种宾至如归的温馨氛围。这种突出个性、充满亲情的服务方式让顾客仿佛回到了家一般,受到了越来越多游客的赞誉与认可。

在乡村旅游领域,"把客人当亲人"已经成为许多企业的服务准则。每一位走进乡村旅游的游客,服务人员都会以同样的亲情态度来对待,让他们感受到无微不至的关怀。

同时,提升服务的文化水准也是至关重要的。服务人员需要全面了解并掌握当地乡村旅游的自然风光、宗教文化、民间传说以及民族特色等知识。在为游客讲解时,要用曲折生动、幽默激情的语言,激发他们的游乐兴趣,使他们在享受乡村美景的同时,也能深入感受到当地的文化魅力。

第三节 乡村旅游餐饮服务质量管理

一、对服务人员的管理

（一）服务人员的基本要求

在餐饮服务质量管理中,餐厅服务人员的素质能力无疑是关键的一环,其影响力深远,可以称之为影响餐饮经营效果的重要因素。当谈及乡村旅游的餐饮服务经营时,尽管其市场定位与城区内的星级酒店、高档餐厅有所区别,但对于服务人员的专业素养要求却同样不能忽视,必须确保他们达到一定的基本标准,从而为游客提供舒适、满意的用餐体验。这些基本标准具体体现在以下几个方面。

第一,服务人员必须身体健康,个人卫生整洁,仪容仪表清爽,动作灵活敏捷。这是提供优质服务的基础,也是确保餐饮卫生安全的前提。

第二,服务人员应熟知自己岗位的相关规定,对所供应的菜肴品种、价格及特色了如指掌,能够迅速准确地回答客人提出的相关问题。这不仅有助于提升服务效率,更能增强客人对餐厅的信任感。

第三,流畅的语言表达、热情的服务态度以及善于与客人沟通交流的能力也是不可或缺的。服务人员应通过友好的互动,为客人营造愉悦的用餐氛围。

第四,具备一定的乡土文化知识(本地)以及对周边地区的事物有所了解,能使服务人员在服务过程中为客人提供更多有趣的信息,增加用餐的趣味性。

第五,掌握基本的餐饮服务技能,熟悉餐厅运作的程序和规范要求,是确保服务质量的关键。服务人员应通过专业的培训和实践,不断提升自己的服务技能。

第六,服务人员最好能掌握基本的急救知识和技能。在乡村旅游中,面对可能出现的意外事件,具备这些技能的服务人员能够更好地应对并保障客人的安全。

(二)服务过程中特殊问题的处理

由于旅游者来自四面八方,他们对服务的需求往往各不相同,这就可能导致一系列问题的出现。同时,在服务过程中,偶然因素也时常会引发各种突发事端。因此,对于经营者和服务人员来说,具备强大的应对突发事件能力至关重要。接下来,将针对几个特殊的具体问题进行简要介绍。

1. 孩童、老人的接待

当旅游团队中包含了孩童和老人这两类特殊群体时,除了提供诸如儿童座椅和老人专用轮椅这样的基础服务设施外,更要将他们的安全放在首要位置。对于孩童和老人,特别需要向他们的父母、子女或其他陪同人员强调,务必时刻关注并确保他们不随意离开团队、自由行动,以预防任何可能发生的意外。

一旦注意到有孩童或老人单独行动的情况,应立即通知他们的陪同人员,并采取稳妥的方式将他们安全地带回到亲人或监护人的身边。这一点至关重要,绝不能有丝毫的疏忽和大意。

同时,也要保持适当的职业边界,避免与孩童随意嬉戏,更不应随意给予他们食物,以免因此引发不必要的麻烦或健康隐患。对于老人,则应该给予更多的耐心和关怀,尽可能提供特殊照顾,确保他们在整个旅途中都能感受到温馨与舒适,安全无虞。

2. 客人提意见的处理

在餐饮服务中,客人的意见和反馈是常态,餐厅经营管理者和服务人员对此都应有所准备。无论客人提出的意见是否合理,甚至是带有责备之意,都应展现出解决问题的诚意和决心。

在倾听客人的意见时,必须保持认真和耐心,不打断对方的发言,确保完整地理解其观点。当客人陈述完毕后,应简要地复述其所说内容,以确认无误,并展示对客人意见的重视。

随后,双方应坦诚地界定责任分担。若问题确实出自餐厅方,应诚恳地道歉,并积极协商解决方案。若责任不在餐厅方,也应以友善的态度向客人解释清楚,避免嘲笑或挖苦客人。如果遇到客人提出的要求或意见超出法律范畴,也不能一味迁就。在这种情况下,应坚决维护餐厅的合法权益,以法律为依据,合理应对。

3. 客人醉酒的处理

在客人用餐过程中,应细心关注其饮酒情况,并在合适的时机以得体的方式温馨提醒客人适量饮酒,避免过量。若客人未能接受建议,不幸醉酒,应积极提供必要的帮助,如代驾服务,以确保客人的安全与舒适。

然而,在处理此类情况时,必须充分尊重与客人同行者的意见和要求。他们是与客人一同前来的伙伴,对于客人的状况和需求有着更为直接的了解。因此,在提供帮助的过程中,应与他们保持沟通,确保所采取的行动既符合客人的需要,又能得到同行者的认可,从而避免因误解或不当处理而引发不必要的纷争。

4. 突发事件、意外伤害的处理

当旅游者突然遭遇疾病或意外伤害时,必须保持冷静,切勿轻率行事。若旅游者有同行伙伴,应尊重并依赖其同伴的意见来处理紧急情况。若旅游者独自一人,应采取其事先认可或当前同意的措施进行妥善处理。若旅游者因病情严重或意识不清而无法自我保护,应立即拨打110或120寻求紧急救援,确保旅游者得到及时有效的救助。在整个过程中,要保持专业、负责的态度,确保旅游者的安全和权益。

二、对厨(餐)具、食物的管理

(一)厨(餐)具的清洗、消毒、摆放要求

第一,必须严格确保菜板、刀具、砧板以及各类容器在生熟食材之间的使用是完全分开的。使用后,应立即进行彻底的清洗、刮净和消毒,确保无残留。菜板、刀具和砧板应竖直放置,以防止细菌滋生。同样,勺、铲等其他烹饪工具在使用后也必须洁净如新。餐具的清洗和消毒流程必须严格遵循清除、洗涤、漂洗、消毒、储放的步骤。因此,应制定一套实际可行的餐具清洗规范,并确保每一位员工都能严格遵守。此外,所选用的洗涤剂和消毒剂必须达到既定的质量要求,以保障清洗和消毒的效果。对于日常使用的碗、筷、杯、盘等餐具,每次使用后都应使用温水进行彻底的清洗。消毒完成后,应避免使用抹布擦拭,以免再次引入细菌。同时,应设立专用的储存柜,确保餐具在储存过程中不受到污染。此外,厨房的设施、设备和机械也需要定期进行消毒处理。一般来说,消毒灯是较为常用的消毒工具,可以有效地杀灭细菌和病毒,确保厨房环境的卫生安全。

第二,餐具的摆放必须井然有序,确保每位客人都能享受到整洁而舒适的用餐体验。每位客人的基本餐桌用具包括:筷子、小碗(或盘子)、汤匙、调味碟、水杯(或酒杯)以及餐巾纸。而供客人共用的物品则包括牙签桶、调味瓶(如酱油、醋)以及公筷。在摆放餐具时,可以将筷子整齐地放置在小碗或盘子上,汤匙则可以轻放在小调味碟上,并置于小碗的左上方。另外,也可选择将汤匙直接放在小碗或盘子里。水杯或酒杯应置于小碗或盘子的右前方,方便客人取用。摆放时,注意保持餐具之间的适当空隙,以便于客人轻松拿取。至于餐巾纸,可以将其折叠后插入水杯或酒杯中,既美观又实用。也可选择将餐巾纸放入餐巾盒中,放置在餐桌上,让客人自由取用。这样的摆放方式不仅显得整洁有序,还能为客人营造一个愉悦的用餐氛围。

需要注意的是,在布置餐桌时,务必注重整洁与美观。为了营造一个干净卫生的用餐环境,可以选择在桌面上铺设一次性桌布,这样不仅易于清理,还能增添一丝雅致。当然,如果使用的是老式木桌,且桌面平整光滑、无瑕疵,那么不铺桌布也未尝不可,这样能更好地展现木质桌面的自然纹理和质感。无论选择何种方式,都应确保餐桌干净整洁,为客人提供一个舒适的用餐体验。

(二)对食物的搭配、加工生产要求

1. 合理的食物营养搭配

第一,无机盐之间的搭配。在饮食中,合理搭配含铜和含铁的食物是非常关键的。比如,肉类、肝脏、鱼类都富含铜和铁,是补充这两种元素的绝佳选择。同时,豆类、牡蛎、蘑菇等也是很好的来源。此外,坚果类如花生、瓜子等,不仅美味可口,还含有丰富的铜和铁,对于身体十分有益。通过合理搭配这些食物,可以确保摄入足够的铜和铁,从而维护身体的正常功能。

第二,无机盐与维生素的搭配同样重要。这种搭配能够增强营养素的吸收效果,提高食物的整体营养价值。例如,维生素D能够促进钙的吸收,而维生素C则有助于铁的吸收。此外,硒元素能够增强维生素E的抗氧化作用,而锌则有助于维持血浆中维生素A的稳定水平。因此,在日常饮食中应该注意无机盐与维生素的搭配,以充分发挥它们的作用。

第三,无机盐与营养素的搭配也是不容忽视的。当摄入充足的蛋白质和乳糖时,钙的吸收也会变得更为容易。因此,可以选择一些富含蛋白质和乳糖的食物来搭配富含钙的食物。例如,鱼头炖豆腐、虾皮炒鸡蛋等菜品都是非常好的搭配选择。这样的搭配不仅美味可口,还能够提高钙的吸收效率。

第四,维生素之间的搭配也是提高营养价值的关键。合理的维生素搭配可以使营养价值倍增。比如,煮花生米与凉拌芹菜搭配,这种搭配既美味又营养,有助于维持身体的健康状态。

第五,维生素与产热营养素之间的搭配也是值得关注的。有些食物虽然营养价值高,但生吃可能不太利于营养的吸收。比如胡萝卜,它含有丰富的维生素A,但如果生吃可能无法充分吸收其中的营养。然而,如果将胡萝卜与含油脂丰富的肉、干果或食用油一起炒、炖或凉拌,就能更好地发挥其营养价值。因为油脂能够促进胡萝卜中维生素A的吸收,从而提高其营养价值。

第六,需要注意产热营养素之间的搭配。这主要指的是糖类、脂肪和蛋白质三大类营养物质的搭配。合理的搭配可以确保摄入的能量均衡,满足身体的需求。在日常生活中,可以通过选择多样化的食物来实现这一目的,如谷类、肉类、蔬菜、水果等都要适量摄入,以保证营养的均衡和全面。

2. 对食品加工过程的卫生要求

在食品加工的过程中,每一个环节都至关重要,它们共同确保食品的安全与卫生。

第一,对于原料的选择,必须严格把关,确保所使用的原料新鲜、无污染。在采购时,要细致检查原料的外观、气味等,一旦发现腐败变质或不符合卫生标准的食品及原材料,必须坚决予以处理,绝不姑息。

第二,在加工过程中,要特别注意防止原料、半成品、成品之间的交叉感染。为此,需要对加工场所进行合理布局,确保不同阶段的食品分开处理。同时,使用的工具和容器也要做到专用,不得混用,以免细菌等微生物的传播。

第三,加工设备中与食品接触的部分和工(器)具的材料选择也非常关键。应选用不锈钢等耐腐蚀、易清洁的材料制成,以确保其表面易于清洁,不易积水和污物。在使用过程中,还要定期对其进行清洗和消毒,防止细菌滋生。

第四,食物煮熟是食品加工中的一个重要环节。必须确保食物彻底煮熟,尤其是肉类、鱼类等易携带病菌的食品。通过控制烹饪时间和温度,使食物的中心温度达到70℃以上,从而有效杀灭细菌。对于隔餐或隔夜的熟制品,也要进行充分的再加热处理,确保其安全无虞。

第五,在存放方面,加工后的熟制品应与食品原料或半成品分开,以避免交叉污染。同时,对于需要冷藏的食品,要注意其自然冷却后再进行冷藏,以免因温差过大导致食品质量下降。

第六,对于烹饪后至食用前需要较长时间存放的食品,要特别关注其存放环境。通过控制存放环境的温度,使其在适宜的温度条件下保存,可以有效抑制细菌的生长繁殖,确保食品的安全卫生。

第七,对于奶油类原料和含有奶、蛋的面点制品等特殊食品,要根据其特性进行低温存放或控制销售温度。通过严格控制存放和销售温度,可以确保这些食品的质量和安全,为消费者提供健康美味的食品。

第四节　乡村旅游交通与住宿服务质量的管理

一、交通质量管理

交通状况在乡村旅游的发展中扮演着举足轻重的角色。若交通问题无法得到妥善解决，即便乡村蕴藏着再丰富的旅游资源，游客也会因为难以顺利抵达而无法亲身感受其独特的魅力。因此，必须高度重视交通质量管理，确保游客能够便捷、安全地抵达乡村，从而尽情享受美好的旅游体验。

（一）交通安全

乡村旅游经营者无论是为游客安排专车前往附近景点游览，还是提供自驾或租车服务接送旅客，都不可避免地会遇到交通安全这一重要议题。这不仅是乡村旅游经营者必须面对的挑战，更是他们应当努力解决好的关键问题。只有确保交通安全，才能为游客提供安全、舒适的旅游体验，进而推动乡村旅游的健康发展。

1. 发生交通事故的原因和预防

导致交通事故发生的因素多种多样，其中涵盖了天气、道路、机械以及人为等多方面的因素。为了有效减少事故风险，必须有针对性地做好相关预防工作，确保乡村旅游的交通安全。

（1）天气因素

必须认识到恶劣天气条件对驾驶安全带来的严重影响。在乡村旅游中，刮大风、下大雨、下雪、起雾等天气状况尤为常见，这些天气条件对驾驶员的视线构成了极大的威胁。大风会导致驾驶员视线模糊，难以清晰地看到前方路况；大雨会使路面变得泥泞湿滑，积水也可能覆盖地面，使驾驶员难以准确判断路况；在雪天，路面积雪会使车辆容易打滑，从而增加交通事故的风险,特别是在山区,大雨还可能引发山体滑坡、泥石流等自然灾害,这些灾害不仅可能阻断道路,还可能对行驶中的车辆构成直接威胁。

面对这些潜在的安全隐患,乡村旅游经营者在规划旅游活动时必须保持高度的警惕。他们应该密切关注天气预报,随时掌握天气变化情况,以便及时做出应对。在旅游计划制订过程中,经营者应充分考虑天气因素,合理安排行程,避免在恶劣天气条件下进行高风险的活动。

在实际操作过程中,一旦遇到恶劣天气,乡村旅游经营者应果断采取应对措施。如果天气条件过于恶劣,可能会危及游客安全,那么应果断取消或更改旅游计划。此外,经营者还可以通过提前准备应急物资、加强游客安全教育等方式,提高游客的安全意识和应对能力。

（2）道路因素

道路的狭窄、崎岖不平、急转弯多以及连续下坡等特点,无疑为乡村旅游的道路交通安全埋下了重大隐患。这些路况特点使驾驶员在行驶过程中需要更加小心谨慎,稍有不慎就可能引发严重的交通事故。因此,乡村旅游经营者必须高度重视交通事故的预防工作,确保游客的生命安全。

为了有效应对这些潜在风险,乡村旅游经营者应首先对驾驶员进行严格的管理和培训。他们应要求驾驶员对路况了如指掌,熟悉每一条道路的特点,并掌握相应的驾驶技巧。在行驶过程中,驾驶员应时刻保持清醒和专注,严禁酒后驾车、疲劳驾驶和违章驾驶等危险行为。此外,经营者还应定期组织驾驶员进行安全培训和应急演练,提高他们的安全意识和应对突发情况的能力。

除了对驾驶员的管理和培训,乡村旅游经营者还需提醒游客在行车过程中注意自身安全。游客应避免与司机闲谈,以免分散其注意力。同时,游客也应遵守交通规则,不在车内随意走动或大声喧哗,以免干扰驾驶员的正常驾驶。

此外,乡村旅游经营者还可以通过加强道路基础设施建设、设置安全警示标志、完善应急救援体系等方式,进一步提高道路交通安全水平。他们可以与相关部门合作,共同推进乡村旅游道路的安全改造和升级工作,为游客提供更加安全、舒适的旅游环境。

（3）机械因素

机械因素如载客汽车的刹车失灵、方向盘故障以及爆胎等，这些看似细微的问题，实则隐藏着巨大的安全隐患，是引发交通事故的常见原因。这些机械故障往往发生在不经意间，给驾驶员和游客的生命安全带来严重威胁。

为了确保游客的安全，乡村旅游经营者必须高度重视车辆机械状况的管理。他们应当制定一套完善的车辆检修制度，确保车辆定期或不定期地接受全面、细致的检查。这不仅包括对刹车系统、转向系统、轮胎等重要部件的检查，还应对车辆的油、水、电路等细节进行仔细排查。

同时，乡村旅游经营者应坚决不租用任何不合格的车辆。在选择合作伙伴或租赁车辆时，他们应严格审查车辆的相关证件和维修记录，确保车辆来源合法、性能稳定、安全可靠。对于存在安全隐患或维修记录不佳的车辆，应坚决予以拒绝。

此外，每次出车前，乡村旅游经营者都应承担起提醒驾驶员仔细检查车辆的职责。他们应督促驾驶员对车辆的外观、内饰、仪表等进行全面检查，确保车辆状态良好、无异常。对于发现的任何问题或隐患，应及时进行处理或报告，从源头上预防交通事故的发生。

（4）人为因素

第一，有些驾驶员在未经交通管理部门核发相应等级汽车驾驶证的情况下，擅自载客开车，这是一种极其危险且违法的行为。这种行为不仅是对自身安全的不负责任，更是对游客生命安全的漠视。无证驾驶者往往缺乏必要的驾驶技能和经验，难以应对突发状况，一旦发生交通事故，后果将不堪设想。

第二，部分驾驶员对路况不熟悉，驾车技术不够熟练，这也是一个不容忽视的问题。在乡村旅游中，道路状况往往复杂多变，驾驶员如果缺乏足够的经验和技巧，很容易在紧急情况下无法冷静应对，无法正确处置，从而增加了交通事故的风险。

第三，有些驾驶员长期疲劳驾驶、心情不佳，或者在驾驶过程中与游客聊天，这些行为都会导致注意力不集中，极易引发交通事故。疲劳驾驶会降低驾驶员的反应速度和判断力，增加事故发生的概率；而心情不佳则可能使驾驶员情绪失控，做出错误的驾驶决策；与游客聊天则容易分散驾驶员的注意力，使其无法专注于路况和车辆状况。

第四，部分驾驶员不遵守交通规则，存在超载、超速、酒后驾车等违法行为,这些行为严重危及自身和他人的生命安全。超载会使车辆超出其承载能力,增加车辆失控的风险;超速则会使驾驶员在紧急情况下难以及时刹车或避让;酒后驾车更是对安全的极大威胁,酒精会严重影响驾驶员的判断力和反应。

针对上述问题,驾驶员和乡村旅游经营者都应提高自身的职业道德和责任感,严格遵守道路交通安全规定。乡村旅游经营者更应认真甄选驾驶员,确保其具备合法资质和熟练的驾驶技能,不得聘请无证、技术不达标或责任心不强的驾驶员。同时,经营者还应时刻提醒驾驶员注意安全驾驶,共同维护乡村旅游的交通安全。

2. 发生交通事故后应采取的措施

一旦发生交通事故,作为乡村旅游的经营者,在保持神志清醒且未受重伤的前提下,务必在确保现场安全的情况下,冷静应对并采取以下必要措施。

要迅速评估伤者的伤情及其严重程度。这需要具备一定的急救知识和经验,以便能够准确判断伤者的状况。特别要注意是否有死亡人员,对于已经失去生命体征的伤者,应尊重生命,避免不必要的搬动。同时,判断受损车辆是否存在爆炸风险也是非常重要的,如有爆炸风险,应立即组织现场人员撤离至安全区域,避免二次伤害的发生。

在确保环境安全后,应赶紧拨打120,如果有能力,可抢救重伤者。重伤者往往需要及时的医疗救治,以稳定病情、防止伤情恶化。在抢救重伤者的过程中,要尽可能避免对伤者造成二次伤害。对于轻伤者,则可以稍后处理或安排他们相互协助,进行简单的自救和互救。在救护车到来后,应尽快将受伤的游客送往附近医院接受治疗。

在抢救伤者的同时,务必保护好事故现场。事故现场是后续调查和处理的重要依据,任何破坏或篡改都可能影响事故责任的判定。因此,在事故发生后,应尽快通知交警部门前来处理,交通事故报警电话为122。交警部门将会对事故现场进行勘查、取证,并出具事故认定书。此外,还要及时向所属村镇的旅游管理部门报告事故情况,以便相关部门能够及时了解事故情况并采取相应措施。

在处理事故的同时,也要做好游客的安抚工作。游客在遭遇交通事故后往往会感到恐慌和不安,作为经营者,应主动与他们沟通,解释事故情况,安抚他们的情绪。若事故严重且影响广泛,应考虑取消旅游计划,确保游客的安全;若事故相对轻微,则在征询游客意见后可按原计划继续活动。在处理过程中,要保持与游客的密切联系,及时通报事故处理的进展情况。

待事故原因查明后,应及时向游客说明情况,包括事故发生的经过、处理方法、原因及责任分析等。同时,要向村镇旅游主管部门提交详细的事故书面报告。这份报告应包含事故的详细经过、处理措施、原因分析以及责任划分等内容,以便主管部门能够全面了解事故情况并采取相应的监管措施。此外,报告中还应提出今后应采取的防范措施,以避免类似事故的再次发生。

为了维护自身权益,乡村旅游经营者还需注意收集事故现场的相关证据,包括现场照片、视频、证人证言等,以备后续处理之需。在处理事故过程中,要积极配合相关部门的工作,提供必要的协助和支持。同时,也要关注相关法律法规和政策的变化,确保自身的经营行为符合规定,避免因违法违规行为而承担不必要的法律责任。

(二)交通便利

1. 可进入性

交通问题,无疑是影响旅游地可进入性的关键要素,而其核心诉求,简而言之,便是"进得来,出得去,散得开"。对于"进得来"和"出得去"这两点,其意义相对直接明了,即要保障游客能够轻松、安全地抵达旅游目的地,并顺畅地离开。但仅有这两点显然是不够的,还需特别关注游客能否在旅游地"散得开"。

"散得开"这一要求,实际上蕴含着双重含义。

首先,它意味着旅游地必须拥有足够的空间容量,以容纳并接待大量的游客。这样的空间布局不仅能避免游客间的拥挤与混乱,更能确保每一位游客在旅行过程中都能享受到宁静与舒适,不会因彼此的干扰而降低旅游体验。

其次,"散得开"还强调了旅游地内部游览线路规划的重要性。科学的线路规划不仅能让游客有序地游览各个景点,减少不必要的等待与拥堵,还能通过合理的行程安排,使游客充分领略旅游地的风光与文化。同时,设置清晰、醒目的标识标牌也是不可或缺的一环,它们如同无声的导游,指引着游客前行,让他们在轻松愉悦中完成旅程。

2. 游线设计

旅游交通路线的设计其实是一门科学与艺术相结合的学问。它旨在实现直达运输,即从旅游客源地直接通往目的地,或者在多个旅游点之间形成环状运输网络。这样的设计最大的特点就是减少不必要的重复路线,让旅游者在最短的时间内抵达目的地,从而有更多的时间用于游览和体验。这样的设计理念正是为了实现"快速低达,深度体验"的效果,确保游客在有限的旅程中,能够尽可能多地领略到各地的风土人情和自然景观。

在乡村旅游路线的规划中,更要注重凸显乡村的独特魅力和文化底蕴。乡村的每一寸土地、每一片田野、每一条小径都蕴含着丰富的故事和文化。因此,在规划路线时,需要巧妙地串联起这些乡村元素,让游客在行走的过程中,能够逐步感受到乡村的宁静与美好,体验到乡村生活的真实与纯粹。

除了常规的汽车运输外,还可以考虑引入一些具有乡村特色的交通工具。比如,牛车、马车这些传统的交通工具,不仅可以让游客在行驶中感受到乡村的悠闲与惬意,还能够为游客提供一种全新的观赏和体验方式。再如,风情独特的竹筏,可以让游客在河流或湖泊中悠然自得地漂流,欣赏沿途的乡村风光,享受与大自然的亲密接触。

当然,在游线设计的过程中,安全问题是必须首要考虑的,不能为了追求新奇和刺激而忽视潜在的安全隐患。乡村旅游经营者应该根据地形地貌、气候特点等因素,合理规划交通路线,确保游客在旅途中的安全。同时,提供向导服务也是非常重要的。向导不仅可以为游客提供专业的指导和建议,还能够在紧急情况下提供及时的帮助和救援。此外,赠送特色地图也是一种非常贴心的服务方式。这些地图不仅可以帮助游客更好地了解和规划自己的游览路线,还可以作为一种独特的纪念品,让游客在离开乡村后依然能够回忆起这段美好的旅程。

3. 停车问题

乡村旅游的主要客源多来自城市,他们大多选择自驾或包车作为出行方式。然而,由于乡村基础设施相对薄弱,村民车辆数量有限且居住分散,因此乡村的停车场和停车位资源相对紧张,停车问题尤为突出。

为了有效解决这一问题,乡村旅游经营者应当对停车位进行科学规划。在规划过程中,既要确保为游客提供充足的停车空间,又要避免停车对游客游览线路造成干扰,更不能破坏乡村的宁静氛围和美丽的自然风光。

通过合理规划和有效利用现有资源,乡村旅游经营者不仅能够解决游客的停车难题,还能为游客提供更加舒适、便捷的旅游体验,进一步推动乡村旅游的健康发展。

二、住宿质量管理

(一)住宿的规范化管理

游客在旅行中,客房作为他们逗留时间最长的地方,不仅是他们暂时拥有的私人空间,更是他们进行各种日常活动的重要场所,如睡眠、休息、盥洗以及娱乐等。因此,游客对于客房的期望和要求通常都相对较高。尽管乡村旅游客房的类型和档次各不相同,但卫生条件应当是每一个客房都需高度重视的基础标准。

乡村旅游经营者在提供住宿接待服务时,应当致力于创造一个舒适、安静、方便且卫生的环境,让游客在此能够感受到家的温馨和舒适。这不仅是为了满足游客的基本需求,更是为了提升他们的旅游体验,使他们真正有宾至如归的感觉。

为了实现这一目标,乡村旅游经营者需要注重客房的细节管理,确保床品、毛巾等用品的整洁与有序,同时提供便捷的设施和服务,以满足游客在客房内的各种需求。此外,还可以通过营造乡村特有的温馨氛围,如布置一些具有当地特色的装饰品,让游客在享受舒适住宿的同时,也能感受到乡村的独特魅力。

(二)突出乡村特色的住宿

住宿服务应遵循规范化和个性化相结合的原则,确保服务质量的同时,又能满足游客的个性化需求。特别是在乡村旅游领域,住宿服务更应注重突出特色,与星级酒店相比,更应依托乡村的独特文化和自然环境,打造具有地方特色的住宿体验。通过结合当地元素,提供别具一格的住宿服务,让游客在享受舒适住宿的同时,也能深入感受乡村的魅力。

1. 建筑样式方面

乡村旅游的住宿建筑样式应充分展现地域与文化特色,坚决避免盲目模仿,以免显得不伦不类。建筑需与整体环境和谐共生,与其周边景致保持协调。建筑并非孤立存在,而是与其所处的环境紧密相连,相互依存。建筑设计实质上是在设计环境。

乡村旅游的住宿建筑,不仅要满足实用功能,更要与周围环境相融合,体现独特的地域文化特色。例如,某些农家乐虽采用传统的川西民居风格——青砖瓦屋、石灰白墙,却搭配了日式灯笼,这种混搭风格与茅舍的韵味和青砖的厚重显得格格不入,让游客难以感受到农村风情和民俗文化的韵味。因此,在乡村旅游住宿建筑的设计中,应深入挖掘地域文化,保持建筑风格的一致性,确保建筑与环境的和谐统一,为游客提供既实用又具有地方特色的住宿体验。

2. 装修、陈设、用具方面

在内部装修与物品陈设方面,乡村旅游住宿经营者确实需要巧妙地将当地文化或民族文化的符号融入其中,以此展现独特的地域风情。在进行设计时,经营者需要深入挖掘地方风土人情,巧妙地将当地绘画、图案、雕塑、陶瓷器皿及特色灯饰等元素融入装修与陈设之中。这样的安排不仅能够让游客感受到当地文化的独特魅力,还能够使每一件物品都显得新颖独特且布置得当。

举个例子来说,对于北方的乡村旅游住宿,火炕和老北京的雕花木床等极具地方特色的元素,是不可或缺的陈设。这些元素不仅能够为房间增添一份古朴与温馨,还能够让游客在住宿的过程中深入体验北方的乡村风情。此外,挂上一些当地的草编工艺品或民族工艺品,即便是小小的摆设,也能够散发出无尽的魅力,让游客在欣赏中感受到乡村的淳朴与美好。

在我国的江南地区,乡村旅游住宿的环境设计则可以借鉴江南民居的特点,以白墙黑瓦、小桥流水为基调,营造出一种自然、秀丽、朴素之美。在这样的环境中,游客可以感受到江南乡村的宁静与和谐,仿佛置身于一幅美丽的画卷之中。

当然,对于北国风光的长白山密林里的乡村旅游住宿,经营者则可以充分利用当地的木材资源和猎户的战利品,将这些元素巧妙地融入装修与陈设之中。比如,可以将猎物标本悬挂在墙壁上,以此塑造出一种粗犷之美,让游客在住宿的过程中感受到乡村的原始风情。

3. 环境方面

乡村旅游是一种将城市居民的视线引向周边农村美景与田园风光的旅游方式,依托着丰富的农业资源,巧妙地将生态环境、农业生产与农业生活三者融为一体,为忙碌的城市人带来了一场集观赏、考察、学习、娱乐、购物、度假等多功能于一身的绝妙体验。在这里,游客们可以远离城市的喧嚣,亲近自然,感受那份久违的宁静与舒适。

优质的生态环境无疑是乡村旅游发展的坚实基础。清新的空气、碧绿的田野、潺潺的流水,都是乡村旅游的魅力所在。而乡村旅游业的繁荣也反过来促进了生态环境的保护。因为只有保护好生态环境,才能确保乡村旅游的持续发展,让更多的人能够领略到乡村的美好风光。

对于乡村旅游的游客而言,他们追求的不仅是一次简单的旅行,更是一份心灵的宁静与舒适。因此,乡村旅馆的经营者们在打造住宿环境时,必须高度重视环境营造,力求为游客提供一个宁静、清幽、无嘈杂的休息空间。同时,也要确保空气清新宜人,让游客在呼吸间都能感受到乡村的清新与自然。

在景观设计上,乡村旅馆的经营者们同样需要精心布置。他们可以利用乡村的自然资源,巧妙地将田园风光融入到旅馆的设计中。比如,可以在旅馆周围种植一些花卉和绿植,打造出一个绿意盎然的小花园;还可以在旅馆内部设置一些观景窗,让游客即便在室内,也能透过窗户尽情欣赏到乡村那秀美的田园风光。

这样的环境设计,不仅能满足游客对宁静与舒适的追求,更能让他们深入体验乡村的独特魅力。在这里,他们可以暂时放下城市的繁忙与压力,放慢脚步,感受乡村的宁静与美好。无论是漫步在田间地头,还是坐在窗前欣赏风景,都能让游客留下难忘的回忆,对乡村生活充满向往。

第九章

乡村旅游与生态环境保护

随着乡村旅游的蓬勃发展,越来越多的游客被乡村的宁静与美丽吸引,乡村的自然生态和文化底蕴成为旅游发展的重要资源。然而,旅游业的快速发展也给乡村生态环境带来了前所未有的挑战。如何在保护乡村生态环境的同时实现旅游业的可持续发展,成为我们面临的重要课题。

第一节 乡村旅游生态环境的内涵

一、乡村旅游生态环境的含义

乡村旅游生态环境作为旅游环境的璀璨明珠,在乡村的广袤地域中熠熠生辉,展现出无可比拟的魅力。这是由乡村的自然环境与文化环境相互交织、相互影响而构成的和谐画卷。乡村文化作为人们对乡村自然环境社会生态适应性的体现,伴随着自然环境的变迁而不断演变,宛如一部生动的历史长卷。

随着乡村的自然环境和用地类型逐渐与城市交融,乡村文化也在悄然间向着城市文化转变。然而,为了守护乡村文化的独特性和迷人魅力,首要的任务便是保护好乡村的自然环境,让那份原始的纯净与宁静得以永恒延续。

在乡村旅游的发展道路上,可以根据生态环境的"尺度"差异,将其划分为宏观生态环境和微观生态环境两大领域。

宏观生态环境宛如一幅大尺度的乡村画卷,展现着乡村特色的壮丽景观,以及这些景观在乡村地域的整体空间结构和格局。它涵盖了地形地貌、海拔高度、区位等自然因素,这些因素不仅决定了村庄建设的适宜性,更关乎着人们生产、生活的便捷与舒适。同时,土壤母质类型、气候生产潜力等属性也在默默影响着土壤的耕作性和庄稼的种植性,为乡村的丰收播下希望的种子。而河流作为乡村的血脉,其存在与否直接关系到农业灌溉的可行性,进而在很大程度上影响着生物产量,为乡村的繁荣注入源源不断的活力。此外,农村用地结构也如同调色板一般,塑造着乡村的景观特征,水域、农业用地、宅基地等各类用地的巧妙布局,共同绘制出乡村的多彩画卷。

相较于宏观生态环境的壮阔,微观生态环境则更加聚焦于乡村的人居环境,它细腻而具体,如同乡村的微观世界。村容村貌、旅游接待设施的卫生状况、建筑材料和风格以及旅游设施的形象标识等具体物化要素,都在无声中营造出一个具体、可感的乡村生态环境。这些要素相互交融,共同为游客打造出一个独特而迷人的旅游体验,让他们在乡村的怀抱中感受到那份淳朴与真挚。

二、乡村旅游生态环境的特点

乡村旅游生态环境作为旅游环境的一个独特分支,无疑具备了一般旅游生态环境的基本属性。但与常见的旅游生态环境相比,乡村旅游生态环境在质量上更胜一筹,远超过一般乡村环境的平均水平。其魅力正是那份独特而迷人的自然环境与深厚的文化底蕴,它们共同构成了吸引游客的磁石。

乡村旅游环境在时空的交织中展现出别样的魅力。随着四季的轮回,乡村大地呈现出变幻莫测的耕作与作物景观。春天,翠绿的稻田如同翡翠般镶嵌在大地上;秋天,金黄的麦浪在秋风中摇曳生姿。不同土地类型也孕育出多样化的自然景观,溪流潺潺、池塘静谧、水田与旱地交相辉映,共同绘制出一幅幅美丽的乡村画卷。

然而，也不能忽视一个现实：由于乡村地区的经济发展水平相对较低，且城乡差距依旧显著，许多乡村环境特别是微观环境状况并不尽如人意。这不仅影响了乡村旅游的可持续发展，也在一定程度上降低了游客的旅游体验。

乡村旅游环境还具有结构复杂、能流交织的特点。它是一个由乡村人工复合系统与旅游系统相互叠加而成的复合体。在这个复合体中，各种生态系统如森林、草地、池塘、河流、农田、果林等以及农村聚落、交通网络、旅游服务设施、游览系统等在空间上相互交织，人流、物流和能流在各个系统中频繁交换。这种复杂的交互作用虽然带来了丰富的生态多样性，但也容易引发一系列环境和卫生问题，如水质污染、土壤退化等。

当前，虽然旅游企业和地方政府已经开始关注乡村景区、景点的环境和卫生问题，但对于乡村的宏观环境，特别是那些非消耗型破坏（如建筑污染、用地结构不当）对环境造成的影响，重视程度仍然不够。这种忽视可能会导致乡村生态环境的进一步恶化，对乡村旅游的长远发展构成威胁。

因此，在推动乡村旅游发展的同时，必须更加注重生态环境的保护和改善。这需要加强环境监管，提升游客和当地居民的环境保护意识，采取科学合理的规划和开发措施，确保经济效益、社会效益和生态效益的共赢。

三、乡村旅游对乡村生态环境的影响

乡村旅游对乡村生态环境的影响具有双重性，既有积极正面的效应，也不乏消极负面的影响。

（一）乡村旅游对乡村生态环境的积极影响

乡村旅游对乡村生态环境的积极影响，具体体现在以下几个方面。

1. 乡村旅游有助于激发参与者不断增强其对生态环境保护的意识

在乡村旅游的蓬勃发展进程中，经营者、当地政府和居民会逐渐领悟到生态环境对于旅游业持久繁荣的至关重要性。一个优美宜人的环境不仅能够吸引更多游客前来观光旅游,还能为当地带来可观的经济效益和社会效益,这无疑是对环境保护最直接且有效的正向激励。为了推动乡村经济的蓬勃发展并增加农户的收入,作为关键利益相关者的地方政府和社区居民自然会格外珍视乡村旅游资源和自然生态环境的保护。乡村旅游发展得越红火,当地政府和社区居民对生态环境保护的重视程度就会越高。

对于游客而言,乡村旅游活动本身便是一次生动的生态环境教育。当他们置身于迷人的乡村自然环境中,欣赏着迷人的乡村风光,聆听着导游员关于生态保护的讲解,看到景区内醒目的生态环境保护标志,以及生态保育的相关守则,这些都会使游客对生态环境保护的重要性有更深刻的认识,进一步激发他们对生态责任和生态伦理意识的认知。

因此,乡村旅游不仅是经济发展的引擎,更是生态环境保护的助推器。它让更多的人认识到保护生态环境不仅是对自然的尊重,更是对人类自身未来的投资。

2. 乡村旅游有助于改善和提升乡村的生态环境状况

近年来,随着社会主义新农村建设的不断深入,美丽乡村建设已逐渐跃升为公众瞩目的焦点。当前,众多省份纷纷投身其中,积极探索并倾力打造各具特色的美丽乡村,成果斐然。然而,在这一波澜壮阔的进程中,也不乏一些亟待解决的棘手问题逐渐浮出水面。为了有效破解这些难题,不仅要深入挖掘问题的根源,更要紧密结合社会发展的脉搏,寻求切实可行的解决方案。在此过程中,以生态文明理念为指引推动美丽乡村建设,已被实践证明是一种极为有效的途径。在乡村旅游蓬勃发展的浪潮下,乡村旅游地政府和社区纷纷将美丽乡村建设与新农村建设紧密融合,持续加大对环境整治和维护的资金投入力度。这一战略性的举措使乡村旅游在推动乡村自然生态环境改善和村容村貌焕新方面,发挥了举足轻重的作用。例如,为了进一步发展乡村旅游,一些地区积极投身于住房的翻修与新建工作,不断完善水电设施,对厨房和卫生间进行现代化改造,并对村镇进行科学细致的规划。这些努力使一大批村容整洁、特色鲜明的旅游小城(村)镇如雨后春笋般涌现,成为乡村旅游的新名片,吸引着越来越多的游客前来探访。

与此同时,农村交通条件的持续改善也为乡村旅游的蓬勃发展提供了强有力的支撑。如今,乡村旅游地已基本实现了村村通公路的壮举,为游客提供了更加便捷畅通的交通条件。此外,绿化工作也在乡村得到了前所未有的重视。村民们纷纷在村落道路两旁植树造林,自家庭院里也种满了各式各样的花草,共同为美化家园贡献着力量。这些举措不仅提升了乡村的整体环境质量,更为游客营造出了一个更加清新、优美的乡村风貌,让人们流连忘返。

3.乡村旅游能够促进农业生态系统的良性循环

如今,农业早已超越了单纯粮食生产的范畴,它更是自然美景与生物多样性的守护者。农业不仅滋养着人们的餐桌,为人们提供丰富的食物资源,更在无形中孕育着清新的空气、广袤的原野以及那自然与人工和谐共生的美丽景观。在乡村旅游的推动下,休闲农业、观光农业等新型业态如雨后春笋般涌现,为乡村注入了新的活力。

游客们通过参与各种农业体验活动,不仅实现了与土地、自然的亲密接触,更在无形中推动了绿色农业的发展。休闲、观光农业的发展离不开丰富的资源支撑,而这些资源正是乡村的宝贵财富。随着农村经济的日益壮大,地方政府和农民们也开始更加注重对乡村旅游环境的打造和资源的整合。

他们致力于保护农业生态环境,合理开发资源,提升资源环境质量,从而确保农业生态系统的良性循环。这样的努力不仅为游客们创造了更加美好的旅游体验,也为乡村居民营造了一个宜居宜业的生产生活空间。农业正以其独特的魅力,引领着乡村走向更加繁荣与和谐的未来。

4.乡村旅游有助于发掘和保护乡村的传统文化

在农村地区,曾经因为生产率低和市场销路受限,一些传统的手工产品逐渐被工业产品所替代。然而,乡村旅游的兴起为这些一度被边缘化的民族手工艺带来了新的生机。通过乡村旅游的发展,诸如傈僳族的织布技艺、竹器制作,以及云南楚雄黑井梨醋等独特的民族手工艺得以重新焕发生机,被更多人所认识和欣赏。

乡村旅游的蓬勃发展不仅让这些传统手工艺得以传承和延续,还在这一过程中催生了新的文化元素。这些新元素不仅丰富了乡村的文化内涵,更为乡村民族文化注入了新的活力。这些今天的新产物不仅是乡村旅游发展的见证,更是我们留给子孙后代的珍贵文化遗产。

5. 乡村旅游有助于推动乡村自然环境朝着乡土化、特色化的方向演进

乡村旅游活动的开展为当地社区和居民带来了实实在在的经济利益,使他们拥有了用于"扩大再生产"的资本,包括资金积累与宝贵经验。通过集体旅游项目的创收、农家乐项目的税费等多种集资方式,乡村旅游的宏观环境营造得到了经费的有力支持。

与此同时,在规划人员与政府管理人员的协助下,经营者们不断积累实践经验,深刻认识到乡土特色和独特性是乡村旅游吸引城镇居民的关键所在。这一认识将引领他们走上特色化开发的新道路,为乡村旅游的可持续发展注入新的活力。

(二)乡村旅游对乡村生态环境的消极影响

乡村旅游对乡村生态环境的消极影响,具体来说表现在以下几个方面。

1. 乡村旅游可能进一步加大农村地区的环境污染

过去,农村地区环境保护工作步履维艰,基础设施建设更是滞后不前。然而,乡村旅游的春风拂过,大批城市居民纷纷选择踏足这片宁静的乡村,在特定的时光里寻觅心灵的慰藉。随着旅游者和交通工具的涌入,乡村旅游的繁荣也带来了一系列环境问题。生活污水横流,各类垃圾堆积如山,塑料制品、包装废弃物、剩茶剩饭、瓜果皮核以及人畜禽粪便等污染物随处可见。

对于原本垃圾收运和污水处理系统就相对薄弱的乡村来说,这一状况无疑加剧了环境压力。由于缺乏及时、有效的垃圾处理措施,乡村旅游带来的垃圾问题愈发严重,乡村生态环境的质量不可避免地遭受了损害。

2. 乡村旅游可能危害乡村生态安全

在追求乡村旅游短期经济效益的狂潮中,部分经营者过于急功近利,忽视了因地制宜这一至关重要的开发原则。他们盲目追求开发速度,过度开采、滥伐树木,导致植被遭受重创,生物多样性逐渐流失,生态平衡岌岌可危。为了扩大旅游用地,一些乡村不惜大面积毁林开荒、建造房屋、铺设道路,甚至在陡峭的山坡上进行垦殖,给自然环境带来

了无法挽回的损害。

更令人痛心的是,一些乡村为了营造所谓的人造景观,盲目模仿城市园林绿地的造景手法,肆意破坏原有的地形、地貌、植被和物种,导致水土流失加剧、生物多样性锐减等生态环境问题层出不穷。为了追求商业利益,一些乡村居民大量使用添加剂、农膜等化学物质,实施反季节种植,这不仅使土壤变得板结、质量下降,更对生态环境造成了难以估量的破坏。

更为严重的是,为了迎合旅游者的需求,一些不法分子竟然非法使用甚至破坏当地的动植物资源,珍禽异兽遭到大量捕杀,林木被肆意砍伐,导致当地动植物种类大幅减少,生态结构严重失衡,环境协调功能明显减退。这些行为不仅严重损害了乡村的生态环境,更对农村地区的生态安全构成了严重威胁。

3. 乡村旅游可能引发本土文化的瓦解

文化趋同被视为国际化进程中的一个误区,然而,这一误区却难以轻易纠正。在全球化、一体化迅猛发展的当下,许多文化元素尚未来得及深入鉴别,便已被边缘化甚至遗弃,导致世界文化的多样性逐渐丧失。相较于生物多样性的保护,文化多样性的维护同样需要得到高度重视和关注。

乡村旅游活动的兴起,原本应该成为挖掘、传承和保护乡村文化的有力途径。然而,现实中缺乏规划和指导的乡村旅游开发,往往会对乡土文化造成难以挽回的损害。无序的开发和短视的商业行为不仅无法真正展现乡村文化的魅力,反而可能对其造成毁灭性的打击。

第二节 乡村旅游的可持续发展

一、乡村旅游可持续发展的前提条件

乡村旅游可持续发展的前提条件主要包括以下两个方面。

（一）保持乡村性

乡村旅游的兴盛是由供给与需求这两大力量共同编织的绚烂图景。在供给层面，农村产业结构的调整需求犹如一股激流，为乡村旅游的蓬勃发展提供了源源不断的动力。建设社会主义新农村的伟大征程，犹如一扇敞开的大门，为乡村旅游的崛起提供了难得的历史机遇。乡村旅游作为21世纪中国乡村传统产业的重要接班人，更是乡村发展的战略支柱，它不仅为新农村建设注入了新的活力，更成为推动其不断前行的强大引擎。

在城乡之间，基础设施、医疗、教育、经济、社会保障等方面的差异，如同一面镜子，映照出农民对城市生活的向往与对现代化的热切期盼。而乡村旅游，以其独特的"农游合一"特性，让农民在不离土、不离乡的情况下，就能将生活与生产资产巧妙转化为经营性资产，实现投资小、风险低、经营灵活且不误农时的本土化经营。这不仅为农民开辟了一条脱贫致富、实现现代化梦想的捷径，更是乡村旅游供给动力中现代化与本土性相互交织的生动体现。

从需求层面来看，城市化进程的加速无疑是乡村旅游兴起的又一重要推手。随着城市化步伐的不断加快，我国居民的旅游观念也在发生深刻变革。乡村旅游已然成为现代人追求生活品质、寻觅心灵慰藉的新方式。在忙碌的城市生活中，人们渴望回归自然、体验乡村的宁静与淳朴，而乡村旅游正是满足这一需求的最佳途径。

然而，无论是从供给还是需求的角度来看，乡村性始终是乡村旅游的灵魂与核心。乡村性不仅是乡村旅游推广的亮丽名片，更是界定其本质的重要标志。在乡村旅游的发展过程中，乡村性却面临着诸多挑战。乡村景观的城市化、乡村民俗的商业化等问题如同一道道难题，威胁着乡村性的保持，进而影响乡村旅游的可持续发展。一旦失去乡村性，乡村旅游的吸引力必将日渐衰减，乡村的生态环境和民俗文化也将遭受不可逆转的损失，可持续发展的理念只会沦为空谈。

（二）科学的文化观、经济观

科学的文化观和经济观在乡村旅游的可持续发展中扮演着至关重要的角色，它们是乡村旅游实现长期、稳定和健康发展的前提条件。

第一,科学的文化观强调对文化的正确理解和尊重。在乡村旅游中,这意味着对乡村文化的深入挖掘和传承,以及对游客文化需求的精准把握。通过展示乡村独特的文化魅力,可以吸引更多游客,提升乡村旅游的吸引力。同时,科学的文化观也要求人们在乡村旅游开发中,注重文化的保护和传承,避免对乡村文化造成破坏或扭曲。

第二,科学的经济观注重经济效益与社会效益、生态效益的协调统一。在乡村旅游的发展过程中,充分考虑经济效益的同时,也应关注对当地社区和生态环境的影响。通过合理的规划和管理,确保乡村旅游的开发与当地经济、社会和环境的可持续发展相协调。此外,科学的经济观还要求人们在乡村旅游中引入现代经济理念和管理手段,提升旅游产业的竞争力和创新能力。

二、乡村旅游可持续发展的途径

乡村旅游可持续发展的途径,具体来说有以下几个。

(一)增强乡村旅游可持续发展的观念和意识

在所有事物中,观念起着至关重要的引领作用,它决定了一个人的行为方式与最终成果。只有秉持正确的观念,才会积极探寻那些有助于持续发展的方法和路径。因此,针对乡村旅游的发展,必须首先从观念上作出调整与转变。

对于政府和企业的领导者和决策者而言,首要之务是摒弃各种片面观念和错误认知。必须深刻认识到,乡村旅游的可持续发展不仅关乎经济利益的快速实现,更在于生态、文化和社会等多个维度的和谐共生。此外,为了增强领导者、决策者等对乡村旅游可持续发展重要性的理论认识,需要加强宣传、教育和培训工作。通过这些措施,使大家深刻认识到乡村生态环境和资源、人文环境是人类生存和发展的基石,从而增强保护自然环境和珍稀资源的社会责任感和使命感。

(二)争取乡村居民的认同和支持

乡村旅游不同于传统的旅游形式,它深度融合了农业与乡村的人文自然资源,为游客提供一种独特的观光体验。为了实现乡村旅游的可持续发展,农村社区居民的广泛参与与积极支持显得尤为重要。他们的参与不仅有助于创造有利于农业旅游发展的社会环境,更能促进城乡间的交流与互动,提高游客的满意度,减少因文化差异带来的摩擦与冲突。

为此,农村社区居民应在各级政府和行业协会的引导和鼓励下,以更加积极的态度投身乡村旅游事业。他们可以组建乡村旅游合作社和联合会,共同探索乡村旅游的经营模式与发展路径。同时,通过与游客的深入沟通和交流,了解他们的需求与期望,不断提升服务质量和文化内涵。

此外,农村居民还应注重自身文化素养的提升,努力营造一个资源整合、风情浓郁、文明和谐的乡村旅游社区环境。这样不仅能吸引更多游客前来体验,还能为乡村的经济发展注入新的活力,实现乡村旅游与农村社区的共赢发展。

(三)积极提高从业人员的素质

乡村旅游的健康发展离不开现代化管理知识和专业性旅游知识的支撑。作为服务业的重要组成部分,旅游业的成功运作关键在于服务的质量与水平,而高素质的人才则是实现这一目标的基石。因此,吸引并留住高级人才、加大知识投入以及提升经营者的管理水平显得尤为关键。

对于日常经营管理人才,既可以依托自身条件进行培养,也可以从外部引进优秀人才。然而,对于一般的服务人员和导游人员,更应立足本地进行培养。这样做不仅有助于提升服务的特色与品质,更能为当地创造更多的就业机会,促进乡村旅游与当地社区的深度融合。

(四)加强乡村旅游可持续发展的规划

科学合理的乡村旅游规划无疑是推动乡村旅游在可持续发展轨道上稳健前行的核心保障。在制定规划时,必须全面审视乡村地区的经济发展水平、资源特色与规模、文化底蕴、环境经济状况以及相关产业的成长态势。通过综合评估,能够精准把握乡村在经济、环境和社会三个维度的最大承载能力,从而精心打造一份既具前瞻性又贴近实际的乡村旅游发展规划。这份规划旨在寻找生态、经济和社会之间的最佳平衡点，确保乡村旅游的健康发展。

为此，国家应组建专业的专家团队，深入开展研究，并尽快出台一份详尽的"可持续乡村旅游的发展规划纲要"。在规划先行、有序开发的理念指引下，应迅速而高效地推进可持续乡村旅游的规划工作。规划的重心应放在旅游产品的创新设计、乡村旅游经济发展潜力的深入挖掘、乡村生态环境的精心呵护以及营销策略的深入研究等方面。

同时，国家还应建立一批"乡村旅游可持续发展示范区"，选取乡村旅游发展基础扎实的地区作为先行试点，通过示范引领，以点带面，推动整个乡村旅游产业的蓬勃发展。各地的农业和旅游部门应紧密结合当地的特色资源和市场需求，探索多样化的乡村旅游发展模式，提供专业的规划指导和项目支持。这不仅有助于农民合理利用和保护旅游资源，避免开发的同质化，还能增强他们的市场经营意识，推动乡村旅游的差异化发展。

在规划乡村旅游的发展方向时，更应凸显乡村的独特魅力。特别是在乡村接待设施和相关基础设施的设计上，应充分融入地方民族文化和乡村特色，展现乡村的独特风情。特色化、规范化、规模化、品牌化应成为乡村旅游实现产业化发展的基本方向，引领乡村旅游走向更加繁荣的未来。

（五）加强对乡村地区居民有关旅游可持续发展的教育

乡村地区居民普遍受教育程度偏低，往往缺乏环境保护意识，且经济状况相对贫困，这些因素容易导致他们产生急功近利的心态。为了改善这一状况，必须加强对乡村地区居民的教育，使他们深刻理解和认识到旅游可持续发展的重要性。这种教育不仅要注重培养他们的环保意识，还要教授他们实践可持续发展的方法。

加强乡村居民可持续发展观念的教育是一项持久而艰巨的任务。为了确保教育的效果，需要完善地方性的旅游法规和乡规民约，以此来约束乡民对旅游环境可能产生的不良行为。此外，通过经济激励措施，可以引导乡村居民自觉成为环境保护的积极参与者，发挥他们在环境保护中的重要作用。

（六）引导旅游者积极参与和配合

乡村旅游的可持续发展是一个供需双方携手共进、共同营造的美好愿景。站在旅游者的角度，他们是乡村旅游发展的主要需求力量，但同时，他们的行为和态度也对乡村旅游的可持续发展起到了至关重要的作用。

在政府的正确引导和大力倡导下，旅游者应当自觉树立起旅游可持续发展的意识，并将其深深烙印在心中，作为每一次旅游行为的指南。他们不仅是追求个人旅游体验的满足者，更是乡村旅游可持续发展的参与者和推动者。

当旅游者踏足乡村、参与丰富多彩的乡村旅游活动时，他们不仅要通过吃、住、行、游、购、娱等旅游消费活动，享受乡村的宁静与淳朴，更应意识到这些消费活动为当地农民带来的增收机会，以及为城乡统筹发展所贡献的力量。他们的每一次消费都是对乡村经济的一次有力支持，是对农民劳动成果的一次真诚认可。

同时，旅游者应当积极培养生态旅游、绿色旅游的消费观念。他们应当明白，乡村旅游的魅力不仅在于其美丽的自然风光和独特的民俗文化，更在于其与生态环境的和谐共生。因此，在乡村旅游过程中，他们应尽量减少对生态环境的破坏，避免对乡村社区环境造成污染。他们可以选择绿色出行方式，减少碳排放；选择环保住宿，支持当地的可再生能源利用；选择绿色餐饮，减少食物浪费；参与环保活动，共同维护乡村的清洁与美丽。

此外，旅游者还应尊重乡村的民俗文化和乡村社区居民。乡村是文化的沃土，每一个乡村都有着自己独特的风俗习惯和传统文化。旅游者在享受乡村旅游带来的愉悦时，应入乡随俗，尊重当地的文化传统和风俗习惯，避免由于文化差异而引发的冲突和误解。他们可以与当地居民交流互动，了解他们的生活方式和思想观念，感受乡村的淳朴与热情。这样乡村旅游才能真正成为促进城乡文化交流与融合的桥梁，实现真正意义上的"文化交融、心灵相通"。

第三节 乡村旅游生态环境保护的有效措施

乡村旅游建立在典型的乡村自然生态资源之上,如清新的空气、清澈的水源、繁茂的植被以及无污染的绿色蔬菜等。只有通过有效的资源保护,才能确保游客在享受美丽乡村景色、体验地道乡村生活时,满足他们对自然体验、自然保护和自然融合的深层次需求,进而实现乡村旅游业的持续健康发展。

一、建设干净整洁的农村人居生活环境

(一)建立农村垃圾收集处理系统

第一,为了有效处理农村生活垃圾,迫切需要构建并优化一个高效的收运处理体系。这一体系应遵循"户收集、村集中、镇转运、县处理"的基本原则,确保垃圾从源头到最终处理的每一个环节都得到有效管控。具体来说,应加强农村家庭垃圾分类的指导,让每户农民都能将垃圾进行初步分类;在村级层面,设立集中的垃圾收集点,方便农民投放;镇级转运站负责将收集的垃圾及时转运至县级处理设施。同时,还应加速县(市、区)垃圾无害化处理场、镇转运站以及村收集点的建设进程,确保这些设施能够全面覆盖农村地区,并高效运行,从而真正实现农村生活垃圾的无害化处理。

第二,为了提升农民参与垃圾分类与减量的积极性,需要通过宣传教育、政策引导等方式,鼓励他们积极参与到这一工作中来。对于有机易腐垃圾,可以推广堆肥技术或建设沼气池,实现垃圾的就地消化利用;医疗垃圾应严格回收并交由专业机构进行处理,以防止其对环境和人体造成危害;对于农药瓶、塑料地膜等生产资料废弃物,应实行强制

回收制度,确保这些废弃物得到妥善处理,减少对环境的潜在威胁。

第三,为了维护乡村环境的整洁与美丽,需要对垃圾存放点进行统一规划和管理。应避免在公路两旁建设大型露天垃圾围池,以减少对环境的视觉污染和潜在危害;同时,还应严禁将垃圾随意倾倒在河流、沟渠或山塘水库中,以防止垃圾污染水源和破坏生态环境。为此,可以设置固定的垃圾投放点,并加强日常监管和清理工作,确保垃圾得到及时处理。

第四,在乡镇转运站这一关键环节,应实施更为精细的垃圾分类处理策略。可以配套建设有机易腐垃圾处理设施,将产生的有机肥料用于林业和农田的改良,既实现了垃圾的资源化利用,又促进了农业生产的可持续发展;同时,应加强对废纸、玻璃、金属等可回收垃圾的资源化利用工作,通过回收再利用这些资源,不仅可以减少对新资源的开采需求,还可以降低垃圾处理成本,实现经济效益与环境效益的双赢。此外,还应积极探索农村垃圾处理的产业化发展路径,通过引进先进技术和管理模式,推动农村垃圾处理向更加高效、环保的方向发展。

(二)有效处理生活污水

污水处理工作应紧密结合当地实际情况,确保科学、合理、有效地开展。对于人口密集、污水排放量大的乡镇,必须高度重视,积极建设标准化的污水处理厂。这些处理厂应严格按照国家标准进行设计和建设,确保生产生活污水能够经过科学处理,达到排放标准后再进行排放,从而有效保护周边的生态环境,避免对水源和土壤造成污染。

在城镇周边的村庄,由于与城镇距离较近,可以充分利用城镇已有的污水处理设施资源。通过建设完善的污水收集管网,将村庄的污水统一输送到城镇进行集中处理。这种城乡污水处理一体化的模式不仅可以提高处理效率,还能降低处理成本,实现资源的共享和优化配置。

在村庄集中、经济条件较好的地区,由于管道布置成本相对较低,可以采用集中处理的方式。通过建设统一的污水处理设施,将多个村庄的污水集中起来进行规模化处理。这种方式可以实现规模化效益,降低处理成本,提高处理效率。

然而,也必须注意到,在一些村庄分散、位于山区或经济条件相对较差的地区,集中处理的方式可能并不适用。对于这些地区,应采取分散收集、分散处理的模式。在分散处理过程中,应根据实际情况选择适合的处理工艺,如"分散式、低成本、易管理"的处理工艺。这些工艺应满足当地实际需求,同时考虑投资和运行成本,以确保污水得到有效处理。

此外,加快卫生厕所建设,兴建"化粪池"也是处理人畜粪便的有效手段。通过建设卫生厕所和化粪池,可以有效收集和处理人畜粪便,避免粪便直接排放到环境中造成的污染。这不仅有助于改善农村卫生条件,减少疾病传播风险,还能提高农民的生活质量,促进农村的可持续发展。

二、营造洁净优美的乡村水环境

(一)河道整治

在村庄河道整治的过程中,首先要充分尊重河流的自然风貌,让每一条河流都保留其独特的韵味。河道的蜿蜒曲折是自然赋予它们的独特形态,应该努力保持这种形态,避免过度的人为干预,如截弯取直,从而展现出水体自然、优雅的曲线之美。这样的河流不仅具有视觉上的美感,更能体现人与自然的和谐共生。

同时,也要坚决摒弃或减少使用水泥护堤、衬底等硬化材料。这些材料看似坚固,实则破坏了河流的生态平衡,剥夺了河流应有的生命力。因此,应积极推广和应用生态护坡技术,让河流重新焕发生机。

对于坡度较缓或滩地较宽阔的河道,可以主要采取植被保护河堤的方式。比如,种植芦苇等喜水性植物。这些植物不仅能够美化环境,更重要的是,它们的根系发达,能够有效地稳固河岸,防止水土流失,增强河岸的生态功能。这样一来,村庄的河道就不仅是水流的通道,更是一个充满生机的生态系统。

此外,针对那些破坏、腐蚀较为严重的堤岸,不能简单地采用传统的硬化材料进行修复。相反,应灵活运用天然石材、木板或竹料等环保材料来加强护堤。这些材料不仅环保,而且能够与河流的环境相融合,提升堤岸的抗冲刷能力。通过这样的整治方式,不仅能够保护河流的生态环境,还能让村庄的河道变得更加美丽、宜居。

(二)滨水区域整治

在滩地狭窄、设计洪水标准频率较高的滨水地带,需要在保持自然型护堤的基础上,进一步细化整治策略。首先,要深入了解当地水位变化的实际情况,包括不同季节、不同气候条件下的水位升降情况。基于这些数据,可以灵活构建梯级驳岸,这种驳岸设计能够根据水位变化自动调节,既能在洪水期有效阻挡水流,又能在枯水期保持河流的自然形态。

在构建梯级驳岸的过程中,需充分考虑材料的选择。应优先使用天然石材、木材等环保材料,这些材料不仅与自然环境相协调,而且能够长时间保持稳定,减少维护成本。同时,为了增强驳岸的稳固性,可以采用植物根系加固技术,利用植物的根系牢牢抓住土壤,防止水土流失。

此外,还需根据岸边的具体条件,因地制宜地进行生态绿化。在土壤肥沃、光照充足的地方,可以种植一些适应当地气候和土壤条件的植被,不仅能够美化环境,还能为野生动物提供栖息地。在土壤贫瘠或光照不足的地方,则可以选择一些耐阴、耐旱的植物进行种植,如蕨类、苔藓等。

通过这样的整治措施,既能确保防洪安全,又能促进生态环境的改善。梯级驳岸的构建和生态绿化的实施共同构成了一个和谐共生的生态系统,让人们在欣赏美丽河景的同时,也能感受到大自然的魅力和力量。这不仅提升了村庄的整体环境质量,也为村民提供了一个更加宜居的生活环境。

(三)水塘整治

农村水塘作为农村湿地系统不可或缺的一部分,在乡村旅游开发中扮演着举足轻重的角色。因此,在推进乡村旅游的过程中,必须采取一系列措施来保护和利用好这些宝贵的水资源。

第一,要坚决禁止任何形式的填挖坑塘行为,同时采取适度清淤和生态护岸等治理措施,确保水塘的完整性和生态功能。

第二,要遵循生态规律,注重物种多样化,以再现自然为原则,综合考虑湿生、水生植物的特性来合理配置植物。这样一来不仅能形成健康稳定的坑塘湿地生态系统,还能为乡村旅游增添一道亮丽的风景线。

第三,要注重构建线状和点状自然景观,充分发挥河道、池塘的综合功能。通过科学合理的规划和布局,能够实现"水清、河畅、岸绿、景美"的美好景象,为游客提供一个舒适宜人的休闲旅游环境。

三、绿化美化建设生态乡村

（一）保护好自然植被

为加强林业生态保护,必须坚决禁止乱砍滥伐行为,切实保护现有生态植被的完整性和稳定性。同时,积极推进退耕还林工程,加大荒山荒坡的绿化力度,努力提升森林覆盖率,以构建更加健康、丰富的生态系统。

（二）绿化村庄环境

在村庄建设中,应坚持生态化与多样化的原则,广泛种植绿化树、经济林以及土壤保护林,以营造浓厚的绿色氛围。在住宅间,应以草坪、灌木及农作物为主,为居民营造出视觉上绿意盎然的氛围。

对于道路绿化,需要综合考虑道路等级、性质、地形以及植物特性等多种因素,科学选择适合的绿化植物,以打造层次分明的景观效果。车道中间的绿化带可以种植低矮的花灌木,而路侧则可以结合绿化带种植乔木,形成丰富的植物群落。同时,在道路和绿地的设计中,可以巧妙地利用地势高差,以实现自然的水分补给。

此外,还应高度重视对古树名木和大树的保护管理工作。这些树木承载着丰富的历史与文化价值,是村庄的宝贵财富。

（三）美化农家庭院

对于分散居住的农户,积极鼓励他们利用自家庭院空间,种植各类树木花草、瓜果蔬菜,丰富庭院的生态多样性。若条件允许,他们还可以考虑设置一些健身器具或摆放一些景观小品,这样不仅能美化自家庭院环境,还能发展庭院经济,实现经济效益与生态效益的双赢。

通过这一系列生态美化建设的举措,期望能够实现村庄园林化、庭院花园化、道路林荫化的美好愿景。村庄园林化意味着整个村庄将被绿意盎然的植被所环绕,形成一幅美丽的田园画卷;庭院花园化让每个农户的庭院都成为一个小型花园,为居民提供优美的生活空间;道路林荫化则使村庄的道路两旁绿树成荫,为行人带来清凉的避暑之地。

四、发展生态农业打造美好田园

生态农业,顾名思义,是基于生态学原理与生态规律,结合传统农业的精耕细作与现代科技手段,构建的一种多元化、结构丰富、功能全面的综合农业生产体系。它旨在最大限度地发挥农业的生态效益,创造出美丽和谐的生态景观,调节环境,平衡生态,从而构建一个充满活力和和谐共生的自然生态环境。为了推动生态农业的发展,可以从以下几个方面着手。

(一)在农田景观方面

在农田景观的营造上,可以巧妙地运用梯田景观、山间种植景观等元素,通过精心规划农作物种植布局,将农田打造成一幅幅动人的画卷。可以根据农作物和花卉的种类、颜色(涵盖枝叶、花卉和果实的色彩),以及它们的生长期和植株大小高低等特点,进行科学合理的配置。这样一来,乡村田野将呈现出"时时有景,处处是景"的美丽景象,景色随着人的移动而变换,人也仿佛置身于流动的风景之中。这样的农田景观不仅提升了乡村的整体美感,也为人们带来了愉悦的视觉享受。

(二)在山地乡村景观方面

在山地乡村景观的塑造中,可以对村落周边的森林进行适度的人工干预。通过定期、适量的砍伐树木,可以让光线更加顺畅地穿透林冠层,抵达地面,为地表植物提供必要的光照条件。同时,可以利用水资源,通过引水等方式,在合适的地段建造水田,培育多样的动植物,以此促进水田农业与林业的和谐共生。这样不仅能够丰富乡村的生物多样性,提升乡村的生态价值,还能够实现农业与林业的互利共赢。

(三)在草地产业方面

草地产业兼具生态、绿色和环保多重优势,因此在营造农业景观的过程中,应大力发展草地产业。草地产业不仅与种植业紧密相连,还为畜牧业提供有力支撑,这在当前肉蛋奶消费需求不断攀升的背景下显得尤为重要。

此外,在荒坡、荒地等区域种植草地,还能有效改善水质、净化空气、防风固沙、提高土壤肥力,与防护林工程建设形成良好互补,共同推动环保产业的发展。以苜蓿为例,这类草本植物在涵养水源、防止水土流失方面表现出色,即使在干旱、半干旱和严重缺水的黄土高原、荒漠地带,也能顽强生长,为当地的生态环境建设做出积极贡献。

参考文献

[1] 张松婷.乡村文化传承与旅游产业创新理论与实践[M].长春：吉林大学出版社,2021.

[2] 张霞,王爱忠,张宏博.生态经济视阈下的乡村旅游开发与管理研究[M].成都：电子科技大学出版社,2018.

[3] 谌静.乡村振兴战略背景下的乡村旅游发展研究[M].北京：新华出版社,2020.

[4] 张碧星.城镇化发展过程中的乡村旅游经营管理研究[M].北京：中国商务出版社,2019.

[5] 熊金银.乡村旅游开发研究与实践案例[M].成都：四川大学出版社,2013.

[6] 夏林根.乡村旅游概论[M].上海：东方出版中心,2007.

[7] 李立安.基于乡村旅游规划中的开发与利用研究[M].长春：东北师范大学出版社,2019.

[8] 贾荣.乡村旅游经营与管理[M].北京：北京理工大学出版社,2016.

[9] 刘惠娟.田园综合体+乡村旅游发展新模式[M].北京：中国农业科学技术出版社,2018.

[10] 杨敏.乡村旅游[M].昆明：云南科学技术出版社,2007.

[11] 安徽大学农村改革与经济社会发展协同创新中心课题组.乡村旅游：中国农民的第三次创业[M].北京：中国发展出版社,2016.

[12] 李海平,张安民.乡村旅游服务与管理[M].杭州：浙江大学出版社,2011.

[13] 张晶晶.乡村旅游学研究[M].北京：冶金工业出版社,2018.

[14] 龚勋.现代乡村旅游开发及营销策略[M].成都：西南财经大

学出版社,2013.

[15] 郑莹,何艳琳,秦志红,等.乡村旅游开发与设计[M].北京:化学工业出版社,2018.

[16] 于守文,王俊勇.乡村旅游开发与经营[M].北京:科学普及出版社,2013.

[17] 冯年华.乡村旅游文化学[M].北京:经济科学出版社,2011.

[18] 严贤春.休闲农业[M].北京:中国农业出版社,2011.

[19] 陆素洁.如何开发乡村旅游[M].北京:中国旅游出版社,2007.

[20] 陶玉霞.乡村旅游建构与发展研究[M].北京:经济日报出版社,2009.

[21] 叶俊.基于旅游人类学角度的乡村旅游文化建设研究:以大别山乡村旅游为例[M].北京:九州出版社,2019.

[22] 耿宝江.休闲农业开发与管理[M].成都:西南财经大学出版社,2015.

[23] 蔡碧凡,夏盛民,俞益武.乡村旅游开发与管理[M].北京:中国林业出版社,2007.

[24] 胡海建,南延长,郑赟.休闲农业与乡村旅游[M].北京:中国农业科学技术出版社,2017.

[25] 李静轩,李屹兰.乡村旅游开发与经营[M].北京:中国农业科学技术出版社,2010.

[26] 李德波.城郊农村如何发展观光农业[M].昆明:云南科技出版社,2011.

[27] 张洁.美丽乡村建设视角下的乡村旅游规划与发展研究[M].北京:北京工业大学出版社,2020.

[28] 于成国.怎样办旅游[M].北京:经济科学出版社,2009.

[29] 杨永杰,耿红菊.乡村旅游经营管理[M].北京:中国农业大学出版社,2011.

[30] 高书军.乡村旅游开办及经营指南[M].天津:天津人民出版社,2010.

[31] 昆明市旅游发展委员会.乡村旅游经营手册[M].北京:中国旅游出版社,2016.

[32] 何潇.乡村振兴战略背景下乡村治理的路径选择和制度建

构[M].长春:吉林文史出版社,2021.

[33] 唐德荣.乡村旅游开发管理[M].北京:中国农业出版社,2011.

[34]《乡村旅游从业人员丛书》编委会.乡村旅游开办及经营指南[M].天津:天津人民出版社,2009.

[35] 王颖.乡村旅游理论与实务[M].北京:中国农业科学技术出版社,2020.

[36] 唐仲明,王宁,张海龙.休闲农业经营[M].济南:山东科学技术出版社,2014.

[37] 于成国.农家办旅游[M].北京:经济科学出版社,2012.

[38] 唐德荣.休闲农业与乡村旅游实务[M].北京:中国农业出版社,2018.

[39] 王德刚,葛培贤.田园季风:乡村旅游开发与管理[M].天津:天津教育出版社,2007.

[40] 王遂敏.新时期乡村振兴与乡村治理研究[M].北京:中国书籍出版社,2020.

[41] 邹统钎.乡村旅游:理论·案例[M].2版.天津:南开大学出版社,2017.

[42] 张妍.城乡协调发展与乡村振兴探索[M].长春:吉林文史出版社,2021.

[43] 王德刚.乡村生态旅游开发与管理[M].济南:山东大学出版社,2010.

[44] 杨照东.立足"三农",推动乡村振兴[M].北京:中国商务出版社,2020.